应用型本科院校"十二五"规划教材/工程管理类

主 编 陈 平
副主编 卢 玉 李雪莹

工程管理概论

Introduction to Engineering Management

哈尔滨工业大学出版社

内容简介

本书共 7 章,第 1 章为工程概述,介绍工程的概念以及工程的发展历史,工程的现代发展内涵;第 2 章为工程管理概述,介绍管理的思想以及工程管理的思想发展;第 3 章为工程管理的四个平台体系,介绍工程管理专业所需要涉及的学科领域;第 4 章为国际工程管理概述,介绍目前国际工程的工程管理所涉及的知识;第 5 章为工程管理领域的人才需求和执业资格制度,介绍目前我国工程管理领域的人才需求情况以及我国和发达国家现阶段工程领域的职业资格制度;第 6 章为工程管理专业的教学体系和人才培养,介绍目前我国大多数开设工程管理专业的院校对该专业设置的教学体系和人才培养计划;第 7 章为工程管理的未来展望,介绍我国工程管理领域未来的发展方向和展望。

本书适合于应用型本科院校工程管理和工程技术专业的本科生使用,也可作为在实际工程中从事工程技术和工程管理专业的人员的参考用书。

图书在版编目(CIP)数据

工程管理概论/陈平主编. —哈尔滨:哈尔滨工业大学出版社,2012.7(2016.8 重印)
应用型本科院校"十二五"规划教材
ISBN 978-7-5603-3682-4

Ⅰ.①工… Ⅱ.①陈… Ⅲ.①工程管理-高等学校-教材 Ⅳ.①F40

中国版本图书馆 CIP 数据核字(2012)第 163160 号

策划编辑	杜 燕 赵文斌 李 岩
责任编辑	苗金英
出版发行	哈尔滨工业大学出版社
社 址	哈尔滨市南岗区复华四道街 10 号 邮编 150006
传 真	0451-86414749
网 址	http://hitpress.hit.edu.cn
印 刷	哈尔滨市工大节能印刷厂
开 本	787mm×1092mm 1/16 印张 11 字数 240 千字
版 次	2012 年 7 月第 1 版 2016 年 8 月第 2 次印刷
书 号	ISBN 978-7-5603-3682-4
定 价	21.80 元

(如因印装质量问题影响阅读,我社负责调换)

《应用型本科院校"十二五"规划教材》编委会

主　任　　修朋月　竺培国

副主任　　王玉文　吕其诚　线恒录　李敬来

委　员　（按姓氏笔画排序）

　　　　　　丁福庆　于长福　马志民　王庄严　王建华

　　　　　　王德章　刘金祺　刘宝华　刘通学　刘福荣

　　　　　　关晓冬　李云波　杨玉顺　吴知丰　张幸刚

　　　　　　陈江波　林　艳　林文华　周方圆　姜思政

　　　　　　庹　莉　韩毓洁　臧玉英

序

　　哈尔滨工业大学出版社策划的《应用型本科院校"十二五"规划教材》即将付梓，诚可贺也。

　　该系列教材卷帙浩繁，凡百余种，涉及众多学科门类，定位准确，内容新颖，体系完整，实用性强，突出实践能力培养。不仅便于教师教学和学生学习，而且满足就业市场对应用型人才的迫切需求。

　　应用型本科院校的人才培养目标是面对现代社会生产、建设、管理、服务等一线岗位，培养能直接从事实际工作、解决具体问题、维持工作有效运行的高等应用型人才。应用型本科与研究型本科和高职高专院校在人才培养上有着明显的区别，其培养的人才特征是：①就业导向与社会需求高度吻合；②扎实的理论基础和过硬的实践能力紧密结合；③具备良好的人文素质和科学技术素质；④富于面对职业应用的创新精神。因此，应用型本科院校只有着力培养"进入角色快、业务水平高、动手能力强、综合素质好"的人才，才能在激烈的就业市场竞争中站稳脚跟。

　　目前国内应用型本科院校所采用的教材往往只是对理论性较强的本科院校教材的简单删减，针对性、应用性不够突出，因材施教的目的难以达到。因此亟须既有一定的理论深度又注重实践能力培养的系列教材，以满足应用型本科院校教学目标、培养方向和办学特色的需要。

　　哈尔滨工业大学出版社出版的《应用型本科院校"十二五"规划教材》，在选题设计思路上认真贯彻教育部关于培养适应地方、区域经济和社会发展需要的"本科应用型高级专门人才"精神，根据黑龙江省委书记吉炳轩同志提出的关于加强应用型本科院校建设的意见，在应用型本科试点院校成功经验总结的基础上，特邀请黑龙江省9所知名的应用型本科院校的专家、学者联合编写。

　　本系列教材突出与办学定位、教学目标的一致性和适应性，既严格遵照学科体系的知识构成和教材编写的一般规律，又针对应用型本科人才培养目标及与之相适应的教学特点,精心设计写作体例,科学安排知识内容,围绕应用讲授理论,做到"基础知识够用、实践技能实用、专业理论管用"。同时注意适当融入新理论、新技术、新工艺、新成果,并且制作了与本书配套的PPT多媒体教学课件,形成立体化教材,供教师参考使用。

《应用型本科院校"十二五"规划教材》的编辑出版,是适应"科教兴国"战略对复合型、应用型人才的需求,是推动相对滞后的应用型本科院校教材建设的一种有益尝试,在应用型创新人才培养方面是一件具有开创意义的工作,为应用型人才的培养提供了及时、可靠、坚实的保证。

希望本系列教材在使用过程中,通过编者、作者和读者的共同努力,厚积薄发、推陈出新、细上加细、精益求精,不断丰富、不断完善、不断创新,力争成为同类教材中的精品。

黑龙江省教育厅厅长

前　言

　　工程管理专业出现在20世纪80年代末期。当时,西方国家开始对工业工程教育进行评估,结论是传统的工业工程教育只注重车间层次的效率和数学方法的运用,其毕业生和工程师们缺乏必要的沟通技巧和管理知识。另外,根据美国工业工程学会的调查,发现70%的工程师在40岁之后都要承担工程管理的工作。因此,产生了工程管理这个新的学科领域。

　　在中国,工程管理专业是1998年国家教委对高等教育专业进行调整时成立的专业,代替了原来的建筑经济与管理、房地产开发与经营等专业。工程管理就是对工程或者说工程建设进行管理,这里的工程指的是土木建筑工程。工程管理是对一个工程从概念设想到正式运营的全过程(具体工作包括:投资机会研究、初步可行性研究、最终可行性研究、勘察设计、招标、采购、施工、试运行等)进行管理。

　　工程管理专业培养具备管理学、经济学和土木工程技术的基本知识,掌握现代管理科学的理论、方法和手段,能在国内外工程建设领域从事项目决策和全过程管理的复合型高级管理人才。学生在校学习期间,要接受工程师和经济师的基本素质训练,打好工程技术、管理、经济、法律、外语及计算机应用方面的坚实基础。管理学院在对工程管理专业人才培养过程中,积极提供相应条件,使学生根据自身能力,能够攻读相关学科专业的双学位和双专业。

　　有不少人认为工程管理就是一种单纯的管理学科,这是不正确的。工程管理需要学习的不仅仅是一种管理的思想,同时还要求有一定的工程背景和数学知识。在这门专业的学习中,应明白一个基本的等式就是"工程管理＝工程技术＋经济管理",当然绝不是简单的相加,而应当掌握几个基本的技能:①掌握以土木工程技术为主的理论知识和实践技能;②掌握相关的管理理论和方法;③掌握相关的经济理论;④掌握相关的法律、法规;⑤具有从事工程管理的理论知识和实践能力;⑥具有阅读工程管理专业外语文献的能力;⑦具有运用计算机辅助解决工程管理问题的能力;⑧具有较强的科学研究能力。

　　笔者自学院开设工程管理专业以来,就一直在筹划撰写《工程管理概论》的教材。笔者认为,学生在入学之初对工程管理专业有一个系统的深刻的了解是非常必要的。原因在于通过教学发现,工程管理专业的学生入学后,单凭听一次入学教育是根本不能全面了解自己所学专业的性质以及未来的职业发展方向的,更不能系统地去计划大学四年的学习生活,很多学生到了大三第二学期仍然不知道自己应该学什么,更不知道自己的专业能够做什么。

  本书共7章,其中哈尔滨远东理工学院的陈平老师编写第1章,第3章3.1节、第6章6.2节以及第7章7.2节;哈尔滨远东理工学院的卢玉老师编写第2章、第4章和第6章6.1、6.3、6.4节;哈尔滨石油学院的李雪莹老师编写第3章3.2、3.3、3.4节和第5章;哈尔滨远东理工学院的田洋老师编写第7章7.1节;哈尔滨远东理工学院的刘双双老师编写第3章3.5节。同时,本书所涉及的法律问题由黑龙江华远律师事务所律师王迎禄审核确定。

  在此,请允许我们向所有对本书出版提供过帮助的同志表示衷心的感谢。尽管我们花费了很多时间,但由于水平有限,仍存在许多不足之处,恳请广大读者批评指正,以便进一步修正。

编 者
2012年5月

目 录

第1章 工程概述 1

    1.1 工程的概念 1

    1.2 现代工程系统 19

    1.3 工程的生命周期 30

    1.4 成功的工程 35

第2章 工程管理概述 41

    2.1 管理概述 41

    2.2 工程管理的基本概念 46

    2.3 工程管理的历史发展 48

    2.4 我国工程建设和运营的组织实施方式 53

第3章 工程管理的四个平台体系 59

    3.1 构建建设工程管理"四个平台"体系的必要性 59

    3.2 技术平台 60

    3.3 经济平台 66

    3.4 管理平台 68

    3.5 法律平台 75

第4章 国际工程管理概述 80

    4.1 国际工程管理概念 80

    4.2 国际工程市场 84

    4.3 发展中的我国国际工程事业 87

第5章 工程管理领域的人才需求和执业资格制度 93

    5.1 我国工程管理专业学生的就业范围 93

    5.2 现代社会对工程管理专业学生的要求 96

    5.3 我国工程管理界的执业资格制度 102

    5.4 国际上相关的执业资格制度 119

第 6 章　工程管理专业的教学体系和人才培养 ························· 127
　6.1　工程管理专业概述 ··· 127
　6.2　工程管理行业人才需求 ··· 132
　6.3　工程管理专业就业导向 ··· 134
　6.4　工程管理专业学生的能力培养 ··· 143

第 7 章　工程管理的未来展望 ·· 148
　7.1　我国工程管理现状和需求 ··· 148
　7.2　工程和工程管理的未来展望 ··· 157

参考文献 ·· 164

第1章 工程概述

【本章学习要求】

本章主要介绍工程的概念,工程对社会发展的作用,工程的历史发展过程和现代工程的特点。通过本章学习,使学生对工程有一个宏观的了解和认识。

【本章主要概念】

工程　项目　工程生命周期　成功的工程

1.1 工程的概念

1.1.1 工程的含义

1. 工程的定义

随着"工程(Engineering)"这个词语进入不同的领域,学者们从不同的角度对它有不同的解释。工程的定义有许多,比较典型的有:

《牛津高级英语词典(第六版)》定义工程为:一项有计划的工作,其目的是寻找一些事物的信息,生产一些新的东西,或改善一些事物(A planned piece of work that is designed to find information about something, to produce something new, or to improve something)。

《新牛津英语词典》定义工程为:一项精心计划和设计以实现一个特定目标的单纯进行或联合实施的工作(An individual or collaborative enterprise that is carefully planned and designed to achieve a particular aim)。

《朗文当代高级英语词典》定义工程为:一项重要且精心设计的工作,其目的是建造或制造一些新的事物,或解决某个问题(An important and carefully planned piece of work that is intended to build or produce something new, or to deal with a problem)。

《剑桥国际英语词典》定义工程为:一项有计划的,要通过一段时间完成,并且要实现一个特定目标的工作或者活动(A piece of planned work or activity which is completed over a period of time and intended to achieve a particular aim)。

《不列颠百科全书(Encyclopedia Britannica)》定义工程为：应用科学原理使自然资源最佳地转换为结构、机械、产品、系统和过程以造福人类的专门技术。

《中国百科大词典》定义工程为：将自然科学原理应用到工农业生产部门中而形成的各种学科的总称。

《新华汉语词典》定义工程为：土木建筑或其他生产、制造部门用比较大而复杂的设备来进行的工作。

《现代汉语大词典》定义工程为：

①指土木建筑及生产、制造部门用比较大而复杂的设备来进行的工作。

②泛指某项需要投入巨大人力、物力的工作。

《辞海》定义工程为：

①将自然科学的原理应用到工农业生产部门中去而形成的各学科的总称。这些学科是应用数学、物理学、化学、生物学等基础学科的原理，结合在科学实验与生产实践中所积累的经验而发展起来的。

②指具体的基本建设项目。

中国科学院咨询课题——《我国工程管理科学发展现状研究——工程管理科学专业领域范畴界定及工程管理案例》研究报告中的有关工程界定为：工程是人类为了特定的目的，依据自然规律，有组织地改造客观世界的活动。一般来说，工程具有产业依附性、技术集合性、经济社会的可取性和组织协调性等特点。

美国工程院(MAE)认为：工程的定义有很多种，可以被视为科学应用，也可以被视为在有限条件下的设计。

美国著名的学者威特根庭把一个事物有多种解释的现象称之为"家庭相似性"。

"工程"一词在我国出现的时间比较早，其在古代的诸多文献中出现过，主要指土木构筑、功课、各项劳作等含义。比如，明李东阳《应诏陈言奏》："今纵以为紧急工程不可终废，亦宜俟雨泽既降，秋气稍凉，然后再图修治。"清刘大櫆《芋园张君传》："相国创建石桥，以利民涉，工程浩繁，惟君能董其役。"元程端礼《程氏家塾读书分年日程》卷二："六日一周，详见工程。"随着人类文明的发展，人们可以建造出比单一产品更大、更复杂的产品，这些产品不再是结构或功能单一的东西，而是各种各样的所谓"人造系统"(比如建筑物、轮船、飞机等)，于是工程的概念就产生了，并且逐渐发展为一门独立的学科和技艺。

在现代社会中，"工程"一词有广义和狭义之分。从狭义上看，工程定义为"以某组设想的目标为依据，应用有关的科学知识和技术手段，通过一群人的有组织活动将某个(或某些)现有实体(自然的或人造的)转化为具有预期使用价值的人造产品的过程"。从广义上看，工程则定义为由一群人为达到某种目的，在一个较长时间周期内进行协作活动的过程。

2. 工程的三个方面

从上面众多的定义中，我们可以归纳出，从工程技术和工程管理专业的角度去看，"工程"一词主要有以下三个方面的含义：

第一,工程是人类为了完成对自然的实践活动,应用各种科学技术创造的,具有一定使用功能或实现价值要求的技术系统。工程的产品必须具有价值,如一幢建筑物、一条公路、一个工厂都具有使用价值和经济价值;如埃及的金字塔、天安门广场的人民英雄纪念碑都具有一定的文化价值。工程技术系统通常可以用一定的功能(如产品的质量或服务能力)要求、实物工程量、质量、技术标准等指标表达。例如,一定生产能力的车间或工厂;一定长度和等级的公路;一定发电量的火力发电站,或核电站;具有某种功能的新产品;一定规模的医院;一定规模学生容量的大学校区;一定规模的住宅小区;解决某个问题的技术创新、技术改造方案或系统等。在这个意义上,工程是一个人造的技术系统,是解决问题、实现目标的系统。这也是工程最核心的内容。一般人们所用的"工程"一词,主要指这个技术系统。

第二,工程是人们为了达到一定的目的,应用相关科学技术和知识,利用自然资源最佳地获得上述技术系统的活动(或过程)。这些活动通常包括:工程的论证与决策、规划、勘察与设计、施工、运行和维护;还可能包括新型产品与装备的开发、制造和生产过程,以及技术创新、技术革新、更新改造、产品或产业转型过程等。

在这个意义上,"工程"又包括"工程项目"的概念。

第三,工程也有工程科学的含义。工程科学是人们为了解决生产和社会中出现的问题,将科学知识、技术或经验用以设计产品,制造各种工程设施、生产机器或材料的科学技术。工程科学包括相关工程所应用的材料、设备和所进行的勘察设计、施工、制造、维修和相应的管理等技术,按照工程的类别和相关的知识体系分为许多工程学科(专业)。

所以"工程"包括了"工程技术系统""工程的建造过程(即工程项目)"和"工程科学"三个方面的含义。

3. 工程项目

与"工程"关系最紧密的一个词是"工程项目"。"工程"和"工程项目"既有联系,又有区别。

(1)项目的定义

"项目"的定义和工程的定义一样,众多专家和组织都企图用简单通俗的语言对其进行抽象性概括和描述。最为典型的是国际标准组织在《质量管理——项目管理质量指南(ISO 10006)》中定义项目为:"由一组有起止时间的、相互协调的受控活动所组成的特定过程,该过程要达到符合规定要求的目标,包括时间、成本和资源的约束条件。"

按照这个定义,项目具有如下特征:

①项目是在一定的时间内完成一项具体的任务。

②任务是在一定的约束条件下完成的。约束条件可能是时间或者劳动力、资金、设备、材料等资源消耗的限制。

③项目是由各种各样的活动构成的,这些活动之间互相关联,具有一定的逻辑关系。所以项目是行为系统。

(2)工程项目的概念

"工程项目"是以完成一定的工程技术系统为任务的项目,是一个工程的建设(建造)过程。如为完成一项工程的建设任务,人们需要完成立项、设计、计划、施工、验收等活动,最终交付一个工程系统。

从前述工程的定义可以看出,工程项目是工程技术系统的建造任务和过程,是工程的一个方面。

而工程技术系统是工程项目的交付成果,即工程项目的产出结果。人们使用"工程"一词更多地是指这个技术系统。

例如人们一谈起"三峡水利工程",在脑海里首先想到它有一个大坝,它是由大坝、水电站厂房和通航建筑物三大部分组成的,是个实体系统。

而"三峡工程项目",是指建设三峡工程的任务和过程,包括可行性研究、立项、设计、施工、运行的全过程,是个行为系统。

1.1.2 工程的作用

1. 工程是人类开发自然资源,改造自然环境的物质基础

工程是人类为了解决一定的社会、经济和生活问题而建造的,具有一定功能或具有一定价值的系统,如三峡工程(图1.1)是为了解决我国长江上游的防洪、发电、航运问题而建造的。有些工程具有文化或历史价值,如天安门广场上的人民英雄纪念碑(图1.2)。

图 1.1　三峡工程　　　　　　　　图 1.2　人民英雄纪念碑

人类为了改变自己的生活环境,为了探索未知世界,一直都在建造着各式各样的工程。从最简单的民用建筑,到大型的宇宙探索工程,工程改变了人类的生活,增强了人类认识自然和改造自然的能力。

(1)工程是人们认识自然,进行科学研究,探索未知世界的平台

例如,大学和研究所利用实验室完成一个个探索未知世界的任务。

又如,人类通过建造的正负离子对撞机、大型空间站、宇宙探索装置等,逐渐认识大至外层宇宙空间的宏观世界,小到基本粒子的微观世界。

(2)人们通过工程改善自己的生存环境,提高物质生活水平

例如,通过建筑房屋为人们提供舒适的住宅条件,能够挡风避雨。我国近年来房屋建筑工程发展迅速。据统计,在1979年,我国城市人均住宅面积仅6.7平方米,农村居

民住房面积也仅为8.1平方米;而到了2009年,我国城市人均住宅建筑面积翻了两番,达到30平方米,农村居民人均住房面积也增加到31.6平方米。

又如,我国私人小轿车拥有量在1985年几乎为零。到了2011年,一年的销售量就达到1 850万辆。这么多的汽车,则需要许多公路为人们提供便利的交通条件。2011年,全国新增公路通车里程7.14万千米,其中高速公路1.10万千米,新改建农村公路19万千米,交通运输发展实现良好开局。

(3) 人们通过工程改造自然,改变自然的特性,使之有利于人类,降低自然对人类的负面影响

例如,近一百多年来,长江上先后爆发了五次特大洪水灾害,每次爆发,都伴随大量人员伤亡,良田被毁,房屋倒塌,交通中断。而兴建三峡工程不仅能够有效地防止这些自然灾害,还可以蓄水发电、改善航运。

(4) 工程能够为人们的社会文化生活,特别是精神生活提供所需要的场所,从而丰富人们的文化生活

在人类历史上建造的各种庙宇、祭坛、教堂、宫殿、纪念馆、大会堂、运动场、园林、图书馆、剧场等都是人们文化生活的场所,如意大利的万神殿(图1.3)。

例如,近十几年来,我国普及大学教育,高等院校扩大招生人数,1977年仅27万人,到2011年达到近675万人。这就必须以各大城市兴建的大学城作为有力后盾。

又如,奥运场馆,如水立方(图1.4)的建设为成功举办2008年北京奥运会提供了基础设施。

图1.3　意大利的万神殿

图1.4　水立方

工程发展到现在,已经深入到了人们生产和生活的各个方面,人们的衣食住行都离不开工程,如土木工程、食品工程、电子工程、纺织工程、交通工程等。人们通过工程改变着自然,改变着地球的面貌,也改变了自己的物质生活,丰富了自己的精神文化生活。

2. 工程是科学技术发展的动力

工程的建设和工程科学的发展为整个科学技术的发展提供了强大的动力。即使是现在,科学技术要转化成为直接的生产力,仍然离不开工程这一关键环节。

(1) 工程就是要应用科学知识解决实际问题

科学知识是人们通过研究探索,或通过生产和生活实践获得的。人们,特别是科学

家,要发现问题,解释自然现象,获得科学知识。

在各种不同种类的工程建设和发展过程中,逐渐形成了工程学科。可以说,工程技术和学科的建立和发展与整个科学技术的发展是相辅相成的。

工程也是人们社会生产和生活的一部分。在工程中会遇到许多新的问题,发现新的现象,而科学知识就是人们通过研究解决这些问题的新方法或解释了新的现象时,获得的新的科学知识。所以大量的科学知识又是通过工程获得的。特别是在现代,大型和特大型的高科技工程又是研究和探索科学知识的过程。

(2)工程专家(或工程师)在建造工程时,要应用科学知识,以解决人们社会经济和文化问题,为人类造福

工程能否实现功能主要依赖于工程师的能力和工程经验,有些科学知识在工程中的应用先于人们对它全面和透彻的了解。

例如,我国的古代建筑赵州桥、埃及的金字塔,都是在数学知识和几何知识不甚发达的时期修建的,但当时的工程专家(即工匠们)利用丰富的经验和精湛的手艺建造了无与伦比的工程。

又如,在2 000多年前建造的都江堰工程就利用了弯道流体力学的方法取水排沙。而这种方法直到现代社会仍然是水力学研究的前沿问题。同时,科学家们也要依托工程所提供的条件进行科学研究。科学家常常需要设计新的科学实验设备或模拟装置,它们本身又是工程。我国的最新一代核聚变实验装置"EAST"(Experimental Advanced Superconducting Tokamak),俗称"人造太阳",它本身就是一个非常复杂的工程系统。

(3)科学家需要为大型工程提供可靠性和适用性的理论分析和实验模拟

例如,在新的大型结构的应用中,首先制作模型在实验室里进行模拟实验,如力学实验、荷载试验、风洞试验、地震试验等。现在几乎所有的复杂的高科技工程都有这个过程。

在一些大型工程中,如我国的"两弹一星"工程、三峡工程,以及"载人航天"工程等,都是工程技术和科学研究的高度结合,工程中需要进行大量的科学模拟实验,用以解决工程中的新问题。同时科学家利用工程提供的工具和平台进行科学试验和研究,以发现新的科学知识。

例如,城市轨道交通工程建设涉及车站建设、隧道挖掘、轨道铺设、车辆制造、信息通信系统建设等活动,几乎涉及现代土木工程、信息电子工程、机电设备工程等所有高新技术领域。

因此,在现代社会要促进整个科学技术的发展,必须加强大学里工科和理科的结合,加强教学、科研与工程实践三者的结合。

3. 工程作为文明传承的载体能够体现人类文明的发展过程

工程既然是人类运用自己所掌握的科学技术知识开发和改造自然的产物,它就可以表现出人类在地球上生活、进行科学研究和探索留下的重要痕迹。它标志着一定社会的科学技术发展水平和文明程度,同时又是历史的见证,记载了历史上大量的经济、文化、科学技术的信息。

例如，人们可以通过对大量古建筑遗址或古代陵墓的考察，了解当时的政治、经济、军事状况，科学技术发展水平和人们的社会生活情形。20世纪80年代末，一支包括考古学家、动物学家和营养学家在内的共45名学者组成的多学科考察队，踏遍了常有美洲虎和响尾蛇出没的危地马拉佩藤雨林地区。这支科考队用了6年时间，对约200处玛雅文明遗址进行了考察，结论是：玛雅文明是因争夺财富及权势的血腥内战，自相残杀而毁灭的。通过对历史上工程（特别是建筑、工程材料和工程结构）的分析和研究，我们可以清晰地了解到科学技术发展的轨迹。

我国学者在考察龙山文化遗址时，发现当时土木工程所用的材料最早只是天然材料，如泥土、木材、砾石、石材以及混合材料（如加草筋泥）等。后来在工程中有了用泥土烧制的砖头和瓦，以及一些陶制品。而在研究万里长城时发现其就是秦代在魏、燕、赵三国夯土筑城的基础上进一步修筑和贯通的，主要采用夯土、砖和石料。2 000多年以来，木材和"秦砖汉瓦"是我国建筑的主要材料。建于公元14世纪，历经清明两代的北京故宫，是世界上现存最大、最完整的古代木结构宫殿建筑群。而欧洲古代房屋建筑则以石拱结构为主，如意大利的比萨大教堂建筑群（公元11~13世纪）、法国的巴黎圣母教堂（1163~1271年），均为拱券结构的建筑。

1824年，英国人J. 阿斯普丁发明了波特兰水泥，到了1856年转炉炼钢技术获得了成功。这些材料为现代钢筋混凝土结构打下了物质基础。1875年，法国人莫尼埃主持建造成第一座长16米的钢筋混凝土桥。1886年，在美国芝加哥用框架结构建成了一座高达9层的保险公司大厦，被誉为现代高层建筑的开端。

第二次世界大战结束至今，现代土木工程材料进一步轻质化、高强化，并向智能化方向发展。这些材料的出现催生了高层建筑和大跨径桥梁。1973年在美国芝加哥建成高达443米的西尔斯大厦，其高度比1931年建造的纽约帝国大厦高出65米左右。1998年我国建成的上海金茂大厦高421米，居中国第一、世界第三。

目前世界上的第一高楼，也是世界上最高的人造建筑物——迪拜"哈利法塔"大楼（图1.5），其高度达818米，楼层数量超过160层，装有世界上速度最快的电梯，约每小时64千米。在天气晴朗时，远在100千米以外就可看到这座超高摩天大楼的尖顶。

20世纪80年代起，随着现代材料科学和大规模集成电路技术的出现，人们开始了智能材料的研究和应用。这些材料在以某种方式融合到结构基本材料之中或与结构件相结合之后，能发挥传感和驱动功能，以使结构具有感觉和自我调节能力，从而使建筑能够自动调温、调湿，能够监控建筑上的暖通、光照、设备等系统的运行，进行自我诊断和修复。

工程是所有已经取得的科学技术的体现，同时科学技术研究和探索又都是在已有工程的基础上进行的。例如，在现代科学家进行基本粒子研究所用的仪器和设施就代表人类已经获得的基本粒子科学知识的全部；在人们所进行的航天工程中，就用到人类所积累的所有天文学、数学、物理学、化学、材料科学、空气动力学等各方面的尖端科学知识。

大量规模宏大、工艺精美的建筑工程也是中华民族勤劳、勇敢和智慧的历史证明。

如长城、都江堰(图1.6)、秦兵马俑、大运河、苏州园林、北京故宫等建筑是我们中华民族的骄傲。

图1.5 哈利法塔

图1.6 都江堰

而现代,"两弹一星"工程、三峡水利枢纽工程、航天工程和登月工程等,是我国国民经济和科学技术水平的集中表现。

建筑工程也能体现出其所处时代的文化艺术,在原始社会,人类建造工程就把其和艺术融为一体。人们通过考古发现,在原始社会穴居时期,就有许多原始人留下的岩石壁画,这就可能是最久远的室内装潢艺术。人类开始建造房屋("构木为巢"),就开始艺术创作,早期的人们就试图在房屋木结构上雕刻,通过建筑工程表现美感、技巧、精神和思想。

经过长期的发展,建筑已成为凝固的音乐,永恒的诗歌。一座优美的建筑带给我们的不仅仅是使用功能,而且有视觉上的审美享受,同时也让我们从中看到所处的时代的印记和所属民族的特质。所以不同国度的建筑或一个国度不同时期的建筑,表现出不同国度或不同时期人们的文化素质、智慧和精神。

任何国家的建筑遗址都记载着这个国家的历史文化。在我国古代建筑工程就与金石书画、礼乐文章并列,为文化艺术的一部分。

例如,传统的山西民居是中国民宅建筑追求儒家"天人合一"审美思想的典型。其"堂"位于合院建筑中轴线的重要位置上,堂前的庭院是一块空地,上对苍天,组成了完整的天地象征。所以对古代建筑的保护实际上就是对文化的保护,就是对建筑艺术和文化的传承。

随着社会的发展,现存的古老建筑工程(都江堰水利工程和大运河等除外),其余的功能价值逐渐消失,越来越重要的是它的文化价值和历史价值,如长城、故宫等。

4. 工程是社会发展的动力

工程作为社会经济和文化发展的动力,在人类历史进程中,一直作为直接的生产力。具体体现在如下几方面:

(1)工程建设促进了城市化的发展

城市化,即人口向城市集中,是现代社会的特征之一。我国城市化的进程:20世纪

70年代末仅14%,1986年达到26%以上,2000年达到36%。现在我国处于城市化高速发展时期,预计2020年达到50%,2050年达到65%以上。在这个过程中,需要建设大量的房屋工程和城市基础设施工程。

(2)工程是社会经济、文化发展的依托

国民经济各部门的发展、科学进步、国防力量的提升、人民物质和文化生活水平的提高都依赖于工程所提供的平台。例如:

①信息产业的发展需要生产通信产品的工厂和建设通信设施。

②交通业发展需要建设高速公路、铁路、机场、码头。

③食品工业和第三产业发展需要工厂及相关设施。

④国防力量的提升需要大量的国防设施,需要进行国防科学技术研究基地建设。

⑤教育发展需要建大量的新校区、大学城,需要教室、图书馆、实验室、宿舍、运动场(馆)、办公楼等。

综上所述,工程是工业、农业、国防、教育、交通等各行各业发展的基础。国民经济的各个部门都要有基本的设施,都离不开工程。近年来,我国经济高速发展,一个重要的特征就是,我们建设了和正在建设着大量的工程。

随着我国国民经济的快速增长,固定资产投资额逐年提高,工程建设作为固定资产投资转化为生产能力的必经环节,其产值也大幅度增加。固定资产投资中既包括生产性投资,也包括生活消费性投资。我国整个社会固定资产投资总额中约有60%是工程建设投资。以2011年为例,全社会固定资产投资311 022亿元,其中建筑业占3 253亿元,另外还有与建筑工程相关的约1万亿元的设备、器具采购。

(3)工程相关产业,特别是建筑业是国民经济的重要行业

工程建设是由工程相关产业,主要是建筑业完成的。建筑业直接通过工程建设完成建筑业产值,获取利润,提供税收,对国民经济发展作出很大的贡献。我国社会各领域投资的增加促进了我国建筑业的发展。在国家统计局发布的中国统计年鉴中,2011年我国国内生产总值为471 564亿元人民币,其中建筑业增加值为14 014.1亿元人民币,已成为国民经济的支柱产业之一。

在国家统计局发布的中国统计年鉴内生产总值统计中,指数值从高到低依次为工业、建筑业、交通运输仓储邮电通信业、批发和零售贸易餐饮业四大产业。

在世界上其他国家和地区也有相同的情况。例如美国,房地产业与建筑业的产值约占国民生产总值的15%。

(4)工程相关产业是解决我国劳动力就业的主要途径

建筑业历来是劳动密集型产业,可以吸纳大量的劳动力。2007年建筑业全行业从业人员数量约为3 133.7万人(尚不包括大量的临时性劳务人员),占全社会从业人员数量的3.5%。其中大多数建筑工人来自农村。建筑业为缓解我国就业压力,给社会提供就业机会,特别是为解决农村剩余劳动力转移问题,促进农村产业结构的调整,有效地增加农民收入,促进城乡协调发展作出了很大贡献。

(5)工程的建设需要消耗大量的自然资源和社会资源,消耗其他部门的产品,拉动

整个国民经济的发展

　　工程建设是将社会资源整合后而形成生产能力和固定资产的最基础的环节,在整个国民经济的资源配置中发挥着重要的枢纽作用。工程建设的发展带动国民经济各个行业的发展,包括建筑业、机械制造业(机械设备、施工设备、家电业、家具)、建筑材料(钢铁、水泥、木材、玻璃、铝、装饰材料、卫生洁具)、纺织业、服装业、石油化工、能源、环境工程、金融业、运输业等。

　　例如,工程建设的发展,带动建材业发展。2008年我国建材新型产品增长迅速,发展较快。粗钢产量达5.01亿吨,比上年增长2.4%;钢材产量达5.85亿吨,增长3.4%;水泥产量达14亿吨,增长2.9%;平板玻璃产量达55 493万重量箱;建筑陶瓷总产量超过30亿平方米;砖瓦产品销售收入完成232.88亿元;黏土实心砖总量为4 800亿块;各类烧结空心制品总量达到1 500亿块(折合标准砖);建筑防水行业产品销售收入达到159.72亿元。

　　近几十年来,我国经济高速发展,很大部分是由工程建设投资拉动的。工程具有越来越大的社会影响和历史影响。

1.1.3　我国古代工程

　　人类来自于自然,生长于自然。纯自然的状态,对人类来说,是简陋的。早期的人类,没有房屋居住,没有出行工具和道路,自然灾害频繁,过着风餐露宿、茹毛饮血的生活。但是,随着人类社会的发展,人们在长期的劳动实践中积累了科学知识,进而利用科学知识,进行生产活动,达到了开发自然、改造自然的目的。社会的各方面,如政治、经济、文化、宗教、生活、军事等,产生了对工程广泛的需要,同时,当时的社会生产力的发展水平又能实现这些需要,这样就有了"工程"。所以工程产生于实际需要,它的存在已有久远的历史。

　　在周朝的《周礼·考工记》中就有"知者创物,巧者述之,守之世,谓之工","百工",为"国有六职"之一。"百工"涉及那时人类生活的各种人造器物制造,包括各种木制作(如车轮、盖、房屋、弓、农具等)、五金制作(如刀剑、箭、钟、量具等)、皮革制作(如皮衣、帐帷、甲等)、绘画、纺织印染、编织、雕刻(玉雕、石制作、天文仪器制作等)、陶器制作(如餐具)、房屋建筑、城市建设等。

　　历史上的工程以土木建筑工程和水利工程为主,主要包括:房屋工程(如皇宫、庙宇、住宅等)、城市建设、军事工程(如城墙、兵站等)、道路桥梁工程、水利工程(如运河、沟渠等)、园林工程、陵墓工程等。

　　这些工程又都是当时社会的政治、军事、经济、宗教、文化活动的一部分,体现着当时社会生产力的发展水平。

1. 房屋工程

　　人类早期是没有房屋的,住山洞,以最原始的方式御寒保暖,遮风挡雨。后来,人类学会使用简单的工具,利用大自然中的各种材料,动手为自己营造更符合自己喜好的、更为舒适的居住场所。早期人们采用的多为天然材料,如木材、石材等,搭建各种棚屋。

"构木为巢"是最原始的"房屋建筑工程"。《易经》中有"上古穴居而野处,后世圣人易之以宫室,上栋下宇,以避风雨"。

在我国,2 500多年前就形成了以木结构作为主要构架,以青砖作墙,以碧瓦作为上盖的"梁柱式房屋建筑"形式。这是我国房屋建筑的主要形式,是从古代人的"构木为巢"传承下来的。

这种建筑结构的特点是取材容易,我国古代森林资源丰富;木材易于制作构件,易于雕刻和艺术化处理,可以雕梁画栋。所以我国古代木建筑十分广泛,在建筑方式和工艺方面也达到了很高的水平。

与西欧不同,石材在我国古代房屋建筑中的应用不是很多,主要用在墓室、宗教建筑和一些标志性建筑上,如汉阙、南北朝的石刻、唐宋的经栋、明清的牌楼、碑亭、影壁、石桥、华表等。

木建筑易被兵火殃及,在我国历史上几乎每个朝代更替,以及在战争中都以大规模焚毁旧建筑作为"打破旧世界"的象征,在建立新朝代后又大兴土木作为"建立新世界"的标志。翻开中国历史,3 000多年,朝代更替,社会动荡不定,战争连绵,其中无数的建筑被焚毁,可以说是一片火光!

商朝自盘庚在朝歌建都,到纣王大规模建造,经武王灭商,鹿台被焚毁。其后"箕子朝周,过故殷墟,感宫室毁坏,生禾黍"。

秦始皇在统一六国的战争中,所到之处都要焚烧六国的宫廷建筑和都城。秦始皇统一后为我国历史上的一个建筑高峰期,如咸阳城的扩建、阿房宫、秦皇陵墓、长城、秦直道、驰道等的建造。秦都城咸阳皇宫建成后不久就为项羽所焚,大火"三月不灭"。

汉朝立国后,萧何营造建长安,建长乐宫和未央宫。到汉武帝又大兴土木,建造建章宫等,规模宏大。到西汉末年,因王莽篡汉,以及后来的赤眉焚西宫,毁掉大量建筑,东汉则迁都洛阳。洛阳在东汉营造许多年后,又为董卓焚烧。

同时木建筑容易被大水冲毁,或因雷击,或人为失误引发火灾。北宋皇宫就曾经因非战争原因被大火焚毁,后来又重建。

由于木建筑不能长久,容易腐蚀,容易为大火焚毁,或被大水冲毁,而且由于取材容易,修旧不如盖新,所以我国历史上人们就不大研究建筑的修建,不注重保存旧建筑,而喜欢拆旧盖新。这种历史的大烧大建和大建又大烧导致我国现存的古代房屋建筑不是很多,同时又导致我国森林覆盖率的降低和环境的破坏。而且对我国整个建筑文化、工程目标的设立、建筑价值理念产生很大的影响。

2. 城市建设

当人类发展到了新石器时代的后期,以农业作为主要生产方式,就形成比较稳定的劳动集体,产生了固定的聚集地。人们集中居住是为了抗御自然,防止其他部落和野兽的入侵,提高自己的生存能力,同时逐渐社会化,满足精神生活要求。《史记》记载,由于舜德行高尚,人们都愿意居住在他的周围,所以"一年所居成聚,二年成邑,三年成都"。

这样就需要进行集中固定的居民点的建设。按照防御的要求,在居民点周围挖壕沟或建墙,或建栅栏。这些都是带有防御性的军事工程,逐渐形成城市的雏形。

同时在商业和手工业出现后就有交易和集市。在我国古代,"城"是以武装保护的土地,要有防御性的构筑物,而"市"就是交易场所。

在我国夏代的城市的遗迹中就发现有陶制的排水管道,以及夯土地基,显示出相当高的工程技术水平。

《诗经·绵》中记载,在周文王的祖父古公亶父之前,周朝的人们穴居,不建房屋("陶复陶穴,未有家室"),他率领他的子民来到岐山,选择城址,进行建设规划,任命司空管理工程,任命司徒管理土地和人们,建筑宫室、太庙、祭坛,由此形成周朝的都城。

《周礼·考工记》中有记载周代王城建设的空间布局:"匠人营国,方九里,旁三门。国中九经九纬,经涂九轨。左祖右社,面朝后市。市朝一夫。"周朝就兴建了丰、镐两座京城;按照周礼规范的城市规划布局进行勘查、选址,有步骤地进行城市建设。

春秋战国时期各个诸侯国之间征战不休。为了称霸和自卫的需要,大家都纷纷建城筑墙。这是我国筑城的高潮期。

在我国几千年的奴隶社会和封建社会历史中,城市的规划是政治制度的一部分,按照不同封建等级的城市,如都城、王城、诸侯城等,有不同的规则,如用地面积、道路宽度、城墙长度和高度、城门数目,甚至城市的位置都有规定,且等级森严。超过规则,违背这个制度,就是违礼,常常作为谋反罪论处。

在中国古代城市中,皇宫和官府衙门占主导,作为中心区,由此影响城市的布局。我国古代的城市,特别是首都的建设都是集中全国的财力和物力,用集权化的强制手段完成的。

在我国历史上,秦代的咸阳、汉长安、唐代长安、宋代汴梁城(开封)、元大都(北京)、明清代的北京城都是当时世界上最大的、最先进的城市之一。

社会的发展使城市的功能发生变化,不仅作为人们的聚集地,提供居住条件、生活服务设施和公共建筑,而且成为社会的政治中心、经济中心、金融中心和交通中心。

3. 军事工程

早期的人们出于保护自己领地的目的,修建了防御工事。在居住地、城市,甚至国境线上建设壕沟、城墙。这是古代最为重要的庞大的国家工程。墨子认为,国有七大患,第一就是"城郭沟池不可守而治宫室",即国防工程没有做好,就做华丽的皇宫,这样的国家是要灭亡的。而明朝朱元璋在位时,接受谋臣朱升的三条建议,第一就是"高筑墙"。

古代军事工程主要是城墙。我国长城修筑的历史可上溯到公元前9世纪的西周时期,周王朝为了防御北方游牧民族猃狁的袭击,曾建筑连续排列的城堡"列城"以作防御工事。

到了公元前7~8世纪的春秋战国时期,列国诸侯为了争霸和各自的防守需要,在自己的边境上修筑起长城。最早建筑的是公元前7世纪的楚长城,其后齐、韩、魏、赵、燕、秦、中山等大小诸侯国家都相继修筑长城以自卫。由于当时的生产力发展水平不高和国力不强,这些长城都自成体系,互不连贯,工程规模较小,式样各不相同,长度较短,从几百千米到 1 000~2 000 千米不等。人们称之为"先秦长城"。

公元前 221 年,秦始皇统一了六国,为了巩固国家的安全,防御北方强大匈奴游牧民族的侵扰,便大修长城。在原来燕、赵、秦部分北方长城的基础上,增筑扩建了很多部分,完成"西起临洮,东止辽东,蜿蜒一万余里"的长城。从此便有了万里长城的称号。自秦始皇以后,汉、晋、魏、北齐、北周、隋、唐、宋、辽、金、元、明、清等十多个朝代,都不同规模地修筑过长城,其中以汉、金、明三个朝代的长城规模最大,都达到了 5 000 千米或 10 000 千米。

长城绵延万里,是由城墙、敌楼、关城、墩堡、营城、卫所、镇城烽火台等多种防御工事所组成的一个完美的防御工程体系。

长城是中国,也是世界上修建时间最长、工程量最大的一项国防工程。可以说自春秋战国时期开始到清代的 2 000 多年几乎没有停止过对长城的修筑。它分布于中国北部和中部的广大土地上,累计总长度达 50 000 多千米,被称为"上下两千多年,纵横十万余里"。长城连续修筑时间之长,工程量之大,施工之艰巨,历史文化内涵之丰富,是世界其他古代工程所难以相比的,也是绝无仅有的,因而被列为中外世界七大奇迹之一。

在 2 000 多年的长城修筑过程中人们积累了丰富的经验。在布局上,秦始皇修筑万里长城时就总结出了"因地形,用险制塞"的经验,2 000 多年被人们一直沿用,同时成为军事布防上的重要依据。在建筑材料和建筑结构上以"就地取材、因材施用"的原则,创造了许多种结构方法,有夯土、块石片石、砖石混合等结构;在沙漠中还利用了红柳枝条、芦苇与沙砾层层铺筑的结构,可称得上是"巧夺天工"的创造。

修筑长城的工程巨大,历代为修筑长城动用的劳动力数量也十分可观。据历史文献记载:

秦代修长城除动用三十万至五十万军队外,还征用民夫四五十万人,多时达到一百五十万人。北齐为修长城一次征发民夫一百八十万人。隋史中也有多次征发民夫数万、数十万乃至数百万人修长城的记载。明代修筑长城估计用砖石 5 000 万立方米,土方 1 亿 5 000 万立方米,其用来铺筑宽 10 米、厚 35 厘米的道路的长度,可以绕地球赤道两周有余。

4. 交通工具

古代,人们一般都临河而居,扎木筏或"刳木为舟",作为交通工具。这也是最早的造船工程。

原来,随着路上交通需要的增加,人们经过长期实践,修建了道路,也就开始有了道路工程。这些道路像一条条纽带,把散落在不同地方的人们连接在了一起,也使得人们的居住地从河边扩大到了内陆。

历史上著名的道路工程,如秦朝建设的驰道和秦直道。公元前 212 年至公元前 210 年,秦始皇统一六国后,以国都咸阳为中心,修筑了通向原六国首都的驰道。秦直道是秦始皇为抵御北方匈奴势力南侵而建造的具有战略意义的国防工程,是中国最早的高速公路。为快速反击和抵御北方匈奴侵扰,秦始皇命大将蒙恬率师督军,役使百万军工,一面镇守边关,一面修筑军事要道。仅仅用了两年半,修建起一条由距咸阳不远的陕西淳化的云阳郡,通向包头西的九原郡的"秦直道",长约700千米。

司马迁在《史记·蒙恬传》中写道:"吾适北边,自直道归,行观蒙恬所为秦筑长城亭障,堑山堙谷通直道。"

秦直道把京卫和边防连接起来。一旦边事告急,秦始皇的铁骑凭借这一通道从咸阳三天三夜就可抵达阴山脚下的塞外国境。这是当时连通中原和北方的一条主要交通干线,它对于巩固边防,促进内地和北方的经济、文化联系起到了十分重要的作用。

在原秦直道上约每隔30千米就有一个宫殿建筑,在整个秦直道上共有26座。它们与现代高速公路上的休息区功能类似。

秦直道遗迹的路面宽在20多米到40多米之间,路基夯土层一般由黑土、黄土、白灰和沙子相间夯实,与现代公路地基处理工艺几乎相同。

由于河流、山涧横亘在道路之间,道路起初是不连续的。伴随着道路的发展,桥梁建设也逐渐兴起,桥梁可以跨越河流、山涧,为道路的通达创造了条件。据史籍记载,秦始皇为了沟通渭河两岸的宫室,兴建了一座68跨咸阳渭河桥,这是世界上最早和跨度最大的木结构桥梁。此外,在秦皇宫中就有现代立交桥的雏形(《阿房宫赋》"复道行空,不霁何虹")。

在隋代修建了世界著名的空腹式单孔圆弧石拱桥——赵州桥,净跨达37.02米。

如今,道路桥梁已是现代社会不可缺少的陆上交通设施。现在社会已经形成了陆运、水运、空运的立体网络,交通运输也越来越朝着高速化方向发展。在中国,除了各地蓬勃发展的高速公路之外,我国第一条高速铁路——京沪高速铁路也已开始建设。随着一条条高速公路和高速铁路的建成,再加上空中的飞机、海上的轮船,距离对人们生活的影响越来越小。

5. 水利工程

古代,人类生存还受到洪涝和干旱的威胁。我国是农业大国,水利工程可以用来抵御洪水、进行农业灌溉和发展运输,中国古代流传着"大禹治水"的故事,述说的是"全国性"的水利工程。

公元前5世纪至公元前4世纪,在我国河北的临漳,西门豹主持修筑了引漳灌邺工程。

公元前3世纪中叶,我国战国时期的秦国蜀郡太守李冰及其子在四川主持修建了都江堰,解决了围堰、防洪、灌溉以及水陆交通问题,该工程被誉为世界上最早的综合性大型水利工程。

公元前237年,秦王嬴政开凿了郑国渠,灌溉面积达18万平方米,成为我国古代最大的一条灌溉渠道。渠道位于今天的泾阳县西北25千米的泾河北岸。

在我国历史上,都江堰和大运河工程是最著名的两个水利工程。

(1)都江堰——最"长寿",最具有"可持续发展"能力,最符合"科学发展观"的工程

都江堰建于公元前3世纪,位于四川成都平原西部的岷江上,是全世界至今为止,

年代最久、唯一仍发挥作用的宏大水利工程。

截至1998年,都江堰灌溉面积达到66.87万平方米,为四川50多个大、中城市提供了工业和生活用水,而且集防洪、灌溉、运输、发电、水产养殖、旅游及城乡工业、生活用水为一体,是世界上水资源利用的最佳典范。

在都江堰建成以前,岷江江水常泛滥成灾,奔腾而下,从灌县进入成都平原,由于河道狭窄,常常引起洪灾,洪水一退,又是沙石千里。灌县岷江东岸的玉垒山又阻碍江水东流,造成东旱西涝。秦昭襄王五十一年(公元前256年),李冰任蜀郡太守,他吸取前人的治水经验,率领当地人民主持修建了都江堰水利工程。都江堰的主体工程是将岷江水流分成两条,其中一条水流引入成都平原,这样既可以分洪减灾,又达到了引水灌田、变害为利的目的。都江堰建成后,成都平原沃野千里,成为"天府之国"。

都江堰水利工程以独特的水利建筑规划艺术创造了与自然和谐共存的典范。它充分利用当地西北高、东南低的地理条件,根据江河出山口处特殊的地形、水脉、水势,乘势利导,利用高低落差,无坝引水,自流灌溉,使堤防、分水、泄洪、排沙、控流相互依存,共为体系,保证了防洪、灌溉、水运和社会用水综合效益的充分发挥,变害为利,使人、地、水三者高度协调统一。都江堰的工程布局和"深淘滩、低作堰","乘势利导、因时制宜","遇湾截角、逢正抽心"等治水方略,使古堰2 000多年来持续发展,至今仍是治水的基本方法。

都江堰工程蕴藏着极其巨大的科学价值。它虽然建于2 000多年前,但它所蕴含的系统工程学、流体力学等科学方法,在今天仍然是处在科学技术前沿的课题。

(2) 大运河——世界上最长的运河

大运河北起北京,南达杭州,流经北京、河北、天津、山东、江苏、浙江六个省市,沟通了海河、黄河、淮河、长江、钱塘江五大水系,全长1 794千米,是巴拿马运河的21倍,是苏伊士运河的10倍。

大运河从公元前486年开始开凿,完成于隋代,在唐宋时期运河就十分繁荣,在元代人们又将它取直,在明清时期又进行了大规模的疏通。它在我国历史上作为南北交通的大动脉,曾起过巨大作用。今天,大运河作为南水北调的主要路径,仍然焕发出青春的活力。

6. 园林工程

我国的园林是具有丰富文化和艺术内涵的工程,苏州古典园林是它的代表。

苏州古典园林的历史可上溯至公元前6世纪春秋时期吴王的园囿,私家园林最早见于历史记载的东晋的辟疆园,后来历代造园都十分兴盛。明清时期,苏州成为中国最繁华的地区,私家园林遍布古城内外。16~18世纪进入全盛时期,有园林200余处,使苏州有"人间天堂"的美誉。苏州古典园林以其意境深远、构筑精致、艺术高雅、文化内涵丰富著称。

苏州古典园林宅园合一,可赏、可游、可居。这种建筑是在人口密集和缺乏自然风光的城市中,人类依恋自然,追求与自然和睦相处,美化和完善自身居住环境的一种创造。其建筑规制反映了中国古代江南民间起居休憩的生活方式和礼仪习俗，体现了历史上江南地区高度的居住文明以及当时城市建设的科学技术水平和艺术成就。

苏州古典园林也是中国传统思想文化的载体，表现在园林厅堂的命名、匾额、楹联、书条石、雕刻、装饰、盆景、花木、叠石等方面。它们不仅是点缀园林的精美艺术品，同时储存了大量的历史、文化、思想和科学信息，物质内容和精神内容都极其丰富。其中有反映和传播儒、道等各家哲学观念、思想流派；有宣扬人生哲理，陶冶高尚情操；还有借助古典诗词文学，对园景进行点缀和渲染，使人于栖息游赏中，化景物为情思，产生意境美，获得精神满足。

苏州园林通常由历代富商巨贾、退休官僚等建造。由于中国古代官场和社会崇尚文化，官员都会诗词歌赋、绘画、书法。他们不仅有相当的经济实力，而且有非常高的文学和艺术修养，有些人本身就是艺术大家，所以才有"文人写意式山水园林"。通过创造一个生机盎然、花木葱茏的自然环境；通过精美的造园艺术手法，对造园要素取舍、提炼、强化、加工，上升为巧夺天工的"艺术美"，最终达到一个如诗如画、寄情言志的理想美境界；通过清泉明月、假山花木、匾联书画来启发人们的情趣、联想、思维，进而使人们得到精神上的满足。

从总体上说，古代官场崇尚文学、艺术和美学，对我国古代建筑的发展有很大的促进作用，为我们留下了大量的具有丰富中国文化内涵的建筑。

拙政园、网师园、留园、环秀山庄、沧浪亭、狮子林、艺圃、耦园、退思园九家园林已被联合国教科文组织列入世界文化遗产。近年来，苏州的园林建筑艺术逐渐向海外传播。美国纽约大都会艺术博物馆的明轩，加拿大温哥华市中心公园内的中园，都是按照苏州明代园林的式样建造的。

1.1.4 我国现代工程的发展

在中华人民共和国成立后，很快就进入我国历史上少有的大规模工程建设时期，有大型的水利工程（如治理淮河、黄河、长江）、交通工程（如青藏公路）、工业工程、国防工程等。由前苏联帮助的156项重点工程，以及北京的十大建筑、成昆铁路等在当时都是具有标志性的工程。

人民大会堂是纪念建国十周年首都十大建筑之一，位于北京市天安门广场西侧。人民大会堂完全由中国工程技术人员自行设计、施工，1958年10月动工，仅用了10多个月的时间就建成了，在1959年国庆节时投入使用。

从20世纪80年代初以来，我国处于历史上规模最大的，在世界历史上也是罕见的工程建设时期。我国是建筑工程大国，各个领域都有许多大型和特大型工程。

1. 现代工程的发展

(1) 钢铁工业

在钢铁工业方面有宝山钢铁厂。它是我国改革开放以后第一个最大的建设工程。宝山钢铁厂于1978年12月23日动工兴建，第一期工程于1986年9月建成投产，第二期工程于1991年6月建成投产。宝山钢铁厂是新中国成立以来建设规模最大的钢铁联合企业,已形成年产650万吨铁、671万吨钢、50万吨无缝钢管、210万吨冷轧带钢、400万吨热轧带钢的生产规模。2005年7月,宝山钢铁厂被《财富》杂志评为2004年度世界500强企业第309位,成为中国竞争性行业和制造业中首批名列世界500强的企业。

(2)水利工程

在水利工程方面,近几十年来有葛洲坝工程、鲁布革工程、小浪底工程、二滩水电站、三峡水利工程、南水北调工程等。

(3)核电工程

核电工程方面,目前已经运行的有大亚湾核电站、秦山核电站、连云港田湾核电站、秦山核电站二期工程、秦山核电站三期工程;在建的有大亚湾核电站(岭澳)二期工程和连云港田湾核电站三期工程等。

(4)铁路工程

铁路工程最大的有京九铁路、青藏铁路工程。青藏铁路于1957年开始勘测修筑,1960年西宁至海晏段建成通车。20世纪70年代中期,青藏铁路又继续施工修建,1979年铺轨至格尔木市。2001年2月8日,国务院批准建设青藏铁路。青藏铁路二期为格尔木至拉萨段,全长1 118千米,途经多年冻土地段550多千米,海拔4 000米以上的地段965千米,最高点为海拔5 072米的唐古拉山口。青藏铁路已成为世界上海拔最高和最长的高原铁路。

(5)化工工程

20世纪70年代我国投资建设仪征化纤、扬子石化等,最近有扬子巴斯夫石化工程、广东茂名石油化工工程、福建石油化工工程等。

扬子巴斯夫石化工程是中石化(SINOPEC)所属的扬子石化和德国巴斯夫以50∶50的比例共同出资建立的石油化工企业,位于江苏省南京市六合区,总投资约29亿美元,占地220万平方米。2001年9月开始工程建设,于2005年6月投入商业运营。

(6)大桥

近十几年来,我国在长江上兴建了许多大桥。仅江苏段除了原来的南京长江大桥外,还有南京长江二桥、南京长江三桥、润扬长江大桥、苏通长江大桥、江阴长江大桥等。

(7)城市地铁

我国城市地铁从无到有,已建及正在建设的城市轨道交通工程(地铁或轻轨)的城市有北京、上海、广州、深圳、南京、武汉、重庆、大连、哈尔滨、长春、青岛、成都、沈阳、苏州、西安、杭州、郑州、无锡等几十个大城市。

(8)高速公路

中国高速公路从零起步,经过二十多年的建设,截至2011年底,已8.5万千米,高速公路总里程位居世界第二。

这些工程在规模和工程技术的先进性方面都是当代一流的。

2. 现代工程的特点

(1)工程规模大,技术难度高

现代工程规模大,工程的技术难度高。我国近几十年来许多工程都不断创造工程领域的世界之最。最典型的是三峡工程,它的许多指标都突破了我国甚至世界水利工程的纪录。

(2) 现代高科技在工程中的应用

任何时代的重大工程都是那个时代科学技术应用的典范,都体现那个时代科学知识的最高水平,是那个时代高科技的结晶。近50年来,人类的科学技术高速发展,新的科学技术也不断被应用于工程领域,推动了工程领域的发展。现代科学技术已渗透到了工程的各个方面。

(3) 具有高度的复杂性、专业化和综合性特点

现代工程技术上的多样性并不是各种技术的简单相加,而是一种基于特定规律、规则的,面向特定目标的各种相关技术的有序集成。如目前监控和管理功能为一体的智能建筑,就是现代建筑技术(Architecture)与现代信息技术相结合的产物,是四种技术(也被称为4C),即现代计算机技术(Computer)、现代控制技术(Control)、现代通信技术(Communication)和现代图像显示技术(CRT)集成后所打造的现代化工程。

(4) 投资大,消耗大量的自然资源和社会资源

由于现代大型、特大型工程的建设投资规模常常以十亿、百亿、千亿元计,集中全国、全省或全市的财力,它会影响国计民生,影响国民经济、社会和经济发展目标。如三峡工程总投资2 000多亿元人民币,西气东输工程总投资1 400多亿元人民币;南京地铁一号线总投资达98亿元,南京奥体中心总投资额度达21亿元,上海金茂大厦投资额高达45亿元。

建筑工程在施工和使用过程中要耗费大量的建筑材料和能源。我国整个钢产量的25%,水泥总产量的70%,木材总产量的40%,玻璃总产量的70%,塑料总产量的25%,运输总产量的8%用于工程建设。

现在我国要推行资源节约型社会的建设,必须从工程建设入手,节约材料、资金、能源。在工程建设中即使节约1%的资源,就是一个十分庞大的绝对数字,就是很大的贡献。所以工程界对此承担着很大的责任。奥运工程在这方面就做了很好的表率。

(5) 对自然、对社会的影响大,而且许多影响是历史性的

现代工程投资大,消耗的自然资源多,对社会的影响大,包括对周围居民生活的影响,对社会文化的影响,对社会经济环境的影响等。现代工程已经成为社会生活中不可缺少的部分,同时它们的建设和运行又在改变着社会。

任何一个工程,利弊常常是同时存在的。人类社会认识自然和改造自然的能力越强,对自然和对社会可能造成的破坏就越大,它的历史影响就越大。

(6) 工程的国际化

工程要素的国际化是现代工程一个非常重要的标志,即一个工程建设和运行所必需的产品市场、资金、原材料、技术(专利)、土地(包括厂房)、劳动力、工程任务承担者(工程承包商、设计单位、供应商)等,常常来自不同的国度。

在当今世界上,国际合作项目越来越多,通过国际工程能够实现各方面核心竞争力的优势组合,能够取得高效率的工程。目前,我国已经加入WTO,我国建筑工程承包市

场对外全面开放,已是国际承包市场的一部分。现在不仅一些大型工程,甚至一些中小型工程的参加单位、设备、材料、管理服务、资金都有国际化趋势。

1.2 现代工程系统

1.2.1 工程的分类

1. 按照工程所在的国民经济行业分类

国民经济行业分类是对全社会经济活动按照获得收入的主要方式进行的标准分类,比如建筑施工活动按照工程结算价款获得收入,交通运输活动按照交通营运业务获得收入,批发零售活动按照商品销售获得收入等。我国国民经济行业分类有相应的国家标准。

由于工程具有多样性特点,其分布于国民经济的各个领域,所以工程建设与国民经济的各个领域都相关,在相应的行业中的工程就具有相应的行业特点,我国建造业的行业分类也与此相关。同时由于工程与国民经济的各个行业相关,因此我国的工程建设受国民经济宏观管理和国家投资管理体制的影响很大。

由于国民经济行业划分很细,在此基础上进行归纳,工程可以划分为五类:

(1) 房屋工程

包括:

①居民住宅。

②商业用建筑物。

③宾馆、饭店、公寓楼。

④写字楼、办公用建筑物。

⑤学校、医院。

⑥机场、码头、火车站、汽车站的旅客等候厅。

⑦室内体育、娱乐场馆。

⑧厂房、仓库。

⑨其他房屋和公共建筑物。

(2) 铁路、道路、隧道和桥梁工程

包括:

①铁路、地铁、轻轨。

②高速公路、快速路、普通公路。

③城市道路、街道、人行道、过街天桥、行人地下通道、城市广场、停车场。

④飞机场、跑道。

⑤铁路、公路、地铁的隧道。

⑥铁路、公路桥梁及城市立交桥、高架桥等。

(3)水利和港口工程

包括：

①水库。

②防洪堤坝、海坝。

③行蓄洪区工程。

④水利调水工程。

⑤江、河、湖、泊及海水治理工程。

⑥水土保持工程。

⑦港口、码头、船台、船坞。

⑧河道、引水渠、渠道。

⑨水利水电综合工程等。

(4)工矿工程

工矿工程指除厂房外的矿山和工厂生产设施、设备的施工和安装，以及海洋石油平台的施工。包括：

①矿山（含坑道、隧道、井道的挖掘、搭建）。

②电力工程（如水力发电、火力发电、核能发电、风力发电等）。

③海洋石油工程。

④工厂生产设施、设备的施工与安装（如石油炼化、焦化设备，大型储油、储气罐、塔，大型锅炉，冶炼设备，以及大型成套设备、起重设备、生产线）。

⑤自来水厂、污水处理厂。

⑥水处理系统。

⑦燃气、煤气、热力供应设施。

⑧固体废弃物治理工程（如城市垃圾填埋、焚烧、分拣、堆肥等设施施工）。

⑨其他未列明的工矿企业生产设备。

(5)其他土木工程

包括：

①体育场、高尔夫球场、跑马场等。

②公园、游乐园、游乐场、水上游乐设施、公园索道以及配套设施。

③水井钻探。

④路牌、路标、广告牌。

⑤其他未列明的土木工程建筑。

2. 按照工程的用途分类

工程的类型有很多，用途也各不相同。这使得各类工程的专业特点相异，由此带来了设计、建筑材料和设备、施工设备、专业施工队伍的不同。工程按照用途可以分为以下四类：

(1)住宅工程

这类工程主要是居民的住房，包括城市各种类型的房地产建设工程和农村的大多数私人自建房工程。

住宅工程是我国近年来最为普遍、发展最为迅速的工程。房地产业是我国近年来发展最为迅速的产业之一。我国各个城市都有房地产开发项目。

(2) 公共建筑工程

这类工程按照不同用途还可以细分为：

①大型公共建筑：医院、机场、公共图书馆、文化宫、学校等大型办公建筑，以及旅游建筑、科教文卫建筑、通信建筑和交通运输用房等。

②商业用建筑：大型购物场所、智能化写字楼、剧院等。

这类工程以满足公共使用功能为目的，需要较高的建筑艺术性，要符合地方文化和独特的人文环境的要求。如上海金茂大厦的塔形建筑巧妙地将中国的建筑文化融入现代高层建筑中；南京奥体中心体育场则用两条动感十足的红飘带设计造型。

住宅工程和公共建筑工程在国民经济行业分类中同属房屋建筑工程，它们在工程总投资中所占的比重最大，通常，房屋建筑工程产值占建筑业总产值的65%以上。

(3) 土木水利工程

土木水利工程主要指水利枢纽工程、港口工程、大坝工程、水电工程、高速公路、铁路和城市基础设施工程。在我国，这些工程主要由政府投资。我国近几十年来，基础设施建设高速发展，特别是高速公路、铁路和高速铁路、城市基础设施（地铁、轻轨等）、水利水电工程。

(4) 工业工程

工业工程主要指化工、冶金、石化、火电、核电、汽车等工程。这些工程主要是建造生产产品的工厂，例如化工厂、发电厂、汽车制造厂等。

这些工程涉及国民经济的各个工业部门。

1.2.2 工程系统结构分析

1. 工程的系统结构

(1) 工程系统范围的定义

工程是占据一定空间的技术系统，从两个方面体现工程系统的规模和结构：

①由工程"红线"所定义的空间范围。工程作为一个整体系统而言，具有一定的功能。而工程的"红线"界定了工程的空间范围，也是城市规划部门确定的工程法定土地范围。例如沪宁高速公路的总体功能是为上海和南京两地间的车辆运输提供通道，它在两地之间延伸，占据着一定的土地空间。

②工程的系统结构。一个工程通常由许多部分组合而成，是具有一定系统结构形式的综合体。

(2) 工程系统结构分解

任何工程都可以按照系统方法进行结构分解。

①功能面。一个工程在一定的土地（空间）上布置，是由许多空间部分组合起来的综合体。这些部分也有一定的作用，提供一定的功能，通常被称为功能面。一个工程可

以分解为许多功能面。最常见的是一个工程系统由许多单体建筑组成,每个单体建筑在总系统中提供一定的使用(生产)功能,是具有特定产品或服务的区域。

例如,一座工厂由各个车间、办公楼、仓库、生活区等构成;一条高速公路由各段路面、服务区、收费区、绿化区等构成;一个高校校区由教学楼、图书馆、宿舍楼、实验楼、体育馆、办公楼等功能区(或单体建筑物)组成。

②专业工程子系统。每个功能面(每栋建筑)是由许多有一定专业作用的子系统构成的。例如学校的教学楼提供教学功能,它包括建筑、结构、给水排水、电力、消防、通风、通信、多媒体、语音、智能化、电梯、控制等专业工程子系统。这些专业工程子系统不能独立存在,必须通过系统集成共同组合成教学楼的功能。

专业工程子系统有不同形态,有的是硬件系统,如结构工程系统、给水排水系统、通风系统等;有的是软件系统,如智能化系统、控制系统、信号系统等。所以工程系统又是各个独立的专业工程子系统紧密结合、相互配合、相互依存的体系。将一个工程的所有专业工程子系统提取出来,就得到该工程所包含的工程专业体系,如地铁工程包括四十几个专业工程子系统。

同类工程由具有相同或相似的专业工程子系统构成。例如两栋教学楼,它们的外形、结构、高度可能存在差异,但它们所包含的专业工程子系统应该是差不多的。同样,南京地铁和北京地铁也有相似的专业工程子系统结构。

这些专业工程子系统有专业特点,对高等院校里的工程类专业分类的设置有很大影响。

在工程中,工程设计图纸和规范的分类,设计小组、施工小组的划分都与专业工程子系统相关。

(3)工程系统的发展过程

工程所包含的专业工程子系统与人们对工程的需求、科学技术的发展,以及工程技术的发展有关。

在我国古代,工程比较简单,按照现在的专业分类,主要包括建筑学、结构工程、建筑材料、给水排水、园林等专业系统。

而在20世纪初,工程系统就比较复杂了,不仅包括上述专业工程子系统,还增加了电力、电梯、电话、消防、卫生、暖通等系统。

在20世纪末,工程系统中又增加了信号系统、网络系统、智能化系统、太阳能系统、闭路电视系统等。

现在,还出现了结构化综合布线系统(SCS)、结构化综合网络系统(SNS)、智能楼宇综合信息管理自动化系统(MAS)等更为现代化的系统。

随着科学技术的发展和人们对工程要求的提高,还会有新的专业工程子系统出现。

2. 建筑工程的主要专业工程子系统(工程专业)的构成和作用

完整的建筑工程系统由许多专业工程子系统构成,则一个工程的建设和运行过程必须有许多工程专业参与。各个专业科学在工程中承担不同的角色。

(1)城市规划

我们所建设的大量工程都是城市的一部分,都要服从城市规划的布局。城市规划是指对城市的空间和建设工程实体发展进行预先安排,涉及城市中产业的区域布局、建筑物的区域布局、道路及运输设施的设置、城市工程的安排等。经合理布局的城市空间既要满足美学要求和技术要求(道路管道、房屋结构、环境保护等要求),也要符合经济、政治等社会发展要求。城市规划是城市建设和管理、城市内各种工程的规划和设计的依据。

(2)建筑学

建筑学所要解决的问题包括:建筑物与周围环境、与各种外部条件的协调配合,建筑物外表和内部的表现形式和艺术效果,建筑物内部各种使用功能和使用空间的合理安排,各个细部的构造方式,建筑与结构、建筑与各种设备等相关技术的综合协调,以及如何以更少的材料、更少的劳动力、更少的投资、更少的时间来实现上述各种要求,其最终目的是使建筑物做到适用、经济、坚固、美观。

(3)建筑结构

建筑结构是用来承受自重、外部荷载作用(活荷载、风荷载、地震作用等),以及环境作用(阳光、风雨、大气污染)等的人造建筑物,是建筑工程的"骨髓"和"肢体"。

一般建筑基本构件有基础、框架(包括梁、柱)、墙、楼板、屋面、X架、网架、拱、壳体、索、薄膜等构件。

按层数的多少,建筑结构可以分为:单层、多层、小高层、高层和超高层建筑。

按所用的材料,建筑结构可以分为:木结构、砌体结构、混凝土结构、钢结构和混合结构等。

常见的桥梁的基本组成有上部结构(桥垮结构、支座系统)、下部结构(桥墩)、桥台和墩台的基础,以及桥梁服务功能系统(桥面铺装、栏杆、伸缩缝等)。

(4)工程材料

工程材料是构成工程实体的物质,工程实体的质量和耐久性等常常是由其材料决定的。

工程材料种类繁多,传统的建筑工程材料有:木材、砖、瓦、砂、石、灰、钢材、水泥、混凝土、玻璃、沥青等;新型工程材料,如高性能混凝土(HPC)、高掺量粉煤灰混凝土、纤维混凝土(钢纤维、碳纤维、玻璃纤维、芳香族聚酰胺纤维、聚丙烯纤维)、纤维增强复合材料(FRP)、新型节能墙体材料、智能材料等。

材料作为工程的物质基础,对建筑工程的发展起着关键作用。新的优良材料的产生会引导出现新的、经济的、美观的工程结构形式,带动建筑、结构等专业设计理论和施工技术的发展,是现代工程学的重要领域之一。现代工程的许多重大问题,如工程能耗的降低、生态(绿色)工程、智能化工程、低碳工程、工程废弃物的循环利用等问题,在很大程度上都需要通过材料科学解决。

(5)给水排水工程

为在建筑中生活和工作的人们,以及生产提供用水,并将废水排出去,或按照规定进行废水处理。给水排水工程有两大系统:

①城市给水排水系统。给水排水工程首先是城市基础设施的重要组成部分。

城市给水排水系统主要给城市中的建筑物和设施所需的生活、生产、市政和消防提供用水。

城市排水系统主要由收集、处理、处置三方面的设施组成,处理包括生活污水、工业废水、雨水等。

完善的给水排水系统能保障城市人民的生活水平和工业生产的发展。

②建筑给水排水系统。建筑给水系统从城市给水系统引入,为建筑工程中人们的生活、生产,以及设施的运行、消防提供用水,通常包括引入管、水表节点、给水管道、配水装置和用水设备、给水附件、增压和贮水设备等。

建筑排水系统通过排水管道将污水废水排除建筑物,通过城市排水系统引向污水处理厂。

(6)建筑电气

建筑电气是指为工程提供照明、动力以及为一切用电设备提供能源的系统。通常由变电装置、配电装置、电路、用电设施等构成。

(7)其他建筑设备

建筑设备是为建筑物使用者提供生活和工作服务的各种设施和设备系统的总称。建筑设备种类繁多,按专业划分,除了上述的给水排水系统和建筑电气系统外,还包括:

①建筑通风空调,为建筑物提供暖气、冷气,或为室内换气的设备系统。

②通信系统,如电话、电视、信息网络系统,电梯保安报警系统等。某办公楼计算机网络系统见图1.7。

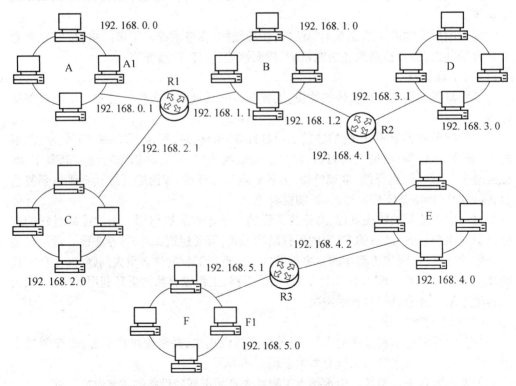

图1.7 某办公楼计算机网络系统拓扑结构图

③建筑交通设施,如电梯等。

(8)园林绿化(景观)系统等

如住宅小区中的假山、亭阁、水池、植被、灯光等的设计和建造。

3. 工程系统结构的协调性要求

各个专业工程子系统在工程系统中有不同的作用,这就决定了各专业学科在工程的学科集群中有各自的地位,它们之间存在复杂的内在联系。

一个工程系统虽然由不同部分组成,但都是为工程的最终总体功能服务的,构成总体工程的一部分。工程的总体目标是为社会提供预定的产品或服务,它是工程的各个功能面和各个专业工程子系统共同作用的结果。工程的各个功能面和工程专业子系统必须有系统相关性和协调性。工程的整体结构和功能必须和谐,功能面和各专业工程子系统必须平衡。这种协调性具有广泛的意义。主要体现在:

①功能上的均衡性,既不残缺,也不显冗余。一个工程各个功能面大小的分配应该均衡,各个专业工程子系统搭配是合理的。

例如,在一个校区建成后,预定规模的学生能够有效地使用各个功能区,既不出现功能的缺少(如缺少某些功能),也没有功能的不足(如某些功能面设置不够,造成学生在使用过程中的拥堵),又不出现某些功能的冗余(即功能闲置,没有发挥作用)。

②工程的设计质量应是均衡的,最好各个功能区(建筑)和专业工程子系统能够均衡地达到预定的使用寿命。

③功能面之间、专业工程子系统界面之间无障碍,能够形成高效率运行的整体。

④工程与周边环境的协调。工程同时也是城市大系统中的一个子系统。它的功能面和专业工程子系统发挥作用需要外界提供条件,如需要外界提供水、电、交通,并向外排出垃圾、废水等。所以工程的许多功能面和专业工程子系统与环境系统存在界面和接口。工程系统必须同外界环境相关子系统之间协调一致。

只有实现这种协调与平衡,才能保证工程安全、稳定、高效率运行。

1.2.3　工程相关科学的专业结构

从上面的分析可见,在整个国民经济中,工程有不同的种类;一个工程又是由许多专业子系统构成的。工程需要科学技术的支持,而科学技术是分门别类的,每个专业工程子系统都有相应的技术问题,则形成各个工程学科。所以工程系统又与我国高等院校中的工程学科分类体系紧密联系。

①根据《普通高等学校本科专业目录和专业介绍》,工学下的工程一级学科类别包括 21 个门类,见表 1.1。

在这些工学的一级学科专业中,除工程力学类、测绘类、材料类等整个工程的基础学科外,主要是按照工程类别设置的。这些大类划分与工程所处的领域相关,是针对该领域的工程系统相关的科学技术。

表1.1 我国工学一级学科目录

0801 力学(可授工学、理学学位)	0802 机械工程
0803 光学工程	0804 仪器科学与技术
0805 材料科学与工程(可授工学、理学学位)	0806 冶金工程
0807 动力工程及工程热物理	0808 电气工程
0809 电子科学与技术(可授工学、理学学位)	0810 信息与通信工程
0811 控制科学与工程	0812 计算机科学与技术(可授工学、理学学位)
0813 建筑学	0814 土木工程
0815 水利工程	0816 测绘科学与技术
0817 化学工程与技术	0818 地质资源与地质工程
0819 矿业工程	0820 石油与天然气工程
0821 纺织科学与工程	0822 轻工技术与工程
0823 交通运输工程	0824 船舶与海洋工程
0825 航空宇航科学与技术	0826 兵器科学与技术
0827 核科学与技术	0828 农业工程
0829 林业工程	0830 环境科学与工程(可授工学、理学、农学学位)
0831 生物医学工程(可授工学、理学、医学学位)	0832 食品科学与工程(可授工学、农学学位)
0833 城乡规划学	0834 风景园林学(可授工学、农学学位)
0835 软件工程	0836 生物工程
0837 安全科学与工程	0838 公安技术

②在高等院校中,在一级工程学科下还设置许多二级或三级学科。这些主要是按照工程的专业子系统划分的。许多工程专业就是以研究工程中的专业子系统为对象的。例如,建筑学、土木工程、给水排水、暖通空调、电器工程、机械工程、通信工程等。

③一个具体的工程系统是由许多专业子系统构成的,也就是由许多工程学科构成的。由于现代建筑工程功能要求的多样性,需要许多专业工程系统组合。某一领域的工程需要许多跨一级的二级或三级工程学科的配合与协调。

由工程的系统结构分析可见,工程是许多专业的集成,工程实体的构建和正常运行是许多专业协同工作的结果,需要多门学科知识的理论指导。工程整体功能的实现和各单体建筑间功能的协调,要求工程各专业的参与者们不能囿于自己的专业领域思考问题,而应该从工程总体目标出发,有"大工程观"和系统集成的思想和方法。

1.2.4 工程相关企业和行业

1. 工程相关企业分类

工程的设计、施工、供应、运行维护和管理(包括咨询、技术)服务工作等是由一些工程界企业(或专业人员)完成的,所以工程系统又与工程界企业分类体系有密切的关系。工程是建筑业的收入载体,所以与工程关系最大的领域是建筑业、建筑市场和建筑业企业。工程相关的企业是工程技术和工程管理专业的毕业生就业的主要选择对象。它的范围十分广泛,可以按照多维的标准划分。

(1)按照工程相关行业划分

如房屋建筑工程企业、石油化工程企业、公路工程企业、水利水电工程企业、核工业工程企业、铁路工程企业、矿山(冶炼)工程企业、民航工程企业、港口与航道工程企业、电力工程企业、市政公用工程企业、通信与广电工程企业、机电安装工程企业等。这些企业就以承包该大类工程为目标。

有些企业专业化更细,如土建工程中的基础工程施工企业、土石方工程施工企业、装饰装修工程企业等。

(2)按照在工程中所承担的任务划分

如工程承包(施工)类企业、咨询类(可行性研究、造价咨询、招标代理、工程管理)企业、勘察和规划设计类企业、供应(制造)类企业、运行维护(如物业管理)类企业等,也有综合性的工程总承包企业。

这决定了我国工程领域的职业资格的划分和工程管理专业的毕业生就业去向。

(3)按照企业规模划分

按照企业规模划分企业资质的标准可以随着行业发展水平进行调整。

①工程承包企业资质。根据我国现行《建筑业企业资质管理规定》,建筑业企业资质分为施工总承包、专业承包和劳务分包三个序列,按照工程性质和技术特点分别划分为若干资质类别,各资质类别按照规定的条件划分为若干资质等级。

根据《建筑业企业资质等级标准》(建[2001]82号),我国现行工程施工总承包和专业承包建筑业企业有62 074家,其中特级企业占总数的0.43%,一级企业约占9.67%,二级企业约占27.3%,三级及以下企业占总数的62.61%。

企业资质主要按照企业业绩、企业总经理和三总师的资格、工程技术和经济管理人员数量和职称要求,企业的一级资质项目经理(建造师)数量要求,企业注册资本金,企业净资产,近三年最高年工程结算收入,企业与承包工程范围相适应的施工机械和质量检测设备要求等决定的。

如房屋建筑工程一级企业资质的标准包括:近五年的工程业绩,企业总经理、总工程师、总会计师、总经济师的资格要求,工程技术和经济管理人员数量和职称要求,企业既有的一级资格项目经理(建造师)数量要求,企业注册资本金,企业净资产,近三年最高年工程结算收入,企业具有与承包工程范围相适应的施工机械和质量检测设备要求等。

特级企业资质标准是在一级企业的基础上,企业注册资本金3亿元以上,企业净资产3.6亿元以上,企业近三年上缴建筑业营业税均在5 000万元以上,企业银行授信额度近三年均在5亿元以上等。

不同资质的企业可以承接不同规模的工程。特级企业可承担各类房屋建筑工程的施工。

②勘察、设计企业资质。根据我国现行《建设工程勘察设计资质管理规定》，从事建设工程勘察、工程设计活动的企业，取得建设工程勘察、工程设计资质证书后，方可在资质许可的范围内从事建设工程勘察、工程设计活动。

我国工程勘察资质分为工程勘察综合资质、工程勘察专业资质、工程勘察劳务资质。工程勘察综合资质只设甲级；工程勘察专业资质设甲级、乙级，根据工程性质和技术特点，部分专业可以设丙级；工程勘察劳务资质不分等级。

工程设计资质分为工程设计综合资质、工程设计行业资质、工程设计专业资质和工程设计专项资质。工程设计综合资质只设甲级；工程设计行业资质、工程设计专业资质、工程设计专项资质设甲级、乙级。根据工程性质和技术特点，个别行业、专业、专项资质可以设丙级，建筑工程专业设计资质可以设丁级。

《工程设计资质标准》（建市[2007]86号）对工程设计行业各级资质单位应拥有的注册资本、专业技术人员、技术装备和设计业绩等条件提出具体的要求。

③监理企业资质。根据我国现行《工程监理企业资质管理规定》，工程监理企业资质分为综合资质、专业资质和事务所资质。综合资质、事务所资质不分级别。专业资质按照工程性质和技术特点划分为若干工程类别，分为甲级、乙级；其中，房屋建筑、水利水电、公路和市政公用专业资质可设立丙级。

对各类资质标准有具体的注册资本，企业技术负责人资格，企业注册监理工程师、注册造价工程师、一级注册建造师、一级注册建筑师、一级注册结构工程师或者其他勘察设计注册工程师数量等要求。

④造价咨询企业资质。造价咨询企业主要承担建设项目的可行性研究和投资估算，项目经济评价，工程概算、预算、结算、竣工决算、工程招标标底、投标报价的编制和审核，对工程造价进行监控以及提供有关工程造价信息资料等业务工作。

按照《工程造价咨询企业管理办法》的规定，工程造价企业资质分为甲、乙两个等级。资质标准主要规定企业资历，出资人情况，专职技术负责人的职称，从事工程造价专业工作年限，企业所具有的获得国家注册证书的造价工程师数量，企业具有专业技术职称、从事工程造价专业工作的专职人员数量，企业注册资金，固定的办公场所和组织机构要求，近几年已完成的工程业绩等。

2. 建筑业

(1) 建筑业的概念

广义的建筑业不仅包括房屋建筑、桥梁、堤坝、港口、道路等建（构）筑物建造施工，线路、管道、设备安装及建筑物装饰装修，还包括相关的建设规划、勘察、设计、技术、管理、咨询等服务活动，以及建筑构配件、建材生产、建筑环境设施的运行、相关的教育科研培训等活动。建筑业是工程建造全过程及参与进行相关建筑活动的产业群体。狭义的建筑业是指国家标准的产业分类中的建筑业。包括房屋建筑工程和土木工程的建造、设备、线路、管道安装、装饰装修等活动。根据国民经济行业分类国家标准（GB 4745—2002），建筑业的产业内容如表1.2所示。

表1.2 建筑业的产业内容一览表

代码	大类	名称	说明
E		建筑业	
	47	房屋和土木工程业	指建筑工程从破土动工到工程主体结构竣工(或封顶)的活动过程。不包括工程内部安装和装饰活动
	48	建筑安装业	指建筑物主体工程竣工后,建筑物内的各种设备的安装活动,以及施工中的线路敷设和管道安装。不包括工程收尾的装饰,如对墙面、地板、天花板、门窗等处理活动
	49	建筑装饰业	指对建筑工程后期的装饰、装修和清理活动,以及对居室的装修活动
	50	其他建筑业	

(2)我国建筑业企业状况

全国经济普查数据显示,建筑业企业的构成如下:2008年末,全国共有建筑业法人企业单位22.7万个,从业人员3 901.1万人;建筑业有执照的个体经营户26.4万户,从业人员199.9万人。建筑业企业法人单位中,国有企业及国有独资公司9 000个,占3.8%;集体企业1.0万个,占4.5%;私营企业15.3万个,占67.6%;港、澳、台商投资企业1 000个,占0.4%;外商投资企业1 000个,占0.4%;其余类型企业5.3万个,占23.4%。建筑业企业法人单位中,房屋和土木工程建筑业占41.0%;建筑安装业占19.3%;建筑装饰业占29.2%;其他建筑业占10.4%。建筑业企业法人单位从业人员中,国有企业及国有独资公司占12.7%,集体企业占6.7%,私营企业占37.0%,其他有限责任公司占34.6%,其余类型企业占9.1%。

建筑业企业法人单位从业人员中,房屋和土木工程建筑业占83.0%;建筑安装业占8.3%;建筑装饰业占4.8%;其他建筑业占3.9%。

3. 房地产业

(1)房地产业的概念

房地产是房产与地产的总称,即房屋和土地两种财产的统称。在物质形态上看,房地产可被定义为土地及地上建筑物和其他构筑物、定着物。

房地产作为国民经济中一个独立的极其重要的产业门类,属于第三产业大类。房地产业主要包括如下产业活动:

①土地开发和再开发。
②房屋开发和建设。
③地产经营,包括土地使用权的出让、转让、租赁和抵押。
④房地产经营,包括房产(含土地使用权)买卖、租赁、抵押等。
⑤房地产中介服务,包括信息、咨询、估价、测量、律师、经纪和公证等。
⑥房地产物业管理服务,包括家居服务、房屋及配套设施和公共场所的维修养护、安全管理、绿地养护、保洁、车辆管理等。

⑦房地产金融服务,包括信贷、保险和房地产金融资产投资等。

(2)我国房地产业的发展

我国房地产业的真正发展始于1984年,国家颁布了《国民经济行业分类标准和代码》,第一次将房地产业列为独立的行业。1987年深圳特区公开出让第一块城市国有土地,标志着我国房地产业开始发展,并逐步占据国民经济的重要地位。

1998年以后,伴随着住房制度改革的不断深化以及房地产金融信贷政策的调整,房地产业重新进入平稳、快速发展的时期。自2000年以来,我国房地产年完成投资额一直呈增长趋势,由2000年的4 984亿元增长到2008年末的30 580亿元。从2000～2007年,全国房地产投资各年增长均超过20%。2007年达到30%以上,成为国民经济的支柱产业之一。

1.3 工程的生命周期

1.3.1 工程生命周期阶段划分

工程也是一种产品,它也有生命周期。工程的生命周期是指从工程构思开始到工程报废、拆除的全过程。在这个期限中工程经历由产生到消亡的全过程。不同类型和规模的工程,其生命周期是不一样的,但所有工程的生命周期都可以分为如下四个阶段:

1. 工程的前期策划和决策阶段

这个阶段从工程构思到批准立项为止,其工作内容包括工程的构思、目标设计、可行性研究和工程立项。

2. 工程的设计与计划阶段

这个阶段从批准立项到现场开工为止,其工作内容包括设计、计划、招标投标和各种施工前准备工作。

3. 工程的施工阶段

这个阶段从现场开工开始,各专业各部分工程按照设计完成,最终建成整个工程,并通过验收为止。

4. 工程的运行阶段

这个阶段是工程生命周期中最长的,在这个过程中,工程通过运行实现它的使用价值。

在上述工程的生命周期中,每个阶段又有复杂的过程,形成工程建设和运营程序。任何工程在其生命周期中都必须经历这个程序。

工程在生命周期中需要许多资源,包括:

(1)土地

任何工程都在一定的空间上建设和运营,都要占用一定的土地。

(2)资金

例如建设投资、运营过程中需要的周转资金等。

(3) 原材料

如建筑所需的材料、构配件、工程建成后生产产品所需要的原材料。

(4) 信息

工程建设者和运营者从外界获得的各种信息、指令。这些信息的输入是工程建设和运营顺利进行的保证,是一个工程存在的条件。

工程同时还要向外界环境输出废弃物、信息等,主要包括:

(1) 废弃物

即在建设和运营过程中会产生许多废弃物,如建筑垃圾、废水、废气、噪声,以及工程结束后的工程遗址等。

(2) 信息

在建设和运营过程中向外界发布的各种信息,提交的各种报告。

(3) 其他

如输出新的工程技术、管理人员和管理系统等。

1.3.2 工程生命周期各阶段主要工作

1. 工程的前期策划

(1) 前期策划工作的重要性

工程的前期策划阶段是指从工程的构思产生到批准立项为止。在这个阶段要弄清楚:为什么要建设工程?建设什么样的工程(规模、产品)?怎样建设(什么总体方案)?工程建设的效益和效果将会怎么样(总投资、预期收益、回报率)?工程建设有什么意义(对企收、对地区、对国家、对环境)?

前期策划是工程的孕育阶段,确定了工程的"遗传因素"和"孕育状况"。它不仅对工程建设过程、将来的运营状况和使用寿命起着决定性作用,而且对工程的整个上层系统都有极其重要的影响。

(2) 工程前期策划过程和主要工作

① 工程构思的产生是十分重要的。任何工程构思都起源于对工程的需求。工程构思是对工程机会的思考。它的产生需要有敏锐的感觉,要有艺术性、远见和洞察力。它常常出之于工程的上层系统(即国家、地区、城市、企业)的现存的需求、战略、问题和可能性上。不同的工程,其构思的起因不同,可能有:通过市场研究发现新的投资机会、有利的投资地点和投资领域。例如,通过市场调查发现某种产品有很大的市场容量或潜在市场,开辟这个市场,则要建设生产这种产品的工厂或设施。企业要发展,要扩大销售,扩大市场占有份额,必须扩大生产能力,就要新建厂房。企业要扩大经营范围,增强抗风险能力,搞多种经营,灵活经营,向其他领域、地域投资,建设新的工程。出现了一种新的技术、新工艺、新的专利产品,可以建设这种产品的生产流水线(装置)。这些产生对工程和工程所提供的最终产品或服务的市场需求,都是新的工程机会。工程应以市场为导向,应有市场的可能性和可行性。

上层系统(国家、地区、城市、企业)运行中存在的问题或困难都可以用工程解决,可能是新建工程,也可能是扩建工程或更新改造。例如,城市道路交通拥挤不堪,必须通过道路的新建和扩建解决;住房特别紧张,必须通过新建房地产小区解决问题;环境污染严重,必须通过新建污水处理厂或建设环境保护设施解决;能源紧张,由于能源供应不足经常造成工农业生产停止,居民生活受到影响,则可以通过建设水电站、核电站等解决。为了实现上层系统(国家、地区、城市、企业)的发展战略,例如为了解决国家、地方的社会和经济发展问题,常常都是通过工程实现的,则必然有许多工程需求。所以一个国家或地方的发展战略,或发展计划常常包括许多新的工程。对国民经济计划、产业结构和布局、产业政策、社会经济增长状况的分析可以预测工程机会。

②工程的构思仅仅是一个工程的机会。在一个具体的社会环境中,一方面我们所遇到的问题和需求很多,这种工程构思可能是多种多样的;另一方面人们可以通过许多途径和方法(即工程或非工程手段)解决问题,达到目的。同时由于社会资源有限,人们解决问题的能力有限,并不是所有的工程构思都是值得或者能够实施(投资)的。对于那些明显不现实或没有实用价值的工程构思必须淘汰,在它们中间选择少数几个有价值和可能性的工程构思,进行更深入的研究。

构思选择通常考虑的因素:通过工程能够最有效地解决上层系统的问题,满足市场的需要。对于提供产品或服务的工程,应着眼于有良好的市场需求前景,将来有良好的市场占有份额和投资回报。使工程符合上层系统(国家、地区、城市、企业)的战略,以工程对战略的贡献作为选择尺度,例如通过工程促进竞争优势的增长,有助于长期目标的实现,提高产品的市场份额,或增加利润规模等。还必须考虑到进行工程建设的能力,特别是经济(财务)和技术能力,使现有资源和优势能得到最充分的利用。对大型的、特大型的、自己无法独立进行的工程,常常通过合作(如合资、合伙、项目融资)进行的,则要考虑潜在合作者各方面优势在工程上的优化组合,以达到各方面都有利的结果。具有环境的可行性,例如工程不违反法律,对生态环境影响和社会影响较小。工程是在政府允许或鼓励的范围内的,自然条件比较适宜工程的实施和运营等。选择工程建设和运营成功的可能性越大,风险越小,成就(如收益)期望值就越大。

③确定工程建设要达到的预期总体目标。工程总目标是工程实施和运营所要达到的结果状态,它将是工程总体方案策划、可行性研究、设计和计划、施工、运营管理的依据。工程总目标通常由一些指标表示,如工程的功能定位、工程规模、实施时间、总投资、投资回报、社会效益等。

④提出工程建设项目建议书。建议书是对工程构思情况和问题、环境条件、工程总体目标、工程范围界限和总体实施方案的说明和细化,同时提出需要进一步研究的各个细节和指标,作为后继的可行性研究、技术设计和计划的依据。它已将项目目标转变成具体的实在的项目任务。

⑤可行性研究。即对工程实施方案进行全面的技术经济论证,看能否实现工程总目标。现代工程的可行性研究通常包括如下内容:产品的市场研究,市场的定位和销售预测。主要预计工程建成后,什么样品种和规格的产品能够被市场接受,工程产品或服务有多大的市场容量,产品或服务的市场价格在什么样的水平等。按照生产规模分析

工程建成后的运营要求,包括工程产品的生产计划、资源、原材料、燃料及公用设施计划,企业组织、劳动定员和人员培训计划。按照生产规模和运营情况确定工程的建设规模和计划。

⑥工程的评价和决策。在可行性研究的基础上,对工程进行全面评价,包括技术方面的评价、经济评价、财务评价、国民经济评价、社会影响评价和环境影响评价。根据可行性研究和评价的结果,由上层组织对工程的立项作出最后决策。

在我国,可行性研究报告,连同环境影响评价报告、项目选址建议书,经过批准,工程就正式立项。经批准的可行性研究报告就作为工程建设的任务书,作为工程初步设计的依据。由于大型工程的影响很大,工程的评价和决策常常需要在全社会进行广泛讨论。

2. 工程的设计和计划阶段

从工程的批准立项到现场开工是工程的设计和计划阶段,通常包括如下工作:

(1) 工程建设管理组织的筹建

按照我国工程建设程序的规定,在可行性研究报告批准后,我们称为立项,就应正式组建工程建设的管理组织,也就是通常意义上的业主(过去又称为建设单位),由它负责工程的建设管理工作。尽管有些大型工程在可行性研究阶段就有管理工作班子,但由于那时工程尚未立项,经过可行性研究还可能发现该工程是不可行的,所以那时的工作管理班子还不能算通常意义上的工程建设管理组织或业主。

(2) 土地的获得

工程都是在一定的土地上建设的。工程建设项目一经批准,相应的选址也就已经获得了批准。但在工程建设前必须获得在工程所在土地上建设工程的法律权力——土地使用权。

(3) 工程规划

工程规划是在总目标和工程总方案基础上确定工程的空间范围,并对工程的系统范围、工程的功能区结构和它们的空间布置进行描述,确定各个单体建筑的位置。它是对设计任务书提出的总体功能要求的细化。工程规划最终结果主要是规划图和功能分析表。

(4) 工程勘察

工程勘察是指采用专业技术方法对工程所在地的工程地质情况、水文地质情况进行调查研究,对工程场地进行测量,以便对工程地基作出评价,为地基基础设计提供参数,并对地基基础进行设计和施工,以及对地基加固和不良地质的防治提出具体的方案和建议。

(5) 工程设计

设计是按照工程规划对工程的功能区(单体建筑)和专业要素进行详细的定义和说明。最后通过设计文件,如规范、图纸、模型,对拟建工程的各个专业要素进行详细描述。

(6) 编制工程实施计划

编制工程实施计划即对工程的建造进行全面的、系统的计划,作出周密的安排。先按照工程项目任务书提出的工程建设目标、规划和设计文件编制工程的总体实施规划（大纲）。总体实施规划（大纲）是对工程建设和运营的实施策略、实施方法、实施过程、费用（投资预算、资金）、时间（进度）、采购和供应、组织、管理过程作全面的计划和安排，以保证工程建设目标的实现。随着设计的逐步深化和细化，按照总体实施规划（大纲），还要编制工程详细的实施计划。详细的实施计划要对工程的实施过程、技术、组织、费用、采购、工期、管理工作等分别作出具体、详细的安排。

(7) 工程招标和施工前的各种批准手续

①工程报建。

②向工程招标管理部门办理工程招标核准和备案手续。

③工程招标。

④工程质量监督注册。

⑤工程安全备案。

⑥拆迁许可证。

⑦申请施工许可证。

(8) 现场准备

现场准备包括场地的拆迁、平整，以及施工用的水、电、气、通信等的条件准备工作等。

3. 工程的施工过程

工程的施工过程从现场开工到工程的竣工验收交付为止，在这个阶段，工程的实体通过施工过程逐渐形成。工程施工单位、供应商、项目管理（咨询、监理）公司、设计单位按照合同规定完成各自的工程任务，并通力合作，按照实施计划将工程的设计经过施工过程一步步形成符合要求的工程。这个阶段是工程管理最为活跃的阶段，资源的投入量最大，工作的专业性强，管理的难度也最大、最复杂。一般情况下，许多学校在开设工程管理类的专业时，会开设"施工管理"或"施工组织"等课程，所以该部分内容就不详细介绍了。

4. 工程的运营阶段

一个新的工程投入运营后直到它的设计寿命结束，最后被拆除，就像一个人一样，经过了成长、发育、成熟、衰退的过程。它的内在质量、功能和价值有一个变化过程。通常，在运营阶段，有如下工作：

①申请工程产权证。

②在运营过程中的维护管理，以确保工程安全、稳定、低成本、高效率运营，并保障人们的健康，节约能源、保护环境。

③工程项目的后评价。在工程运营一个阶段后，要对工程建设的目标、实施过程、运营效益、作用、影响进行系统的、客观的总结、分析和评价。它是与工程前期的可行性研究工作相对应的。

④对本工程的扩建、更新改造、资本的运作管理等。本项工作原来不作为工程项目生命期的一部分，但现在运营和维护管理已作为工程项目管理的延伸，无论是业主还是承包商，都十分注重这项工作。

1.4 成功的工程

20世纪80年代以来,我国一直处于工程建设的高峰期,几乎全国的大中型城市都集中进行大型工程的建设。可以说,工程建设对我国社会和经济发展作出了非常大的贡献。

人们在建造工程时,都希望建造一个成功的工程。但什么样的工程才算成功的工程呢?从我国的历史上看,都江堰水利工程可以说是最完美的成功的工程,因为它既是经典的工程又是时髦的工程,它最符合科学发展观,都江堰水利工程至今已经有两千多年的历史了,时至今日,它依然发挥着重要的作用,而它所涉及的原理一直到今天依然是科学研究的前沿理论。

评价一个工程是一个十分复杂的而又十分困难的问题。成功的、完美的工程要符合许多指标,但常常有一个因素的影响就可能导致一个不成功的工程。

1.4.1 达到预定的功能和质量要求

1. 符合预定的功能要求

从总体上说,工程的总目标是通过工程的建设和运营提供符合预定质量和使用功能要求的产品或服务来实现的。这是工程使用价值的体现。所以工程必须达到预定的功能要求,实现工程的使用目的,包括满足预定的产品的特性、使用功能、质量要求、技术标准等。这是对工程的质量的规定性。

①工程的整体使用功能符合预定的要求,能够均衡地、高效率地发挥作用,保质保量地提供预定的产品或服务。如汽车厂生产的汽车,以及相应的服务是符合要求的。

②运行和服务有高的可靠性。工程系统的可靠性是指在正常的条件下(如人们正常合理操作,没有发生地震、爆炸等自然和人为灾害)在一段时间内可以令人满意地发挥其预定的功能的能力。这不仅要求系统运行的可靠性、平均维修间隔时间长、失败的概率最小,而且要求系统耐久性好,系统失败所导致的不良后果小。如果工程在运营中时常要维修,或经常出现故障,则是不成功的。

③工程系统的运行有高的安全性,不能出现人员伤亡、设备损害、财产损失等问题。这涉及结构的安全性、机械设备的安全性、工程建设和运营过程中的安全措施等。

④工程系统的运行和服务符合人性化的要求。工程主要是为人服务的,人们追求更高的生活质量,对建筑物的方便性、舒适性的要求也就越来越高。工程设计应科学、合理,使人在使用产品或服务过程中感到舒适。

2. 工程建设和运营过程中工作质量和工程质量高

上述工程的功能要求须通过如下两方面质量保证:

(1)工作质量

即所有的设计、施工、供应、工程管理和运营维护等工作过程都符合质量要求。具体来说,要保证如下方面的质量:

①工程规划和设计质量。工程的功能和质量在很大程度上是由规划和设计定义的。对工程功能有重大影响的是:对工程系统规划的科学性,设计标准、技术标准的选择;设计工作质量,如设计图纸清晰、正确、简洁;设计方案应具有可施工性。在保证达到工程功能目标的前提下应尽可能采用简洁的结构形式,减小施工难度,不要人为追求高难度结构形式。所采用的工程设计方案应是人性化的,同时具有可维修性。可维修性是指能够方便、迅速进行工程维修,使维修可达、可视、经济,维修时间短、维修安全、检测诊断准确,有较好的维修和保障计划。设计方案应使工程在生命期结束后能够方便拆除。

②工程施工质量。包括:施工前编制详细的施工质量体系文件,或施工管理规划,或施工组织设计。要全面理解设计和工程技术要求,制定质量保证的技术组织措施。做好技术交底和技术标准示范,统一操作要求,预防发生质量问题。设置专门的质量监督人员,各项目经理部、班(组)都设有专职质量检查员,使施工的具体操作者分级负责,层层把关。在施工各个阶段建立严格的质量控制程序,对工程的材料、设备、人员、工艺、环境进行全面控制,发现工程质量问题要认真处理,确保工程质量。在工程竣工时,及时提供完整的竣工技术文件和测试记录,做到图纸清晰,数字准确,字迹清楚,以便维护单位使用。

③工程过程中工程管理工作的质量。这是取得高质量工程的保证,通过计划和控制,提高工程和工作质量。

④工程运营维护工作的质量。

(2)最终提交的工程是高质量的

这主要针对工程的技术系统,如工程所用材料、设备、各部分工程(如墙体、框架、门窗等)、整个工程都达到预定的质量要求。这是实现工程功能要求的基本保证。现代工程追求在全生命周期过程中工作质量、工程质量、最终整体功能、产品或服务质量的统一性。

1.4.2 获得良好的工程经济效益

任何工程都要花费一定的成本(投资、费用),并取得一定的效果(经济收益或社会效益)。

成功的工程不仅应以尽可能少的费用消耗(投资、成本)完成预定的工程建设任务,而且要低成本地提供工程产品和服务,达到预定的功能要求,提高工程的整体经济效益。这是任何工程都要考虑的问题。

1. 在整个工程全生命周期中的费用的节约

现代工程追求全生命周期费用节约和优化,追求在全生命周期中每单位产品平均费用最低。工程全生命周期费用由建设总投资和运营期费用组成。

(1)建设总投资

这是业主或投资者为工程的建设所承担的一次性支出。任何工程必然存在与工程任务(目标、工程范围和质量标准)相关的(或者说相匹配的)投资、费用或成本预算。

它包括工程建成,交付使用前的所有投入的费用,通常由土地费用、工程勘察费用、规划、设计、施工、采购、管理等费用构成。

(2)在工程使用过程中为工程的运营、产品和服务的产出所支付的费用

这种费用是在工程运营期中每年(月)支付的。

上述两种费用存在一定的关系。通常对一个具体的工程,如果提高工程的质量(或技术标准),增加工程建设总投资,则在使用过程中运营维护费用(如维修费、能耗、材料消耗、劳动力消耗)就会降低。反之,减少工程建设总投资,降低工程质量标准,就会增加工程运营过程中的费用。

2. 工程的其他社会成本的降低

工程的其他社会成本是指工程过程中由于工程的建设和运营导致社会其他方面的支出的增加,它不是直接由工程的建设者、投资者、生产者等支付的,而是由政府或社会的其他方面承担的。社会成本是多方面的。例如:

①在人们建造或维修一条高速公路期间,有许多车辆绕路所多消耗的燃料和车辆的磨损开支。

②在工程的招标投标过程中许多未中标的投标人的投标开支。由于工程中的招标投标人通常较多,各个投标人都要为投标花费许多成本,如购买招标文件、环境调查、制订实施方案、做工程估价、编制投标文件等。而最后仅有一个单位中标。则投标单位越多,该项工程的招标社会成本越高。

③由于工程使用低价劣质的污染严重的材料,尽管工程的建设投资减少,但导致工程的使用者健康受损,使社会医疗费用支出增加。

④许多工程为了节约投资,减少环境治理设施的投入,导致工程产生的三废(废水、废气、废渣)的排放得不到有效治理,导致河流污染,国家要再投资更多的钱治理环境污染。

工程的社会成本的实际计算是很困难的,但工程人员对它应该有基本的概念。一个好的工程的社会成本应该较低,应尽量减少工程对其他方面的负面影响,减少由它引起的社会成本。这体现了工程的社会和历史责任。

1.4.3 取得高的运营收益

工程是通过出售产品,提供服务,向产品和服务的使用者取得工程收益。工程的运营收益有许多指标,如年产值、年利润、年净资产收益、总净资产收益、投资回报率等。

全生命周期费用目标应为工程系统的全生命周期的费用最小或收益(回报)最大、符合预定的时间要求。任何工程的建设和运营都是在一定的历史阶段进行的,而且都有一定的时间要求。工程的时间限制不仅确定了工程的生命期限,而且构成了工程管理的一个重要目标,在现代市场经济条件下工程的时间要求也是多方面的。

1.4.4 使工程相关者各方面满意

使工程相关者满意体现了工程的社会责任。工程不仅要保证投资者和业主的利

益,而且要照顾到工程相关者各方面的利益,对社会有贡献。这是工程顺利实施的必要条件。因为工程的相关者对工程的顺利实施起或多或少的作用。在国际工程中人们经过大量的调查发现,工程成功需要许多因素,其中参与者各方的努力程度、积极性、组织行为、支持等是最重要的。没有各方面的支持,则不可能有成功的工程。

工程的成功必须经过工程相关者各方面的协调一致和努力,包括项目产品的用户、投资者、业主、承包商(包括施工承包商、设计单位和供应商等)、政府、所在地的周边组织、生产者、项目管理者等。

要使工程相关者满意,必须在工程的过程中照顾到各方面的利益。工程总目标应包括各个相关者的目标和期望,体现各方面利益的平衡。这样有助于确保工程的整体利益,有利于团结协作,克服狭隘的集团利益,达到"共赢"的结果。这样才能够营造平等、信任、合作的气氛,就更容易取得工程的成功。这也是现代社会"和谐"的体现。

所以在工程中,工程管理者必须研究:谁与本工程利害相关?他们有什么目标,期望从工程中得到什么?如何才能使他满意?从工程相关者各方征询工程的目标因素,以保证目标系统的完备性。

1.4.5 与环境协调

工程作为一个人造的社会技术系统,在它的形成过程中必须处理和解决好人与自然以及人与人的关系。环境问题越来越引起人们的重视,成为工程领域一个重要的社会问题。人们越来越重视工程建设和运营过程及其最终产品对环境的影响,要求建成环境友好型的工程。

与环境协调涉及工程生命期全过程,以及各个要素对环境的影响,包括:建设过程中,要用生态方法减少施工过程污染,使用环保的材料;运营过程以及运营中需要的材料符合环境的要求;工程产品的生产过程或服务过程不产生污染;工程的产品在应用中和报废时不应造成污染;工程最终报废应减少污染,方便土地的生态复原,这体现工程建设者正确的自然观和历史的责任感。

工程与环境协调的主要方面:环境是多方面的,不仅包括自然和生态环境,还包括对工程的生命期有影响的政治环境、经济环境、市场环境、法律环境、社会文化和风俗习惯环境、上层组织环境等。

①工程与生态环境的协调,是人们最重视的,也是最重要的。工程作为人们改造自然的行为和产品,它的过程和最终结果应与自然融为一体,互相适应,和谐共处。这涉及如下四个方面:

一是在建设、运营、最终报废过程中不产生,或尽量少产生环境污染;影响环境的废渣、废气、废水排放或噪声污染等应控制在法律规定的范围内。

二是不恶化生态,如尽量不或者减少对植被的破坏,水土流失,动植物灭绝,土壤被毒化、水源被污染等,保障健康的生态环境。

三是节约使用自然资源,特别是不可再生的资源,包括土地、能源、水和不可再生的矿物资源等,尽可能保证资源的可持续利用和循环使用。例如房地产小区应该有中水回收利用设施,利用中水浇灌花木,以节约用水。

四是建筑造型、空间布置与环境整体和谐。

②继承民族优秀文化。工程建设应不仅不损害已有的文化古迹,而且在建筑上应体现对民族传统文化的继承性,具有较高的文化品位,丰富的历史内涵,符合或体现社会文化、历史、宗教、艺术、传统、价值观念对工程的整体要求。

建筑有传承文化的职责,如果在工程建设中破坏了古代建筑,而新建筑又失掉民族性和艺术性,这常常是一个民族文化衰败的象征。在工程中,决策者、规划和设计人员、实施者应戒除浮躁、低的美学和艺术品位、低的文学素养、急功近利的作风,不能只考虑近期需求、眼前利益炒作、经济的满足等,避免造成破坏环境,以向历史负责的精神完成工程任务。

③建设规模、标准应与当时经济能力相匹配,符合环境(包括国情、地方情况),同时又有适度的先进性和前瞻性。

④注重工程的社会影响,不破坏当地的社会文化、风俗习惯、宗教信仰、风气。对当地的人文、教育、医疗、商业的发展有促进作用。

⑤在工程的建设和运营过程中符合法律法规要求,不带来承担法律责任的后果。

1.4.6 工程具有可持续发展能力

在现代社会,工程是社会经济和环境大系统的一部分。人们希望它"长命百岁"并持续地发挥作用,即它必须具有可持续发展的能力。

工程的可持续发展有着十分丰富的内涵。工程作为人们改造自然的活动,它的可持续发展不仅体现人与自然的协调,物质世界和精神世界的统一,而且符合辩证唯物主义的发展观和向历史负责的精神,反映工程的伦理道德。

工程的可持续发展,要求人们既关注工程建设的现状,又注重工程未来发展的活力。

【本章小结】

1. 工程的概念

介绍各种工程的概念,工程这一词汇存在于多个领域中,所以他的含义也比较多,本书中收集了十几种工程的概念,并介绍了我国古代对工程的理解。

2. 现代工程系统

介绍现代社会里工程的分类以及工程相关的专业、企业和行业。工程可按照其所在国民经济的行业划分,也可按照工程的作用划分。

3. 工程的生命周期

工程的生命周期是指从工程构思开始到工程报废、拆除的全过程。在这个期限中工程经历由产生到消亡的全过程。所有工程的生命周期都可以分为如下四个阶段:工程的前期策划和决策阶段,工程的设计与计划阶段,工程的施工阶段,工程的运行阶段。本章详细介绍了各个阶段需要进行的活动。

4. 成功的工程

成功的完美的工程要符合许多指标,包括:符合预定的功能要求,获得良好的工程经济效益,取得高的运营收益,使工程相关者各方面满意,与环境协调,工程具有可持续发展能力。

【本章习题】

1. 工程的概念是什么?
2. 工程的作用有哪些?
3. 工程是怎样进行分类的?
4. 古代工程有什么特点?
5. 现代工程有什么特点?
6. 在工程生命周期的各个阶段都需要做什么?
7. 什么是成功的工程?
8. 成功的工程需要满足哪些条件?

第 2 章 工程管理概述

【本章学习要求】
通过本章学习,学生应全面掌握管理、工程管理等基本概念以及它们的内容,掌握工程管理的基本特点,了解工程管理的发展历程。

【本章主要概念】
管理　工程管理　项目管理　建筑工程管理　工官匠人　民役

2.1 管理概述

2.1.1 管理的起源与发展

管理实践活动是伴随着人类共同劳动而出现的,与人类的历史同样悠久。人类在共同劳动中为有效地达到一定的目标,需要开展有组织的活动,于是产生了最早的管理活动。早在原始社会时期便产生了简单的劳动管理和行政管理。比如,对狩猎的人们进行简单分工;在氏族首领主持下,分配猎取的食物;氏族首领对氏族内部公共事务的安排,等等。当时的管理活动显然十分原始,但其本质与现代管理一致。封建社会时期,中国历代帝王的管理机构和治国典章制度更是相当复杂和完备,包含许多中国传统管理思想的理论和智慧。在西方文明发源地的希腊、罗马、埃及、巴比伦等文明古国,管理在文化、生产、法律、军事、建筑、艺术等许多方面也有光辉的实践。埃及金字塔、巴比伦"空中花园"、中国长城等伟大的古代建筑工程都证明:在几千年前人类已能组织、指挥、协调数万乃至数十万人的劳动,能历时多年完成计划周密的宏大工程,这些都是人类管理实践活动的骄傲。

管理活动的出现促使人们不断地总结经验,初步形成了一些零散的管理思想,可以从中外的文字记载中获得。而管理被系统地研究,只是最近一两百年的事情。

18 世纪 60 年代,第一次工业革命开始后,由于现代工业技术的广泛应用和工商企业的快速发展,管理开始被普遍地重视和系统地研究。全球性的管理发展热潮是在第二次世界大战后形成的。

2.1.2 管理的内涵

管理是一个古老的概念,从字面上看,管理有"管辖"、"处理"、"管人"、"理事"等意,即对一定范围内的人员及事务进行安排和处理,但是这种从字面上的解释是不可能表达出管理本身所具有的完整含义的。关于管理的内涵,从经验性阶段的研究到弗雷德里克·泰勒(Frederick W. Taylor)的科学管理理论的产生,中外学者从不同角度对管理行为、管理活动和管理过程进行了深入的研究。

1911年,美国古典管理学家、科学管理的奠基人弗雷德里克·泰勒对管理进行了描述,指出:"管理就是确切地了解你希望工人干些什么,然后设法使他们用最好、最节约的方法完成它。"

1916年,法国古典管理学家亨利·法约尔(Henri Fayol)在他的代表作《工业管理与一般管理》中指出:"管理,就是实行计划、组织、指挥、协调和控制。"他第一次提出了计划、组织、指挥、协调和控制等管理职能。

1955年,美国管理学家哈罗德·孔茨(Harold Koontz)与西里尔·奥唐奈合著的《管理学》中认为:"管理总是设计并保持一种良好的环境,使人在群体里高效率地完成既定目标的过程。"

1960年,美国著名管理学家赫伯特·A·西蒙(Harbert A. Simen)在他的著作《管理决策的新科学》中认为:"管理就是决策。"

1996年,罗宾斯和库尔塔给管理下的定义:"管理指的是和其他人一起并且通过其他人来切实有效完成活动的过程。"这一定义把管理视作过程,它既强调了人的因素,又强调了管理的双重目标:既要完成活动,又要讲究效率,即以最低的投入换取既定的产出。

1997年,普伦基特和阿特纳把管理定义为:"对资源的使用进行分配和监督的人员。"在此基础上,他们把管理补充定义为:"一个或多个管理者单独或集体行使相关职能(计划、组织、人员配备、领导和控制)和利用各种资源(信息、原材料、货币和人员)来制定并达到目标的活动。"

1998年,路易斯、古德曼和范特给管理下的定义:"管理被定义为切实有效地支配和协调资源,并努力达到组织目标的过程。"这一定义与前一定义大同小异,所不同的是它立足于组织资源,原材料、人员、资本、土地、设备、顾客和信息等都属于组织资源。

《世界百科全书》的解释是:管理就是对工商企业、政府机关、人民团体以及其他各种组织的一切活动的指导。其目的是要使每一行为或决策有助于既定的目标的实现。

我国的管理科学起步较晚,国内学者对管理的含义,表述也不尽相同,在我国的一些文献或教科书中也给管理下了一些定义。比如:

南京大学周三多教授提出:"管理是社会组织中,为了实现预期的目标,以人为中心进行的协调活动。"他认为,管理的目的是实现预期的目标。管理的本质是协调,协调的中心是人。

复旦大学芮明杰教授提出:"管理是对组织的资源进行有效整合以达到组织既定目标与责任的动态创造性活动。"他认为,计划、组织、指挥、协调和控制等行为是有效整合资源所必需的活动,应归于管理的范畴之内,他们本身并不等于管理,管理的核心在于对现实资源的有效整合。

国内还有诸多学者提出各种解释,诸如"管理是指组织中的如下活动或过程:通过信息获取、决策、计划、组织、领导、控制和创新等职能的发挥来分配、协调包括人力资源在内的一切可以调用的资源,以实现单独的个人无法实现的目标";"管理是指在一定组织中的管理者,运用一定的管理职能、原则和手段协调组织和个人高效率地实现既定目的的活动过程";"管理就是指由专门机构和人员进行的控制人和组织的行为,使之趋向预定目标的技术、科学活动"。

由以上可以看出,国内外学者对管理的内涵的理解不尽相同,从不同侧面描述了管理的基本内涵。综合各种观点,可以把管理的概念表述为:管理是指管理者在特定的环境下,对所拥有的资源(如人力、物力和财力等)有效地计划、组织、领导、控制和创新,以期高效率地达到组织目标的过程。

具体而言,管理的内涵包括如下几层含义:

(1) 目的性

管理的目的是有效地实现预期的组织目标。所有的管理活动都是紧密围绕如何实现组织目标而进行的,并且追求有效性。

(2) 主体性

管理的主体是管理者。一个组织的运行效率和效果,往往取决于管理者的理念、能力以及其正确的决策和有效的具体管理。

(3) 有效性

资源对于任何组织来说都是稀缺的,如何用最少的资源创造最大的价值,这是管理首要解决的任务。

(4) 职能性

管理的过程是各种职能应用的过程,职能是职责与功能的概括。管理职能是在管理过程中对反复出现并带有共性的管理功能的抽象。最基本的管理职能是实施计划、组织、领导、控制和创新,管理活动只有依靠这些基本职能的应用才能开展。

(5) 协调性

人是各种资源的开发者、利用者和掌控者,只有通过人的劳动才能实现和提高资源的价值。人的劳动又是集体的活动,集体活动就会有冲突和矛盾,就需要协调。

(6) 客观性

管理是在一个特定的环境下进行的,抛开外部环境和特殊环境对管理的影响,仅从管理存在的意义这个角度去分析,就可以得知管理需要"组织"或"企业"这样一个特殊的环境才能存在。如果没有组织或企业环境存在,管理也就不存在了。所以管理对环境是有特定的要求的。

2.1.3 管理的职能与性质

1. 管理的基本职能

管理的职能是指管理本质的外在根本属性及其所应发挥的基本效能,通常把管理职能概括为四大主要管理职能,即计划、组织、领导和控制。

(1)计划

计划是管理的首要职能,管理活动从计划工作开始。计划是管理者用以识别并选择适当目标和行动方案的过程,是管理者事先对未来行动所作的安排,体现了管理活动的有意识性。具体地说,计划工作主要包括:

①描述组织未来的发展目标。如利润增长目标、市场份额目标、社会责任目标等。

②有效利用组织的资源实现组织的发展目标。

③决定为实现目标所要采取的行动。

计划工作包含了各种决策过程,因为要在各种备选方案中进行选择。在没有作出决策之前,不可能有真正的计划。在计划体系中,战略计划是最高层次的,属于总体的远期计划;部门计划属于中层的操作性较强的计划;下级的工作计划则是近期的具体计划。

(2)组织

管理者在制订好计划方案后,就要组织必要的人力与其他资源去执行计划,把计划落实到行动中,这就是组织职能。组织具有两层含义:第一层含义是指名词意义上的组织,主要是指组织形态;第二层含义是指动词意义的组织,主要是指组织工作。这两层含义在组织职能中都会有所涉及,但主要是第二层含义,即动词意义上的组织。

组织职能的主要内容包括进行部门规划、权力分配和工作协调等活动,其任务是构建一种工作关系网络,使组织成员在这样的网络下更有效地开展工作。组织工作是计划工作的延伸,包括组织结构的设计、组织关系的确立、资源的配置以及组织的变革等。

(3)领导

计划与组织工作做好以后,不一定能够保证组织目标的实现,因为组织目标的实现要依靠组织全体成员的努力。配备在组织机构中各个岗位上的人员,由于各自的个人目标、需求、喜好、性格、素质、价值观及工作职责和掌握信息量等方面存在较大差异,在相互合作中必然会产生各种矛盾或冲突。因此需要权威的领导者进行领导,指导人们的行为,沟通人们之间的信息,增强相互之间的理解,统一成员的思想和行动,激励每个成员自觉地为实现组织目标共同努力。

管理的领导职能是一门非常奥妙的艺术,它贯彻在整个管理活动中。不仅组织的高层领导、中层领导要实施领导职能,基层领导,如工厂的班组长、行政机关的科长、学院的教研室主任等也担负着领导职能,都要做下属的工作,重视工作中人的因素的作用。领导对工作人员施加影响,使其对组织和集体的目标作出贡献。领导的工作内容包括激励、合适的领导方式、沟通等。

(4)控制

控制是指组织在动态变化的环境中,为确保实现既定目标而进行的检查、监督、纠偏等一系列管理活动的统称,是保证既定目标能按计划实现所必不可少的职能。

在执行计划过程中,由于受到各种因素的干扰,常常使组织成员实践活动背离原来的计划。为了保证目标及为此而制订的计划得以实现,就需要有控制职能。控制的实质就是使实践活动与计划相符。管理者必须及时取得计划执行情况的信息,并将有关信息与计划进行比较分析,结合内外环境的状态变化情况,发现实践活动中存在的问题,分析原因,及时采取有效的纠正措施。

2. 管理的性质

(1)管理的二重性

管理的二重性是指管理同时具有合理组织生产力的自然属性和为一定生产关系服务的社会属性。

管理的自然属性也称管理的一般性。它是与生产力相联系的,是为了组织共同劳动而产生的,通过"指挥劳动生产"表现出来的、适应社会化生产要求的一般属性。任何管理过程都是对资源的科学配置和协调整合的过程。它包括许多客观的、不因社会制度和社会文化的不同而变化的自身规律。管理理论揭示了这些规律,并创造了与之相适应的管理手段和管理方法。管理的这种特性不以人的意志为转移,也不因社会制度和社会文化的不同而变化,完全是一种客观存在,所以称之为自然属性。

管理的社会属性是与生产关系、社会文化相联系的,反映了一定社会形态中统治阶级的要求,通过"监督生产劳动"表现出来的,受到生产关系或经济基础的影响与制约,管理必须反映与之相关的生产关系和社会文化的要求。不同的生产关系和社会文化使管理思想、管理目标和管理方式表现出不同的特色,从而使管理带有与生产关系、社会文化相适应的个性特色和特殊个性。

掌握管理的二重性,有利于深入认识管理的性质。管理的自然属性为人们学习、借鉴先进的管理经验、管理方法提供了依据;管理的社会属性则告诉人们,不能简单地、机械地照搬他人的理论与做法,必须结合本国国情,在引进的基础上消化吸收、不断创新。

(2)管理的科学性与艺术性

管理是一门科学。孔茨在《管理学精华》中指出:"管理作为一门科学尽管是粗糙的,但毕竟已有了不同于其他学科的、独特的学科知识体系。"

管理的科学性表现在管理活动的过程可以通过管理活动的结果来衡量,是大量管理实践经验的升华,管理活动的基本规律以及从事管理活动的科学手段与方法,对管理工作有重要的指导作用。管理已形成了自身一整套系统的理论和科学的方法,并借助于现代科学技术和手段,利用系统的管理基本原理和科学方法,研究和探索管理者如何有组织地、有效地实现预期目标,从中揭示管理活动的各种规律,同时还不断通过管理实践的结果来验证和丰富管理理论本身。总之,管理的科学性,表现在它以反映管理客观规律的管理理论和以科学方法为指导,有一套分析管理问题、解决管理问题的科学方法论等方面。

管理的艺术性表现在管理的实践性上,在实践中发挥管理者的创造性,并因地制宜地采取措施,为有效地进行管理创造条件。由于管理对象分别处于不同的环境、不同的行业、不同的资源供给条件等状况下,实施同样的管理措施,结果却可能截然不同。管理的艺术性就是强调管理的实践性,必须灵活运用管理理论,才能进行有效的管理。

管理既是一门科学,又是一门艺术,管理的科学性与管理的艺术性并不是互相对立的,而是相互补充的。管理的科学性揭示了管理活动的规律性,反映管理的共性;管理的艺术性则揭示了管理活动的创新性,反映管理的个性。

2.2 工程管理的基本概念

在车水马龙的十字路口,如果没有严格的交通法规,没有完善的指示标志,没有交警的管理和疏通,必然导致秩序的混乱,无法实现道路的畅通及车辆和行人的安全。工程管理行业担负着与交通控制系统相似的角色,工程管理者为实现工程预期目标,将管理的方法和手段适当、有效地运用于各类工程技术活动中,对工程项目进行决策、计划、组织、指挥、协调与控制,促进工程建设的顺利推进。

2.2.1 工程

"工程"的一个含义是将自然科学的原理应用到工农业生产而形成的各学科的总称,如土木工程、冶金工程、机电工程、化学工程、水利工程、海洋工程、生物工程等。这些学科是应用数学、物理学、化学、生物学等基础科学的原理,与科学实验和生产实践中所积累的技术经验相结合而发展起来的。例如,土木工程就是把数学、物理学、化学等基础科学知识,力学、材料等技术科学知识,以及土木工程方面的工程技术知识综合运用到人们生产、生活实践中,用于研究、设计、修筑各种建筑物和构筑物的各学科的总称。在此含义下,"工程"的主要内容包括对于工程的勘测、设计、施工,原材料的选择研究,设备和产品的设计制造,工艺和施工方法的研究等。

"工程"的另一个概念已经广泛运用于各行各业,频繁出现在我们的视野里,"工程"概括起来是把科学原理转化为新产品的创造性活动,而这种创造性活动是通过各种项目的实施由各种类型的工程技术人员来完成的。在社会活动和日常生活中,"工程"一词往往还多了另外一层含义,即指重要和复杂的计划、事业、方案和大型活动等,如副食品供给,满足广大群众生活需要的"菜篮子工程";我国青少年发展基金会发起并组织实施的一项为青少年成长服务的社会公益事业"希望工程"。以及意为"面向21世纪,重点建设100所左右的高等学校和一批重点学科"的"科教兴国211工程"等经济和社会发展工程。

2.2.2 管理

管理同人类社会息息相关,凡是人类社会活动皆需要管理。管理是人类共同劳动的产物。从原始部落、氏族部落到现代文明社会,从企业、军队、学校到政府机构、科研单位,都需要计划、组织、领导、控制和创新,都离不开管理。随着人类社会活动向深度的延伸,管理的重要性也越突出,以至在现代社会,管理和科学技术是推动现代社会发展的两大车轮,成为加速社会历史前进的两大动力,缺一不可。管理的核心和实质是促进社会系统发挥科学技术的社会功能,取得社会效益和经济效益。作为社会经济与科学技术的中间环节,管理具有中介性、科学性和社会性三项基本特征。科学技术通过管理物化为生产力的各要素,推动社会经济的发展。离开了管理的中介作用,科学技术将成为空中楼阁。要把科学技术转换为生产力,必须运用科学知识系统(如系统论、控制论、信息论、经济学等)、科学方法(如数理统计、物理实验、系统分析、信息技术等)和科学技术工具(计算机等),必须遵循社会系统的固有规律。因此,管理应当具有科学精神、科学态度、科学手段和科学方法。

人在管理过程中起着核心作用。人既是管理手段的主要成分,又是管理对象的重点内容,所以可以说,管理是人类的一项社会活动。因此,管理活动必然受到社会成员的价值、准则、意识、观念的影响,受到人们社会心理因素,特别是受到社会制度、社会结构等因素的影响。管理工作者不断深化管理学的理论和技术方法,拓展了管理学的应用范围,推动社会生产力的不断发展,管理科学也在生产力发展中得到了迅速的进步。

2.2.3 工程管理的内涵

工程管理作为一门新兴的专业学科诞生于 20 世纪 80 年代末期。当时,西方国家对工业工程教育进行评估,发现传统的工业工程教育只注重车间层次的效率和数学方法的运用,其毕业生和工程师们大都缺乏必要的沟通技巧和管理知识。美国工业工程学会的调查发现,70% 的工程师在 40 岁之后都自然承担了工程管理的工作。由此,便将传统的工业工程教育作了调整,产生了工程管理这样一个新的学科领域。

目前,国内外对工程管理有多种不同的解释和界定,主要有:

1. 工程管理

它的管理对象是广义的"工程"。工程管理是对具有技术成分的活动进行计划、组织、资源分配以及指导和控制的科学和艺术。

广义的工程管理既包括对重大建设工程实施(包括工程规划与论证、决策、工程勘察与设计、工程施工与运营)的管理,也包括技术改造、技术创新、转型、转轨的管理,还包括产业、工程和科技的发展布局与战略的研究与管理等,以及对重要复杂的新产品、设备、装备在开发、制造、生产过程中的管理。

美国电气电子工程师协会(IEEE)工程管理学会对工程管理的解释为:工程管理是关于各种技术及其相互关系的战略和战术决策的制定及实施的学科。

《我国工程管理科学发展现状研究》报告中对工程管理也作了界定:工程管理是指为实现预期目标,有效地利用资源,对工程所进行的决策、计划、组织、指挥、协调与控制。

(1) 项目管理

项目管理是工程管理的一个主要的组成部分。它采用项目管理方法对工程的建设过程进行管理,通过计划和控制保证工程项目目标的实现。工程管理不仅包括工程项目管理,还包括工程的决策、工程估价、工程合同管理、工程经济分析、工程技术管理、工程质量管理、工程的投融资、工程资产管理(物业管理)等。

它与工程管理有一个交集——工程项目管理。项目管理具有十分广泛的意义。

(2)建筑工程管理

工程管理最早起源于土木工程领域。然而,工程管理的内涵和范围逐渐扩大,渗透到国防、航空、交通、石油化工、采矿冶金、信息等各行各业。如今,工程管理既包括工程建设实施中的管理,也包括重要和复杂的新型产品的开发管理、制造管理和生产管理;还包括技术创新、技术改造的管理,以及企业转型发展的管理,产业、工程和科技的重大布局和战略发展的研究与管理。因此,凡是与技术管理有关的领域都属于工程管理的范畴。

目前,我国的工程管理专业主要是广义的"工程管理"。它是指通过决策、计划、组织、指挥、协调和控制以实现工程预期目标的过程。工程管理可以从许多角度进行描述,主要有:

①工程管理包括对工程的前期决策的管理、设计和计划的管理、施工的管理、运营维护管理等,是对工程全生命周期的管理。

②工程管理包括技术、质量、安全和环境、造价(费用、成本、投资)、进度、资源和采购、现场、组织、法律和合同、信息等。工程管理是涉及工程各方面的管理工作。

③工程管理是对工程建设和运营过程进行高效率的计划、组织、指导和控制,以对工程进行全过程的动态管理,实现工程的目标,它也是一种系统管理的方法。

④工程管理是以工程为对象的管理,即通过计划、组织、人事、领导和控制等职能,设计和保持一种良好的环境,使工程参加者在工程组织中高效率地完成既定的工程任务。

⑤工程管理的目标是取得工程的成功,使工程达到前面所描述的成功的工程的各项要求。对一个具体的工程,这些要求就转化为工程的目标。因此工程管理的目标很多。

2.3 工程管理的历史发展

2.3.1 工程管理的起源

人类来于自然,长于自然。但是,纯自然的状态,对人类来说,是简陋的,没有房屋居住,没有出行工具和道路。人们在长期的劳动实践中,积聚了科学知识,进而利用科学知识开发自然和改造自然。

漫长的人类文明和社会发展过程中,伴随着大量工程的建造实践,逐步积累、提炼并不断充实完善了工程管理的理论基础和技术方法。从工程管理行业的发展进程看,大致可以分为三个主要阶段。

1. 人类工程实践催生工程管理萌芽

历史上的工程最典型的和主要的是土木建筑工程和水利工程,包括:城市建设、房屋工程(如皇宫、庙宇、住宅等)、水利工程(如运河、沟渠等)、军事工程(如城墙、兵站等)、道路桥梁工程、陵墓工程、园陵工程等。

在这些工程的建造过程中,充分体现了古人朴素的工程管理思想。古人因地制宜,就地取材,针对规模浩大的劳动组织和纷繁复杂的施工安排采取积极有效的对策和措施。

"构木为巢"是最原始的"房屋建筑工程"。在早期的房屋工程,人们采用的多为天然材料,如木材、石材等,搭建各种棚屋。在我国2 500多年前就形成了以木结构作为主要构架,以青砖作墙,以碧瓦作为上盖的"梁柱式房屋建筑"形式。西欧古代主要为石材房屋建筑。这种建筑结构的特点是,取材容易,易于制作构件,易于雕刻和艺术化处理。所以我国古代木建筑十分广泛,在建筑方式和工艺方面也达到很高的水平。

比如万里长城始建于2 000多年前,是人类文明史上最伟大的工程之一。

公元前9世纪的西周时期,周王朝为了防御北方游牧民族的袭击,曾建筑连续排列的城堡"列城"以作防御工事。

公元前七、八世纪的春秋战国时期,齐、韩、魏、赵、燕、秦等大小诸侯国家都相继修筑长城以自卫。

秦始皇统一中国之后将断断续续的各段长城连接为一体,绵延万里,万里长城横亘千年,堪称世界奇迹。

在完成万里长城这一伟大工程时,工程设计和施工组织者发挥了很强的创造力,显示了高度的聪明才智。在工程选址方面,据成书于公元前93年的我国第一部纪传体通史——《史记》记载,"筑长城,因地形,用制险塞",即长城大多都是沿山脊而筑,充分利用山体河流作为防御屏障,这不仅是古代军事战略需要,而且在总体上可以最大限度地节省人力和材料,充分体现出古人在建设方案选址时因地制宜的思想。

中国古代流传着"大禹治水"的故事,述说的是"全国性"的水利工程。公元前5世纪,在我国河北的临漳,西门豹主持修筑了引漳灌邺工程。公元前3世纪中叶,我国战国时期的秦国蜀郡太守李冰及其子在四川主持修建了都江堰,解决了围堰、防洪、灌溉以及水陆交通问题,该工程被誉为世界上最早的综合性大型水利工程。

岁月沧桑,星移斗转。众多历史悠久、规模宏大、设计精巧、功能完备、工艺精湛的伟大工程,经历了漫长岁月的种种磨砺,仍然与现代文明极为和谐地辉映着。在当时的生产条件下,建造这些伟大工程是十分困难的。每项工程的实施必然伴随着工程管理的实践。前人用其智慧和汗水在创造中收获着,他们在工程建造过程中所萌发的管理理念和技术方法,催生了现代工程管理基础理论和技术方法的萌芽。

2. 社会生产力发展促进工程管理成长

随着社会生产力的发展和科学技术的不断进步,各个行业的生产方式发生着日新月异的转变。从单枪匹马的"工匠式"作业,到"小型工厂式"的有组织生产,再到越来越多的跨区域、跨国度的大型企业的出现,生产专业化和综合程度越来越高,工程项目也日趋大型化和复杂化。在这样的背景下，生产力的发展和生产方式的转变促使工程与管理实现了最自然的、最有效的结合，工程实践在推动人类社会进步的同时促进了工程管理行业的快速成长。

1954年，被誉为我国"导弹之父"的钱学森院士在主持导弹、火箭和卫星的研制工作与管理实践中，把工程实践中经常运用的设计原则和管理方法加以整理和总结。20世纪60年代初，著名科学家华罗庚教授和钱学森教授分别倡导统筹法和系统工程，并将其推广到修铁路、架桥梁、挖隧道等工程实践中，取得了巨大的经济效益。在这一期间开发出了数以百计的工程作业流程，为提高工程管理技术水平和促进工程管理技术方法的规范化、标准化奠定了基础。20世纪70年代，我国在重大建设项目工程管理实践中引入了全寿命管理概念，并派生出全寿命费用管理、一体化后勤管理、决策点控制等方法，在上海宝钢工程、秦山核电站等大型工程项目中相继运用了系统的工程管理方法，保证了工程项目建设目标的顺利实现。1984年，利用世界银行贷款的项目——鲁布革水电站在国内首先采用国际招标，并通过合理的项目管理缩短了工期，降低了造价，取得了明显的经济效益，成为我国项目管理在建设工程方面应用的范例。此后，我国的许多大中型工程相继实行项目管理体制，逐步实施了项目资本金制、法人负责制、合同承包制、建设监理制等。

至此，工程管理在我国越来越多的工程领域中得到运用，为我国工程建设的蓬勃发展发挥了积极作用。随着系统工程、运筹学、价值工程、网络技术等科技发展以及超大型建设工程和高科技产品开发等工程管理实践的大规模开展，这一阶段的工程管理在理论和技术方法方面奠定了良好的基础，初步构建起以技术、管理、法律、经济为支撑平台的理论体系。与此同时，在工程管理实践中创造和丰富了管理学理论与方法，工程管理实践成为现代管理学众多理论及方法产生的摇篮和发展的引擎。

3. 新型工业化进程加速工程管理发展

进入20世纪90年代以来，伴随着新型工业化的进程，工程管理在社会经济发展中地位和作用的大幅提升，工程管理得到了全社会的高度重视，取得了长足发展。我国经济高速发展，是我国历史上最大规模的工程建设时期。这些工程无论是规模还是工程技术的先进性方面都是当代一流的。青藏铁路的顺利通车和所取得的良好社会效果，标志着我国在复杂地理地形条件下，工程建设和工程管理工作达到了相当高的水平。

我国在三峡工程、青藏铁路、国家游泳中心等重大工程项目实践中努力创新工程管理的技术手段和方法，拓展了工程管理的应用空间，提升了工程管理在重大工程项目建设中的作用及效果。

伴随着国家社会经济的持续发展，特别是新型工业化进程的加速推进，工程管理在基础理论和技术方法上都得到了全面的发展。系统工程、科学管理、运筹学、价值工程、网络技术、关键线路法等一系列理论与方法均诞生或应用于工程实践，并逐步发展成为管理学的核心理论与方法。现代科学技术的飞速发展和社会、经济各个领域对工程管理行业的巨大需求，为工程管理的进一步完善和发展提供了广阔的空间，注入了新的活力，促使工程管理理论和技术体系不断健全和完善，推动工程管理逐步成为社会经济发展中具有重要地位和作用的行业。

2.3.2 工程管理的行业特点

工程管理产生于、依托于和服务于工程项目，因其实践性强、目标精准和管理效果可验证的特性而有别于一般意义上的管理。就单一工程而言，其管理包括资金、进度、风险、质量、安全、人员、信息、环境等相对独立且相互制约的各个环节，解决工程管理的实际问题必须采用有针对性的技术方法和手段。从该角度出发，工程管理可称为管理学中的"物理学"和"外科学"，是经过工程实践千锤百炼的"硬管理"。工程管理的工作性质决定了工程管理具有公正性、系统性、复杂性、严谨性和规范化、信息化、职业化、可持续发展的基本特点。

1. 工程管理的系统性

工程管理可以为工程项目提供全过程服务，具有很强的系统性。这就要求从业者具有系统的理念和思维，把握总体目标任务，注重全过程的协调和局部之间的联系，根据项目的具体情况和要求，提出有效的实现项目最终目标的思路、策略、方案和措施等。在项目决策阶段的管理工作中，由于项目建设所涉及的因素众多，所有的因素构成一个完整的系统，只有在对该系统中的每一个因素充分了解的基础上，用系统的眼光加以综合分析，才能正确判断一个项目的立项是否必要，是否合理，是否有效益，是否值得投资，使项目的决策真正做到客观、准确、科学。在项目的实施过程中，管理工作也是一个完整的系统工程。管理的目的是为业主做好项目的进度、质量、费用的计划和控制工作。要做好这项工作，管理者必须制订详细的项目建设统筹计划，及时安排设计、采购、施工等各个环节的具体工作，注意各个环节的合理交叉叠加，确定并有效控制质量要点，合理使用人工、材料、机械等各项费用，使工程的管理过程成为一个完整系统的有机整体。

2. 工程管理的规范性

工程管理是一项技术性非常强的十分复杂的工作，为符合社会化大生产和完成精准目标的需要，其技术手段和方法必须标准化、规范化。标准化和规范化体现在工程管理的各个方面，如专业术语、名词、符号的定义和标示，管理环节全流程的程序和标准，工程费用、工程计量和测定、结算方法，信息流程、数据格式、文档系统、信息的表达形式和各种工程文件的标准化，合同文本、招投标文件的标准化等。工程管理全过程实现制度化、规范化和程序化管理，是现代工程管理发展的必然趋势。

3. 工程管理的公正性

公正性是工程管理行业的突出特点，也是工程管理者最基本、最重要的职业道德准则之一。工程管理者应当具备良好的职业操守，不应从参与工程的任何一方接受任何形式的非正当收益，在工程管理实践中客观、公正地提供真实、准确、详细的咨询意见和建议，竭诚为工程项目提供可靠的产品和服务，确保工程预期目标的顺利实现。

4. 工程管理的严谨性

目标精确和效果可验证是工程管理的显著特征。无论是青藏铁路、三峡工程等宏伟工程,还是修建一幢住宅楼、一个足球场等小型工程,工程管理的目标都可以予以精确度量。我们可以利用网络计划技术、S形曲线等各种方法和手段对进度目标进行验证,判断每道工序进展情况及其对工期的影响,并通过调整关键工作的持续时间,实现对整个项目工期目标的精确控制。我们也可以通过质量控制图、因果分析图、直方图等一系列方法来进行精确的质量目标度量与控制,以确保工程质量符合国家制定的严格的质量管理和技术规范。

5. 工程管理的复杂性

工程管理是一种复杂性工作。工程通常由多个部分构成,其建造过程有若干利益群体参与。因此工程管理工作极为复杂,需要运用多学科的知识才能解决问题。由于工程本身将涉及社会、经济、环境、安全等各方面因素,这些因素有较强的不确定性,若干因素间常常又带有不确定的联系。工程实践的全过程需要将不同经历、不同利益诉求和来自不同组织的人有机地组织在一个特定的组织内,在多种约束条件下实现预期目标,这就决定了工程管理工作的复杂性远远高于一般的生产管理。

6. 工程管理的信息化

信息化是当今国际社会发展的趋势之一,是人类继农业革命、城镇化和工业化后进入新的发展时期的重要标志。如今,工程管理信息化已由探索、试点逐步发展到较为广泛地得以采用,计算机和软件已经成为工程管理极为重要的方法和手段。工程管理水平、效率的进一步提高也将很大程度取决于信息技术的发展和工程管理软件的开发速度。工程管理信息资源的开发和利用,可以帮助工程管理者吸取类似工程正反两方面的经验和教训,这些有价值的信息将有助于工程项目决策阶段多方案的选择,实施阶段的目标控制和建成后的运行管理。目前,经济发达国家的一些工程管理公司已经在项目管理中较为普遍地运用了计算机网络技术,开始探索工程管理的网络化和虚拟化。国内越来越多的工程管理工作者也开始大量使用工程管理软件进行工程造价等专项工作,工程管理实用软件的开发研究工作也不断有所进展。信息技术的飞速发展,必将进一步提升工程管理的效率和水平。

7. 工程管理的职业化

工程建设涉及面广、技术性强、责任重大,需要工程管理从业者具备合理的知识结构、系统的基础理论知识、良好的专业技术水平和全面的组织协调能力。为确保从业人员达到应有的素质,工程管理行业建立起体系完善的相关执业资格考试制度。执业资格认证是政府对某些责任较大、社会通用性强、关系公共利益的专业技术工作实行的准入控制。我国的执业资格是专业技术人员依法独立开业或从事某种专业技术工作学识、技术和能力的必备标准,必须通过考试方可取得,考试由国家定期举行。目前,我国与工程管理紧密相关的资格考试有15类,约占全国执业资格考试种类总数的35%;这些资格考试涉及建筑、矿业、机电等一系列行业,覆盖面广,影响巨大,通过考试形成了一支较为庞大的注册执业人员队伍,包括注册造价工程师、注册监理工程师、注册建造师、注册咨询工程师、注册房地产估价师、注册物业管理师、注册设备监理工程师、注册岩土工程师、注册土地估价师等。执业资格认证体系的完备促使工程管理人才培养与市场需求紧密结合,有力推动了工程管理学科建设和教学改革主动适应社会、市场的需求,在我国高等教育改革中走在了前列。

2.4 我国工程建设和运营的组织实施方式

2.4.1 我国古代工程的组织与实施

1. 我国古代工程的组织

中国是一个有着灿烂建筑文明的国家。我国古代社会曾经建设了大量规模十分宏大又复杂的工程,取得了很大的成功,也使工程达到相当高的技术水准。

由于我国古代的生产力水平低下,民间工程建筑通常规模较小,其建造过程与管理相对简单。社会分工比较简单,通常都集中于业主自身或其代表。建筑设计、施工和管理没有明确的界限,建造活动一直是采用业主自营方式进行的,即由工程业主提供材料、资金和建筑图纸(或式样),雇用工匠和一般劳务,建筑成本实报实销。

政府工程建设的组织和实施方式涉及国家的管理制度,有一套独立的运作系统和规则。政府工程(官式建筑、皇家建筑)大都规模宏大,结构复杂,工程费用涉及国库的开支,所以对官式建筑的管理都十分重视。

2. 我国古代工程的实施

我国古代政府工程的实施组织分为工官、工匠(匠役)、民役三个层次,工官代表着业主(政府、皇家),而工匠则是技术人员,民役是一般劳务。

(1) 工官

中国从古代,即自有史以来国家就设立建筑工程的主管部门。

在殷周时设置管理官营工程为专职的"司空"、"司工"之职。秦代以后政府设置"将作少府"专营宫廷、官府营造等事务。从汉代开始就设有"将作大匠",隋朝以后称为"将作监"。他们职掌工程的计划、设计、预算、施工组织、监工、验收、决算等工作。隋代开始在中央政府设立"工部",用以掌管全国的土木建筑工程和屯田、水利、山泽、舟车、仪仗、军械等各种工务。在工部下设"将作寺",以"大匠"主管营建。唐代工部尚书只负责城池的建设,另外专门设有"少府监"和"将作"管理土木工程。宋代工部尚书职掌内容有所扩大。以后明清两朝均不设"将作监",而在工部设"营膳司",负责朝廷各项工程的营建。到了清朝工官制度更加完善。工官集制定建筑法令法规、规划设计、征集工匠、采办材料、组织施工于一身。与工部对应,各州府县均设工房,工房主管营建,职掌建筑设计、工料估算、工程做法等行政事宜。

(2) 工匠(工官匠人,即专业技术人员)

工官匠人是专门为皇室及政府服务的建筑工匠,既负责管理又负责施工,因此他既是管理者又是劳动者。在我国封建社会的每个朝代都有一套工匠管理制度。早期工匠都是被政府用"户籍"固定下来的。大部分建筑工匠平常都是以务农为主,以建筑施工技艺(手艺)为辅。官府要进行工程,就利用权力强行把他们征调到工程中服役,后来就发展成采用招募的方式。官匠在工程中要受工官的严格管理和监督。到了清代,工程专业化程度很高,工匠分工很细,例如在工程中常用的就有石匠、木匠、锯匠、瓦匠、窑匠、画匠等25种。

(3) 民役

在古代工程中的劳务最常见的是民役,即通过派徭役的形式将农民或城市居民强行征集到工程上。这些人通常在工程中做粗活。

另外一些大型国家工程还可以用囚徒施工。这在我国奴隶制社会、封建社会都十分常见。例如秦始皇建造始皇陵和阿房宫就调集"隐宫、徒刑者"70余万人。直到后来这种情况依然存在。

3. 我国古代政府工程的实施管理模式

我国古代工程有一套严密的军事化的或准军事化的管理组织形式,工程的实施一般都采用集权管理方式。它保证了规模巨大、用工繁多、技术复杂的大型建筑工程的工期较短,同时也能保证工程的质量。

古代大型工程一般都由国家组织实施,由朝廷派员或由各级官府派员筹划、监工,成立临时管理机构(与我国现在的建设指挥部相似),工程完工后即撤销。政府领导人承担工程建设负责人。例如都江堰工程由太守李冰负责建造,秦代万里长城和秦直道的建设由大将蒙恬和蒙毅负责。

这种以政府或军队的领导负责人型工程管理的模式在我国持续了很长一段时期,使许多工程的建设获得了成功。直到建国后,我国投资建设的大型工程都由军队指挥员负责管理,现在许多大型国家工程和城市建设工程仍然由政府领导人担任管理者(如工程建设总指挥)。这和中国的文化传统、政治和经济体制有关。它能够方便协调周边组织,能够有效调动资源,高速度(高效率)地完成工程。

2.4.2 近代工程管理的组织与实施

鸦片战争以后,我国传统的建筑生产方式发生了前所未有的变化。工官制度逐渐衰败,光绪三十二年(1906年)工部正式撤销,工官制度随同封建制度一起消亡。

第一次鸦片战争以后,中国被迫开放广州、厦门、福州、宁波、上海五个城市作为通商口岸。近代资本主义的工程建设方式随之进入中国。上海作为开埠最早的城市之一,其建筑管理及其制度成为中国各地的范例,在中国近代史上具有典型意义。后来国民政府的工程管理组织设置和建筑法规的起草都参照上海租界的情况。

1. 城市管理机构——工部局

1854年7月,英、美、法三国领事召集居住在租界上的西方人会议,选举产生了由七名董事组成的行政委员会,不久即改为市政委员会,中文名为工部局。

工部局成立后机构和职能不断扩大,下设工务处负责租界内一切市政基本建设、建造管理等工作。工务处下设的具体职能部门有营造部、建筑查勘部、土地查勘部、沟渠部、道路工程师部、工场部、公园及空地部、行政部、会计等九个部门,管理日常事务。

工部局掌握城市建筑工程管理的三大权力:

①制定与修改有关建筑章程,如《华式建筑章程》和《西式建筑章程》。

②建筑设计图纸的审批,建筑许可证的核发。所有房屋建筑活动均须向工务处建筑直勘部申请建筑许可证,且以设计图纸通过审批为前提。

③负责审查营造厂、建筑师开业,审查工程开工营造,公共工程管理(批准预算、招标、监工、验收、付款等),以及对违章建筑的管理。

从19世纪60年代开始,全国许多城市仿效租界的市政建设和市政管理体制,全国许多城市(如北京、天津、沈阳等)也陆续成立了工务局。

2. 统一的建筑管理机构和法规

国民政府制定了全国统一的政府建筑管理机构体系,在中央为内政部营建司,在省为建设厅,在市为工务局(未设工务局的为市政府),在县为县政府。

经过许多年对城市建设管理与各工程技术专业规则的地方性探索,国民政府于1938年12月26日颁布了中国历史上第一部具有现代意义的全国性建筑管理法规——《建筑法》;之后又制定了建筑行业管理规则《建筑师管理规则》、《管理营造业规则》和技术规范《建筑技术规则》。

3. 工程建造行业的专业化分工

工程中专业化分工的演变体现在工程承包方式的演变上。我国工程专业化的发展一方面基于我国古代工程中专业化的萌芽,另一方面是由于西方现代工程专业化分工和承发包模式的进入对我国的影响。

4. 工程招标投标的发展

随着租界的建立,西方建筑技术、专业人员(建筑师、营造厂)的进入,工程招标承包模式也随之引入我国。招标投标是1864年由西方营造厂在建造法国领事馆时首次引进的,但当时人们还不适应。直到1891年江海关二期工程招标时,竟然"无敢应者",只有杨斯盛营造厂一家投标。但到了1903年的德华银行、1906年的德国总会和汇中饭店、1916年的天祥洋行大楼等,都由本地营造厂中标承建。而在20世纪20~30年代上海建成的33幢10层以上建筑的主体结构全部由中国营造商承包建造。

到了20世纪初,工程招标投标程序就已经十分完备。其招标公告、招标文件、合同条款的内容,标前会议、澄清会议、评标方式(商务标和技术标的评审)、合同的签订、投标保证金、履约保证金等与现代工程是一样的,或者是相似的。到20世纪30年代建筑工程合同条款就相当完善,与现在的工程承包合同差异很小。

5. 我国建筑业与发达国家的差异逐渐缩小

通过学习吸收西方近代建筑新技术、新结构、新材料、新设备,缩小了我国建筑业与发达国家的差异。如电梯是1887年在美国首次使用,到1906年上海汇中饭店就已安装使用;1894年巴黎的蒙马特尔教堂首次使用钢筋混凝土框架结构,到1908年,上海德律风公司就用上这一技术。1882年上海电气公司最早使用钢结构,1883年上海自来水厂最早使用水泥,1903年建造的英国上海总会是上海第一幢使用钢筋混凝土的大楼。

6. 詹天佑负责建造的京张铁路

在近代中国工程建设历史上,以至于在我国近代社会历史上,詹天佑以及由他负责建造的京张(北京至张家口)铁路具有十分重要的地位。

该工程于1905年9月动工。它是完全由中国自己筹资、勘测、设计、施工建造的第一条铁路,全长200多千米。此路经过高山峻岭,地形和地质条件十分复杂,桥梁和隧道很多,工程十分艰巨。

2.4.3 现代工程建设与运营的组织实施方式

1. 现代工程管理的起因

现代工程管理是在20世纪50年代以后发展起来的。它的起因有如下几个方面:

(1)社会生产力的高速发展

航天工程、核武器研制工程、导弹研制、大型水利工程、交通工程等大型及特大型工程越来越多。由于工程规模大,技术复杂,参加单位多,又受到时间和资金的严格限制,需要新的管理手段和方法。例如,1957年美国北极星导弹计划的实施项目被分解为6万多项工作,有近4 000个承包商参加。

现代工程管理的理论和方法通常首先是在大型的、特大型的工程建设中研究和应用的。

(2)现代科学技术的发展

由于现代科学技术的发展,产生了系统论、控制论、信息论、计算机技术、运筹学、预测技术、决策技术,并日臻完善,给现代工程管理的发展提供了理论和方法基础。

2. 现代工程管理的模式

由于工程的普遍性和对社会发展的重要作用,工程管理的研究、教育和应用也越来越受到许多国家的政府、企业界和高等院校的广泛重视,得到了长足的发展,成为近几年来国内外管理领域中的一大热点。

在现代工程立项后,投资者通常不具体地管理工程,而是委托一个工程主持或成立工程建设负责单位负责工程全过程的管理工作,保证工程目标的实现。它在我国以前被称为建设单位,现在通常被称为"业主"。这体现了工程的投资者与管理者分离的原则。对工程的设计单位、承包单位和供应单位而言,业主就是工程的所有者。

(1)业主自己管理工程

这种模式实行"自己建设,自己管理"。业主为了工程的建设,招募工程管理人员,成立一个建设管理单位,直接管理设计单位、承包商和供应商。这种模式的工程管理专业化程度较低,工程管理经验不能积累,工程很难取得成功,而且会导致政企不分、垄断经营、腐败等问题,容易造成管理成本的增加和人、财、物、信息等社会资源的浪费。

(2)业主将整个工程的管理工作委托给一个"工程项目管理"单位(公司)

业主与项目管理公司签订合同。项目管理公司按合同约定,代表业主对工程的建设进行全过程或若干阶段的管理服务,为业主编制相关文件,提供招标代理、造价咨询服务,进行设计、采购、施工、试运营的组织和监督。

(3) 代建制

在我国,代建制是指对政府投资的建设工程,经过规定的程序,由专业性的管理机构或工程项目管理公司对工程建设全过程实行全面的相对集中的专业化管理。工程代建单位是政府委托的工程建设阶段的管理主体。从严格意义上讲,使用代建制方式,投资者(一般为政府或政府部门)不再另外组建建设单位。工程类型可以是盈利性或非盈利性的。

社会化的工程管理者与工程没有利益关系和利益冲突,具有独立性、公正性、专业化、知识密集型的特点,可以独立公正地作出管理决策,保证工程管理的科学性及高效性;对业主来说,方便、简单、省事。业主只需和项目管理公司(咨询公司,或代建单位)签订管理合同,支付管理费用,在工程中按合同检查、监督工程管理公司的工作。对承包商的工程只需作总体把握,答复请示,作决策,而具体事务性工作都由工程管理公司承担;促进工程管理的专业化,工程管理经验容易积累,管理水平容易提高。

社会化的工程管理者在工程中起协调、平衡作用。他能站在公正的立场上,公正地、公平合理地处理和解决问题,调解争执,协调各方面的关系,使工程中各自利益得到保护和平衡。

3. 现代工程管理的运营方式

工程交付运营后,其运营阶段的管理(如维护管理、资产管理、更新改造管理等)方式也是丰富多彩的。

(1) 由使用的单位自行管理

一般企业的办公楼、学校校区等都是业主或使用单位自行负责日常的维护和常规维修。所以在我国许多单位都有维修管理处。

(2) 由物业管理公司管理

现在我国大量新开发的房地产小区、综合性办公楼等都采用物业管理公司管理的模式。这也是工程运营管理社会化的表现。

(3) 由工程承包商承担工程的运营维护和管理工作

对许多专业化较强的工程,工程承包商进行运营管理是最好的和高效率的。因为工程承包商对工程最熟悉,出现问题后能很快找到原因,而且由于工程是由这个工程承包商建造的,他最熟悉工程系统,由他再负责维修和更新改造也是最节约的和高效率的。

【本章小结】

1. 管理的内涵

综合各种观点,可以把管理的概念表述为:管理是指管理者在特定的环境下,对所拥有的资源(如人力、物力和财力等)有效地计划、组织、领导、控制和创新,以期高效率地达到组织目标的过程。

2. 管理的基本职能

管理的职能是指管理本质的外在根本属性及其所应发挥的基本效能,通常把管理职能概括为四大主要管理职能,即计划、组织、领导和控制。

3. 工程管理的内涵

(1) 工程管理

它的管理对象是广义的"工程"。工程管理是对具有技术成分的活动进行计划、组织、资源分配以及指导和控制的科学和艺术。

(2) 项目管理

项目管理是工程管理的一个主要的组成部分。它采用项目管理方法对工程的建设过程进行管理,通过计划和控制保证工程项目目标的实现。

(3) 建筑工程管理

4. 工程管理的行业特点

工程管理的行业具有公正性、系统性、复杂性、严谨性和规范化、信息化、职业化、可持续发展的基本特点。

【本章习题】

1. 解释管理的内涵。
2. 解释工程管理的内涵。
3. 简述工程管理的起源与发展。
4. 工程管理主要涉及哪些方面?
5. 简述现代工程运营的主要方式。
6. 什么是代建制?
7. 简述现代工程管理的模式。
8. 简述现代工程管理的特点。

第3章

工程管理的四个平台体系

【本章学习要求】

本章主要介绍现代工程的技术问题、经济问题、组织和信息问题、管理问题以及法律和合同问题,这是现代工程亟须解决的五大问题,也是工程管理行业和学科的重要支撑平台和支撑体系,要求学生掌握这五大问题的重要意义及特点。

【本章主要概念】

工程技术平台　工程结构　工程材料　经济平台　工程项目的经济性　管理平台　事前、事中和事后控制

3.1 构建建设工程管理"四个平台"体系的必要性

3.1.1 工程技术平台的必要性

工程技术平台主要是回答"怎么去做"的问题,也是建设工程管理的基础与核心。除此之外,把施工图纸变成宏伟蓝图和在工程建设过程中采取的技术方法与手段以及满足工程要求的技术性能等,都离不开工程技术的指导与支持。因此,要完成工程就必须对各项工程技术有很好的掌握。工程技术又分为工程结构、工程材料和工程施工等部分内容。

3.1.2 管理平台的必要性

管理平台主要是回答"怎样去实现目标"的问题,即通过管理手段来实现工程的目标,具体的手段是计划、组织、协调与控制。由于工程项目的复杂性,所以必须有强有力的管理才能保证工程建设顺利实施,最终实现工程建设的目标。工程从构思开始到建设完成,有许多工程专业活动和管理活动。工程建设是由成千上万个工程专业活动和管理活动构成的过程。这些活动有各种各样的性质,要取得一个工程的成功,必须按照工程的目标,将各个活动通过计划合理的安排,从而形成一个高效、有序、协调的过程,才不致出现混乱。还应在计划的实施过程中不断地检查与控制,及时对出现的偏差进

行修正。这一切都是管理的工作内容,因此管理工作在工程建设过程中是非常重要的。

3.1.3 经济平台的必要性

经济平台主要是回答"怎样做更合理"的问题,即选择什么样的技术方案能使工程项目的经济效益最好。经济效益包括财务效益与国民经济效益。工程项目的目标不仅追求工程按时建成和运营,实现使用功能,而且要取得相应的经济效益。从工程的构思开始,经过工程建成投入运营,直到工程结束,人们面临许多经济问题。工程技术的选择、工程的融资方案、工期安排都会对工程的建设成本(投资、费用)、工程的质量、进度等产生影响,进而影响工程的经济效益。

3.1.4 法律平台的必要性

法律平台主要是回答"依据是什么"的问题,即在工程建设的各个领域都必须以法律法规为依据。由于工程建设具有投资额大、持续时间长、结构复杂、多方参与主体以及存在较大的不确定性的特点,工程建设承担着很大的社会责任和历史责任。特别是在工程建设的实施过程中,需要多方参与主体(如建设单位、设计单位、监理单位、承包商、分包商、政府监督机构)密切配合才能完成工程任务,而多方参与主体共同完成任务的前提就在于以法律作为各方行动的准则。因此,为保证工程的顺利进行,保护工程相关者各方面的利益,必须要有强有力的法律作为保障。

3.2 技术平台

技术就是人类为了生存和发展,在社会生产和非生产活动中,运用自然规律创造的物质手段和相应的知识综合体,是根据生产实践经验和自然科学原理而发展成的各种工艺、作业方法、操作技能、设备装置的总和,也包括非生产活动中的技巧和手法等。随着社会生产的发展和现代科学技术的进步,人们对技术的理解也有很大的变化,已从过去局限在狭隘的生产领域,延伸到非生产领域乃至整个社会。当今社会,科学技术对社会经济发展有着巨大的、深刻的、全面的影响。近半个世纪以来,随着科学技术突飞猛进的发展和科技成果的广泛应用,不仅社会生产力以前所未有的速度发展,而且科学技术已渗透到包括建筑工程领域在内的社会生活的各个领域。"工程技术"在建设工程管理中占有十分重要的地位,是区别于建设工程管理与其他管理类学科的突出标志。

工程和技术是密不可分的。技术是工程的根本,也是工程管理的依托。要取得一个工程的成功必须选择科学的技术方案,并保证准确实施这些方案。在前文所述成功的工程要求中,大多数因素是由工程的技术方案决定的。工程管理者要对技术方案的可行性、经济性进行评价和决策,并实施监督。在这个过程中可能会遇到大量的技术问题,所以需要掌握工程技术知识。

3.2.1 建筑结构

建筑结构是指在建筑物(包括构筑物)中,由建筑材料做成用来承受各种荷载或者其他作用,以起骨架作用的空间受力体系。建筑结构因所用的建筑材料不同,可分为混凝土结构、砌体结构、钢结构、轻型钢结构、木结构和组合结构等。

建筑结构中常见结构受力体系类型及施工方法:

1. 混合结构

混合结构是指承重的主要构件是用钢筋混凝土和砖木建造的。如一幢房屋的梁用钢筋混凝土制成,以砖墙为承重墙;或者梁是用木材建造,柱是用钢筋混凝土建造。由两种或两种以上不同材料的承重结构所共同组成的结构体系均为混合结构。

2. 框架结构

框架结构住宅是指以钢筋混凝土浇捣成承重梁柱,再用预制的加气混凝土、膨胀珍珠岩、浮石、蛭石、陶烂等轻质板材隔墙分户装配而成的住宅。适合大规模工业化施工,其效率较高,工程质量较好。

框架结构由梁柱构成,构件截面较小,因此框架结构的承载力和刚度都较低,它的受力特点类似于竖向悬臂剪切梁,楼层越高,水平位移越慢,高层框架在纵横两个方向都承受很大的水平力,这时,现浇楼面也作为梁共同工作,装配整体式楼面的作用则不考虑,框架结构的墙体是填充墙,起围护和分隔作用,框架结构的特点是能为建筑提供灵活的使用空间,但抗震性能差。

3. 框架-剪力墙结构

框架-剪力墙结构也称框剪结构,这种结构是在框架结构中布置一定数量的剪力墙,构成灵活自由的使用空间,满足不同建筑功能的要求,同样又有足够的剪力墙,有相当大的刚度,框剪结构的受力特点,是由框架和剪力墙结构两种不同的抗侧力结构组成的新的受力形式,所以它的框架不同于纯框架结构中的框架,剪力墙在框剪结构中也不同于剪力墙结构中的剪力墙。因为,在下部楼层,剪力墙的位移较小,它拉着框架按弯曲型曲线变形,剪力墙承受大部分水平力,上部楼层则相反,剪力墙位移越来越大,有外侧的趋势,而框架则有内收的趋势,框架拉剪力墙按剪切型曲线变形,框架除了负担外荷载产生的水平力外,还额外负担了把剪力拉回来的附加水平力,剪力墙不但不承受荷载产生的水平力,还因为给框架一个附加水平力而承受负剪力,所以,上部楼层即使外荷载产生的楼层剪力很小,框架中也出现相当大的剪力。

4. 剪力墙结构

剪力墙结构是钢筋混凝土墙体构成的承重体系。剪力墙结构指的是竖向是钢筋混凝土墙板,水平方向仍然是钢筋混凝土的大楼板搭载墙上,这样构成的一个体系,叫剪力墙结构。其实楼越高,风荷载对它的推动越大,那么风的推动叫水平方向的推动,如房子,下面的是有约束的,上面的风一吹应该产生一定的摇摆的浮动,摇摆的浮动限制得非常小,靠竖向墙板去抵抗,风吹过来,板对它有一个对顶的力,使得楼不产生摇摆或者是产生摇摆的幅度特别小,在结构允许的范围之内,比如:风从一面来,那么板有一个相当的力与它顶着,沿着整个竖向墙板的高度上相当于一对力,正好像一种剪切,相当于用剪子剪楼而且剪楼的力越往下剪力越大,因此,把这样的墙板叫剪力墙板。这也说明竖向的墙板不仅仅承重竖向的力还应该承担水平方向的风荷载,包括水平方向的地震力和风对它的推动力。

5. 框筒结构

框筒结构是在框架结构中,设置部分剪力墙,使框架和剪力墙两者结合起来,取长补短,共同抵抗水平荷载,这就是框架-剪力墙结构体系。如果把剪力墙布置成筒体,围成的竖向箱形截面的薄臂筒和密柱框架组成的竖向箱形截面,可称为框架-筒体结构体系。它具有较高的抗侧移刚度,被广泛应用于超高层建筑。整体建筑主要由几大框筒承担重量,单元内的墙体不起承重作用,真正的活性建筑,墙体可以随意改变,甚至整层都可以随意间隔。这是现在最先进的结构。

6. 筒中筒结构

筒中筒结构由心腹筒、框筒及桁架筒组合而成,一般心腹筒在内,框筒或桁架筒在外,由内外筒共同抵抗水平力作用。由剪力墙围成的筒体称为实腹筒,在实腹筒墙体上开有规则排列的窗洞形成的开孔筒体,称为框筒;筒体四壁由竖杆和斜杆形成的桁架组成,称为桁架筒。

在高层建筑中,抵抗水平力是设计的主要矛盾,因此抗侧力结构体系的确定和设计成为结构设计的关键问题。高层建筑中基本的抗侧力单元是框架、剪力墙、实腹筒(又称井筒)、框筒及支撑,由这几种单元可以组成多种结构体系。

(1)框架结构体系

由梁、柱构件组成的结构称为框架。整幢结构都由梁、柱组成就称为框架结构体系(或称纯框架结构)。

(2)剪力墙结构体系

利用建筑物墙体作为承受竖向荷载和抵抗水平荷载的结构,称为剪力墙结构体系。

(3)框架-剪力墙结构(框架-筒体结构)体系

在框架结构中,设置部分剪力墙,使框架和剪力墙两者结合起来,取长补短,共同抵抗水平荷载,这就是框架-剪力墙结构体系。如果把剪力墙布置成筒体,可称为框架-筒体结构体系。

(4)多筒体系——成束筒及巨型框架结构

由两个以上框筒或其他筒体排列成束状,称为成束筒。巨形框架是利用筒体作为柱子,在各筒体之间每隔数层用巨型梁相连,这样的筒体和巨型梁即形成巨型框架。这种多筒结构可更充分发挥结构空间作用,其刚度和强度都有很大提高,可建造层数更多、高度更高的高层建筑。

7. 钢网架、悬索结构(钢结构)

钢网架、悬索结构(钢结构)是以钢材制作为主的结构,是主要的建筑结构类型之一。钢材的特点是强度高、自重轻、刚度大,故适用于建造大跨度和超高、超重型的建筑物;材料匀质性和各向同性好,属理想弹性体,最符合一般工程力学的基本假定;材料塑性、韧性好,可有较大变形,能很好地承受动力荷载;建筑工期短;其工业化程度高,可进行机械化程度高的专业化生产;加工精度高、效率高、密闭性好,故可用于建造气罐、油罐和变压器等。其缺点是耐火性和耐腐性较差。主要用于重型车间的承重骨架、受动力荷载作用的厂房结构、板壳结构、高耸电视塔和桅杆结构、桥梁和仓库等大跨度结构、高层和超高层建筑等。钢结构今后应研究高强度钢材,大大提高其屈服点强度;此外要轧制新品种的型钢,例如 H 型钢(又称宽翼缘型钢)和 T 形钢以及压型钢板等以适应大跨度结构和超高层建筑的需要。钢结构又分轻钢和重钢。

3.2.2 建筑材料

广义上的建筑材料是人类建造建筑物时所用一切材料和制品的总称,种类极为繁多。

1. 建筑材料的分类

(1)按主要组成成分分类(如表 3.1 所示)

表 3.1 土木工程材料的分类

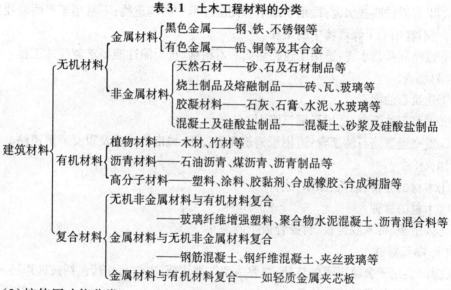

(2)按使用功能分类

根据土木工程材料在建筑物中的部位或使用性能,大体可分为建筑结构材料、墙体材料、建筑功能材料三大类。

(3)按材料来源分类

根据材料来源,可分为天然材料与人造材料。而人造材料又可按冶金、窑业(水泥、玻璃、陶瓷等)、石油化工等材料制造部门来分类。

一般把各种分类方法经适当组合后对材料进行划分,如装饰砂浆、沥青防水材料等。

2. 主要工程材料的种类和用途

(1)钢材

①钢筋混凝土用钢筋:低碳钢热轧圆盘条;热轧光圆钢筋;热轧带肋钢筋。

②应力钢丝和预应力钢绞线:预应力混凝土用钢丝;预应力混凝土用钢绞线。

③型钢。

（2）水泥

①硅酸盐水泥：俗称纯熟料水泥，国际上通称波桂兰水泥，适用于要求早期强度高、严寒地区和水下工程；不适用于流动水和有水压作用的工程，不适用于有海水和矿物水作用的工程，不适用于大体积的混凝土工程。

②普通硅酸盐水泥：适用于有抗渗要求的工程和有耐磨要求的路面工程，不适用于大体积的混凝土工程。

③矿渣硅酸盐水泥：适用于地下水中工程、体积混凝土工程；不宜在有抗渗要求的工程中使用。

④火山灰质硅酸盐水泥：宜于集中搅拌并远距离运输，适用于地下和水中，尤其是海水中的工程（含烧黏土性火山灰水泥不应采用），适用于大体积的混凝土工程；不宜用于要求耐磨的工程，不宜用于反复冻融和干燥的环境。

⑤煤灰质硅酸盐水泥：适用于地下和潮湿环境中的构造物；不宜用于有耐磨要求的工程，也不宜用于干燥环境中的工程。

⑥道路硅酸盐水泥：适用于道路路面和对耐磨、抗干缩性能要求较高的工程。

（3）沥青

①建筑石油沥青。

②道路石油沥青：适用于铺筑路面。

③重交通道路石油沥青：适用于铺筑高速公路、城市快速路及重交通量道路。

（4）木材

①木材的分类：原条、原木、成材。

②木材的材种。

③人造板材：木胶合板、竹胶合板。

（5）爆破器材

①炸药：用于公路工程的炸药，主要为硝铵类炸药，硝铵类炸药包括铵梯炸药、铵梯油炸药、铵松油炸药和铵油炸药。

②雷管：包括火雷管和电雷管。火雷管除了有沼气和矿尘较多的矿井中不准使用外，可用于一般爆破工作；电雷管分瞬发电雷管、秒延电雷管和毫秒延电雷管。一个作业面需同时爆炸时，一般用瞬发电雷管。

③工业导火索：用于引爆雷管和炸药。

（6）地方性材料

①土质材料。

一般黏土有很高的强度和稳定性，是填筑路基的很好材料；粗粒土粒径较大，能满足填筑路基要求；细粒砂土、粉质砂土、粉质黏土、黏土广泛用于路基填筑。

②石料。

③砂、石屑和石粉。

④石灰、砖、瓦。
⑤混凝土及钢筋混凝土排水管:主要用于修筑工程便道。
(7)五金制品

通常分为大五金及小五金两大类。大五金指钢板、钢筋、扁铁、万能角钢、槽铁、工字铁及各类型钢铁材料;小五金则为建筑五金、白铁皮、锁类铁钉、铁丝、钢铁丝网、钢丝剪、家庭五金、各种工具等。

(8)专用材料和周转材料

①专用材料:桥梁橡胶支座;波形梁钢护栏;路面土木合成材料;自张预应力锚具及连接器;桥梁用橡胶伸缩装置。

②周转材料:脚手架构件;组合钢模板。

3.2.3 工程施工技术

1. 工程施工的内涵

工程施工是根据建设工程设计文件的要求,对建设工程进行新建、扩建、改建的活动。它包括施工技术和施工组织两大部分,要使美好的蓝图变成现实,必须研究施工过程的规律、方法,掌握施工技术,精心组织施工。

施工技术以各种工种工程施工的技术为对象,施工方案为核心,结合具体工程的特点,选择最合理的施工方案和最有效的施工技术措施。由于工程建设的投资主要用于施工阶段,施工方案的经济性对整个工程的经济性有非常大的影响,因此对任何工程的施工方案都要进行工程经济分析,进行方案的优化。

施工组织是根据批准的建设计划、设计文件(施工图)和工程承包合同,对建筑安装工程任务从开工到竣工交付使用,所进行的计划、组织、控制等活动的统称。就是依据工程本身的特点,将人力、资金、材料、机械和施工方法这五要素进行科学、合理的安排,使之在一定时间内得以实现有组织、有计划、有秩序的施工,使得工程项目质量好、进度快、成本低。对于具体的工程项目在选定了施工方法和方案后,都要进行时间组织、空间组织和资源组织,这是施工组织最重要的的三大组织。简而言之,施工组织是针对施工过程中直接使用的建筑工人、施工机械和建筑材料与构件等的组织,即对基本施工过程和非基本施工过程和附属业务的组织,它既包括正式工程的施工,又包括临时设施工程的施工。施工组织是项目施工管理中的主要组成部分,它所处的地位与作用直接关系着整个项目的经营成果。也可以说,它是把一个施工企业的生产管理范围缩小到一个施工现场(区域)上对一个个工程项目的管理。

2. 施工技术和方法

施工技术和方法是指将工程系统建造起来的技术、设备、方式和方法(工艺和工法)。例如:

(1)混凝土供应和施工方案

如拟采用商品混凝土或采用现场搅拌混凝土,以及大体积混凝土的施工措施;基础工程(如土石方工程和深基础工程)施工方案。

(2)模板方案

如梁板柱模板及支撑体系、墙模板体系等。

(3)脚手架方案

如液压爬架方案、单立杆双排钢管脚手架、移动式脚手架、扣件式钢管脚手架、门式脚手架等。

(4)工程的吊装方案

特别是对重大的结构件和设备的吊装。

(5)其他方案

施工设备的选择;主体结构工程(如砌筑工程、钢筋工程、混凝土工程、模板工程、预应力工程、结构安装工程)的施工方案;施工现场布置和施工顺序安排;冬、雨期施工措施;工程成品保护措施;其他各个专业工程的施工方案。

3. 工程技术系统整合和界面管理

工程是由许多功能面(单体工程)和专业工程系统组成的综合体。工程中的每一部分或每个专业工程系统都不能单独存在,并单独发挥作用,它们只有在工程系统中才能发挥作用。它们之间通过系统整合,成为一个有机的、能安全、稳定、高效率运行的整体。由于各个专业工程系统是分别设计、施工和供应的,需要把它们整合为一个完整的工程系统。在工程的设计和施工过程中需要许多协调整合工作。工程技术系统整合是技术性很强的工作,主要解决工程功能面和各专业工程系统在设计、施工和运行过程中的界面问题。

界面是工程系统各组成部分之间的联系,通常位于功能面和各专业工程的接口处或者工程寿命期的阶段连接处,大量的技术和管理工作都集中在界面上。

在现代工程中,由于专业工程系统越来越多,使得工程界面处理和系统整合越来越复杂。例如在地铁工程、核电工程、飞机制造、航天工程中,控制系统、信号系统,以及机电设备系统的整合工作十分复杂,又非常重要,是关系到整个工程系统能否安全、稳定、高效率运行的大事。系统整合的专业性很强,通常作为一项专门的技术工作,由专门的人员(单位)负责。

3.3 经济平台

建设一个工程不仅要让工程顺利建成和运行,实现其使用功能,而且要取得高的经济效益。良好的经济效益和社会效益是实施所有工程项目的根本目的。而工程项目良好经济性能指标的实现,需要在质量满足要求的前提下,从投资最省的角度出发,寻求适宜的建设工期,以达到投资、进度、质量的优化组合。从工程的构思开始,经过工程建成投入运行,直到工程结束,人们面临许多经济问题,工程的技术问题(工程总体方案、工艺方案、结构形式、施工方案)、工程的融资方案、工期安排都会对工程的建造成本(造价、费用)以及工程产品的价格、收益、利润、投资回报产生影响。这些都会影响工程的经济效益。工程中有许多技术、管理和经济变量交织在一起。现代工程对经济性要求越来越高,资金限制也越来越严格。作为工程项目重要指标之一的经济性,在工程项目实施中具有举足轻重的作用,亦是我们评价工程项目优劣的一个重要指标。经济性和资金问题已经成为现代工程能否立项,能否取得成功的关键。

3.3.1 工程建设投资(或费用、承包)的预先确定问题

项目的投资是指建设方用于建造和销售项目产品的各项费用总和。对于一个工程项目而言,成本既是重要的最终目标,也是整个过程重要的控制要素。成本投资涉及项目过程的各个阶段,受到诸如劳动生产率的高低、原材料消耗程度、机械设备利用程度、施工组织和管理水平等很多方面的影响。工程在建设过程中的委托设计、施工,采购材料和设备,聘请管理公司等都需要支付费用。工程的费用与工程的功能、规模、技术方案、实施方案有关。工程建设过程中的每一个决策都可能涉及费用问题,都会对以后的工程运行和维修造成极大的影响。由于不同的工程方案有不同的费用,则存在工程技术经济优化问题。"适用、经济、美观"也是我国对非生产性建筑设计的指导方针,是评价一个建筑的根本尺度。对于我们的建设工程项目来讲,所需资源是有限的,如何在现有资源的约束下较好地完成项目建设任务是我们必须要面对的问题。即如何以最少的费用建成符合要求的工程,达到预定的目标,实现工程的价值,提高工程的整体经济效益。

3.3.2 工程采用的资本结构和融资模式

现代工程获得资金有多种渠道和方式,工程投资已呈多元化趋向。项目融资是现代战略管理和项目管理的重要课题。现代工程获得资金的渠道很多,但每一个渠道有它的特殊性,有不同的借贷条件和使用条件,不同的资金成本,投资者(借贷者)有不同的权利和利益,有不同的宽限期,最终有不同的风险。通常要综合考虑风险、资金成本、收益等各种因素,确定本工程的资金来源、结构、币制、筹集时间,以及还款的计划安排等,确定符合技术、经济和法律要求的融资计划或投资计划。

3.3.3 在工程建设和运行过程中,保证资金的投入

要保证工程建设顺利完成,必须按工程实施计划安排资金计划,并保障资金供应,否则工程建设就会中断。工程建设资金需要量是与工程的总投资(工程规模)、建设进度、融资方式等因素相关的。在工程投入运行前必须准备一定量的周转资金,以购买运行所需要的原材料、燃料,发放工资,支付运行管理费用等。有时必须按投资者(企业、国家、地方等)所具有的或能够提供的资金策划相应范围和规模的工程,安排工程的实施计划。

3.3.4 工程建成后的运行和维护费用(工程产品的生产成本的确定)

工程项目的经济性往往要经过一定时期才能够体现出来,因此作为工程的决策者

和管理者一定要具有全局的观点和长远的眼光,不能只看到眼前的利益。在分析工程产品的市场状况和运营期利润时,人们必须考虑产品的生产成本(费用)。工程产品的生产成本不仅与工程产品的生产方案、生产工艺、生产管理组织、原材料采购、工程的生产效率、工程设施的维护状况和费用等相关,而且与工程的建设过程和总投资相关,与工程设备的选型相关。比如现在提倡适用节能建筑,与传统建筑相比,节能建筑由于采取了多项节能措施,一般而言,需要增加一次性投资。所采用的节能技术不同,所增加的费用和所取得的收益也不一样。尽管节能建筑的一次性投资高于非节能建筑,但在建筑整个寿命期内,节能建筑的经济性、环保性将明显优于非节能建筑。与此类似,许多工程项目初建时一次性投入较多资金安装性能完备的污染处理设备,其初始虽然较大,但因污染治理较为彻底,在工程有效的使用期内用于污染防治的费用相对较低,其长期的经济性将优于初建时缺乏必要的污染处理设备,工程投入使用后再投资治理污染的工程项目。

3.3.5 工程的投资收益问题

工程的投资收益是由工程产品或服务的市场和生产状况决定的,包括销售量、销售价格、产品的生产成本和销售成本等因素。工程要取得良好的经济效益,不仅需要降低建设和运行投入的费用,而且需要争取更大的产出效益。工程的产出效益分两方面:一是本工程的直接受益。这是投资者的总体要求和目的,他们希望通过工程的运行取得预定的投资回报,达到预定的投资回报率。二是工程对社会、对国家的贡献,对国民经济的影响。每个工程的建设和运行都会对国民经济发展有所贡献,都要服从于国家和社会发展的需要,所以要从国家和国民经济整体的角度分析和考察工程效益。

3.4 管理平台

3.4.1 工程建设管理的重要性

长期以来,国内建筑施工企业之间的市场竞争异常剧烈,一个企业,其管理工作的好坏,很大程度上决定了企业的经营效益、企业信誉乃至企业存亡的问题。建筑工程施工必须具备一定的技术条件和技术装备,而这些技术条件和技术装备需要企业的技术力量和技术工作组织管理水平来支撑和实施。建筑的类型、样式繁多,规模要求各不相同,施工作业受天气影响较大,而复杂的多工种交叉施工、多项技术综合应用、工序搭接较多,在这些生产过程中都需要加强管理,进而保证施工正常有序地进行,以便达到预期的质量要求、使用功能要求和降低建筑成本要求的目标。另外,随着建筑业的发展,新工艺、新技术、新材料、新装备不断出现,所承担的新工程可能结构更复杂,功能更特殊,装修更新颖,从而促使生产技术水平提高;技术主装备越先进,技术管理要求越高,这也使得施工管理更显重要。

3.4.2 建筑工程施工管理中的问题

1. 质量问题

(1)建筑施工企业的内部管理存在的问题

如管理职责不落实,资源配置不充分。大部分质量管理上的不合格项和实物质量不合格的出现都与职责不落实密切相关。对分承包队伍的评价选择和管理不能满足实现质量目标的需要。对劳务分承包队伍的评价大多只停留在其所持证件的验证阶段,忽视对其实际质量保证能力的评价、考查,预防、纠正措施的机制形同虚设。

(2)政府监管不到位,竣工验收把关不严

有些工程违反法定建设程序,未办理相应手续就盲目开工建设;有些工程层层转包,企业资质审查不严;有些工程施工图纸未经审查即开始施工,边施工边设计,盲目追求施工进度,留下很多质量隐患。验收作为工程质量的最后一道关口,最初由政府监管部门把关,但随着政府职能的转变,实行竣工验收备案制后,工程质量由业主负责,开发企业在验收过程中处于主导地位,一些质量监督部门监督不力,竣工验收并没有发挥其应有的作用。

2. 安全问题

①建筑施工安全生产体系和建筑施工安全生产责任制不健全。建筑施工安全生产体系形同虚设,安全生产机构名存实亡,工作无从开展。

②安全经费投入不足,安全设施、设备、用品、用具等配备不到位。安全经费和安全设施的投入,是进行安全生产,抓好安全生产的重要保证。

③建筑施工企业对安全生产及文明施工工作重视不够。在管理工作中,未能将施工的安全管理工作摆到应有位置,未能真正认识到建筑施工安全生产责任重大。国家有关建筑的法律、法规、规范、标准和省级下发的建筑施工安全生产文件,不能及时传达贯彻和落实到每一个施工现场,安全施工监管薄弱,检查、处罚不到位。

④高位瘫痪的脱节管理模式。激烈的市场竞争迫使相当一部分建筑施工企业实际丧失了自主权和控制权,被动地依附项目承建人,仅收取管理费,从而被迫违心听从和放任于项目承建人,项目承建人又把工程进行层层转包或分包,从而造成部分建筑施工现场,未能很好地贯彻落实有关建筑施工安全文件,造成政令不通和建筑施工现场失控的被动局面。

3. 成本控制问题

(1)投标环节存在的问题

由于受外部环境的影响和企业内部管理水平的制约,投标环节主要存在以下两方面的问题:

①建筑市场竞争日益激烈,投标报价风险加剧。投标单位为提高中标率,在报价时恶性竞争,相互压低报价,使造价降低幅度达到预算成本难以接受的程度,严重地制约了项目的效益水平。

②投标费用难以控制。由于建筑市场管理尚不规范,依然存在拉关系、找门路的情

况,投标费用占企业管理费的比例偏大,且有逐年上升之势。

(2)项目评估环节存在的问题

企业对中标项目进行评估,目的是通过评估编制该项目的目标责任成本预算,测算项目效益指标,然后根据评估结果签订项目目标责任合同,明确利润指标及其他经济指标。评估中存在的问题主要有:项目评估依据不统一;项目评估思路与方法随意性强;为了提高项目评估效益指标,有意压低应上交费用,变相降低项目应承担的劳动保险费等政策性费用,有违国家政策,侵害国家和职工的长远利益。

(3)考核奖惩环节存在的问题

项目竣工后由于种种原因决算工作较为滞后,有的一拖就是一年半载,给绩效考核带来困难。由于绩效考核不及时,项目完工后的费用控制常常被忽视,费用支出时有发生,对项目效益影响较大。此外,项目绩效考核存在奖罚不对等的现象,项目盈利了皆大欢喜,奖金不少发;亏损了就找客观原因,千方百计减轻处罚或不予处罚。这种奖罚不对等,其实质是企业缺乏科学公正的激励与约束机制,不利于调动广大员工的积极性,必然损害企业的长期利益。

3.4.3 加强建筑工程施工管理的对策

1. 建立质量保证体系

(1)加强工程质量监督的政府职能

工程质量监督工作不能因工程监理制的推行而削弱,特别是其中的政府职能还必须加强。一是加大对监理单位在施工现场表现的监督力度;二是加大对设计、勘察单位的监督力度;三是加大对工程质量的监督力度。

(2)施工企业必须改变其管理方式,建立健全质量责任制

首先,从企业实际出发构筑企业内部组织结构。企业的发展靠一定的结构支撑,只有在结构合理、功能优化、职责分明的前提下,才可能形成企业的鲜明特色,形成领先竞争对手的优势。其次,重视内部秩序的重组。工作秩序是一种责任要求和纪律要求,更是企业效率的保障。

2. 重视安全生产

安全生产是施工企业的大事,施工技术员是工人的直接领导,必须十分重视安全。在施工中做到一事一交底,事事派专人负责,随时随地纠正和处理违章作业,消除不安全因素,保证工人的人身安全,防止事故发生,具体措施如下:建章立制,完善体系,层层把关,逐级签订安全生产目标责任书。监督人员应检查和督促施工企业建立健全安全生产责任制和安全生产教育培训制度,制定安全生产规章制度和安全生产操作规程,完善安全保障体系,对制度不健全,体系不完善,责任不明确的施工企业,要求限期落实整改,做到"有章可循,违章必究"。

3.4.4 工程建设过程中各阶段管理工作需求

在工程建设过程中需要大量的管理工作。这些管理工作与技术工作、经济工作、组

织和信息工作紧密交织在一起,形成一个综合性的工程管理过程。

1. 工程前期的决策咨询工作

在工程的前期策划阶段,由于工程尚未立项,所以没有工程的专业性实施工作,主要体现为投资者或上层组织对工程的构思、目标设计、可行性研究和评价与决策。在这个阶段,需要如下工程管理工作。

①工程构思和机会的研究。

②对已有的问题、工程条件与资源进行调查研究和收集数据。

③工程目标系统的建立、分析和优化。

④提出实施目标的设想、总体实施方案的建议,提出工程建设建议书。

⑤进行可行性研究,并提出研究报告。

⑥工程场地选择及土地价值评价。

⑦工程建设和运行的风险分析。

⑧工程总进度与财务安排的计划。

⑨对工程进行技术评价、经济效益评价、环境评价、社会效益评价等。

2. 在设计和计划阶段工程管理的工作

(1)编制工程实施规划

要取得一个成功的工程,必须编制系统、周密、切实可行的工程实施计划。包括:

①工程目标的进一步研究和分析。

②工程范围的划定,对工程项目进行系统结构分解。

③对工程的环境进行进一步调查和分析。

④协助制订工程总体的实施方案和策略。

⑤制订工程各种职能型计划,如工程实施程序安排、工期计划、成本(投资)预算、质量计划、资源计划、采购计划、工程组织计划、资金计划、风险应对计划等。

(2)对规划设计的管理

包括:

①提出规划设计要求、确定工程质量标准和编制设计招标文件。

②对规划设计工作的管理,包括设计工作进度、质量、成本等控制和协调。

③设计文件的审查和批准工作等。

(3)工程的招标投标管理工作

包括:

①进行合同策划,进行工程分标,选择合同类型。

②起草招标文件和合同文件。

③进行资格预审。

④招标中的各种事务性工作,如组织标前会议,下达各种通知、说明。

⑤组织开标、评标,作评标报告。

⑥召开澄清会议。

⑦选择承包商,并签订合同。

⑧分析合同风险并制订应对风险的策略,安排各种工程保险和担保等。

(4) 工程实施前的准备工作

牵头进行施工准备,包括现场准备、技术准备、资源准备等,与各方面进行协调,签发开工令。

3. 工程施工过程的全面控制

工程施工控制的总任务是保证按预定的计划进行工程施工,保证工程预定目标的圆满实现。在现代工程中,施工过程作为工程的一个独特的阶段,对工程的成败具有举足轻重的作用。工程施工阶段是工程管理最为活跃的阶段。控制的主要方面有:

①工程施工条件的提供和保证。

②编制或审查工程施工组织设计和计划。

③工程实施控制:监督、跟踪、诊断项目实施过程;协调设计单位、施工承包商、供应商的工作;具体进行工程的范围管理、进度控制、成本(投资)控制、质量控制、风险控制、材料和设备管理、现场和环境管理、安全生产与文明施工管理、信息管理等工作,保证施工有秩序、高效率地进行。

④工程竣工的各项工作:编制工程竣工计划;工程的竣工决算;组织工程的验收与交接、费用结算、资料的交接;工程的运行准备;项目后评价,总结工程建设的经验教训和存在的问题;按照业主的委托对工程运行情况、投资回收等进行跟踪;协助工程审计;对工程的保修与回访工作的管理。

3.4.5 工程建设组织问题

工程项目组织是实现有效的项目管理的前提和保障,项目组织管理是项目管理的首要职能,其他各项管理职能都要依托组织机构去执行,管理的效果以组织为保障。

1. 组织的概念

"组织"一词可以作为名词来理解,也可以作为动词来理解。作为名词时是指组织机构,它原本是生物学中的概念,是指机体中构成器官的单位,是由许多形态和功能相同的细胞按一定的方式组合而成的。这一意义被引申到社会经济系统中,是指按照一定的宗旨和系统建立起来的集体。我们工作中的组织正是这种意义上的组织,它们是构成整个社会经济系统的基本单位。组织作为动词来理解时,是指一种活动的过程,即安排分散的人或事物使之具有一定的系统性或整体性。在这一过程中,体现了人类对自然的改造。管理学中的组织职能,是上述两种含义的有机结合而产生并起作用的。

项目组织适用于有一种专门的最终产品的事业,能够对环境和内部资源的改变作出迅速的反应。当从事的工作任务是复杂的(过程交叉,各种技术相互依存),需要各部门和各学科之间的综合,存在多个目标因素,则项目组织和管理方法的应用是十分有效的。

2. 项目组织的特点

项目的特点决定了项目组织和其他组织相比具有许多不同的特点,这些特点对项目的组织设计和运行有很大的影响。

(1) 项目组织的一次性

工程项目是一次性任务,为了完成项目目标而建立起来的项目组织也具有一次性。项目结束或相应项目任务完成后,项目组织就解散或重新组成其他项目组织。

(2) 项目组织的类型多、结构复杂

由于项目的参与者比较多,他们在项目中的地位和作用不同,而且有着各自不同的经营目标,这些单位对项目进行管理,形成了不同类型的项目管理。不同类型的项目管理,由于组织目标不同,它们的组织形式也不同,但是为了完成项目的共同目标,这些组织形式应该相互适应。

为了有效地实施项目系统,项目的组织系统应该和项目系统相一致,因为项目系统比较复杂,由此导致了项目组织结构的复杂性。在同一项目管理中可能用不同的组织结构形式组成一个复杂的组织结构体系,例如某个项目的监理组织,总体上采用直线制组织形式,而在部分子项目中采用职能制组织形式。项目组织还要和项目参与者的单位组织形式相互适应,这也会增加项目组织的复杂性。

(3) 项目组织的变化较大

项目在不同的实施阶段,其工作内容不一样,项目的参与者也不一样;同一参与者,在项目的不同阶段的任务也不一样。因此,项目的组织随着项目的不同实施阶段而变化。

(4) 项目组织与企业组织之间关系复杂

在很多情况下项目组织是企业组建的,它是企业组织的组成部分。企业组织对项目组织影响很大,从企业的经营目标、企业的文化到企业资源、利益的分配都影响到项目组织效率。从管理方面看,企业是项目组织的外部环境,项目管理人员来自企业;项目组织解体后,其人员返回企业。对于多企业合作进行的项目,虽然项目组织不是由一个企业组建,但是它依附于企业,受到企业的影响。

3. 项目组织的形式

组织结构形式是组织的模式,是组织各要素相互联结的框架的形式。项目组织形式可按组织结构和项目组织与企业组织联系方式分类。按组织的结构分,项目组织形式常见的有:直线制、职能制、直线职能制、矩阵制、事业部制等;按项目组织与企业组织联系方式分,项目组织的常见形式有:职能式(部门控制式)、纯项目式、矩阵式等。

3.4.6 工程中的信息问题

1. 工程项目信息管理的含义和目的

项目的信息管理是通过对各个系统、各项工作和各种数据的管理,使项目的信息能方便和有效地获取、存储、存档、处理和交流,项目的信息管理的目的旨在通过有效的项目信息传输的组织和控制为项目建设的增值服务。

由于工程规模大、周期长且特别复杂,在工程和工程管理中,需要同时产生大量的信息。工程通过信息运作,如发出指令,发出招标文件;通过信息协调工程组织成员。同时信息又是决策、计划和控制的依据;如目标设置、工程的市场定位、工程报价、确定实施计划都需要大量的信息。

工程竣工后,其有效的工程信息很多,如图纸、合同、各种审批文件、各种工程报告、报表、变更文件、用工单、用料单、会议纪要、通知等,另外还有大量的无效信息,如未中标的投标书、推销各种产品的广告等。据统计,信息处理在工程管理专业人员和工程师的工作中占有十分重要的地位,其工作时间的10%~30%用在寻找合适的信息上。

现代工程管理的研究表明,大量的组织障碍是信息问题造成的。工程中的许多问题,如成本的增加、工期的延误、争执问题都与工程组织中的沟通问题有关。据统计,工程中10%~33%的成本增加都与信息沟通问题有关。而在大中型工程中,信息沟通问题导致的工程变更和错误约占工程总成本的3%~5%。因此,如何有效提高信息沟通的效率、改进信息沟通的质量、降低信息沟通的成本,成为工程管理的一个突出问题。

2. 工程项目信息管理的任务

①负责编制、修改和补充信息管理手册,并检查和监督其执行。

②负责协调和组织项目管理班子中各个工作部门的信息处理工作。

③负责信息处理工作平台的建立和运行维护。

④组织收集、处理信息和形成各种反应进展状况的报表。

3. 工程项目信息的分类

工程项目信息可以从以下不同角度进行分类。

①按项目管理工作的对象分类,即按项目的分解结构进行信息分类。

②按实施的工作过程,如设计准备、设计、招投标和施工过程等进行信息分类。

③按项目管理工作的任务,如投资控制、进度控制、质量控制等进行信息分类。

④按信息的内容属性分类,如组织类信息、技术类信息和法规类信息等。

为了满足需要,可同时按上述方法对工程项目信息进行综合分类。

4. 建设工程项目信息编码的方法

为了有组织地存储信息,方便信息的检索和信息的加工整理,必须对项目的信息进行编码。编码是信息处理的一项重要基础工作,编码由一系列符号(如文字)和数字组成。

①项目的结构编码依据项目结构图,对项目的每一个组成部分进行编码。

②项目管理组织结构编码依据项目组织结构图,对每一个工作部门进行编码。

③项目实施的工作项编码应覆盖项目实施的工作任务目录的全部内容。

④项目的投资项编码并不是概预算定额确定的分部分项工程的编码,它应综合考虑概算、预算、标底、合同价和工程款的支付等原因,建立统一的编码,以服务于项目成本目标的动态控制。

⑤项目的进度项编码应综合考虑不同层次、不同深度和不同用途的进度计划工作项的需要,建立统一的编码,服务于项目进度目标的动态控制。

⑥项目进展报告和各类报表编码应包括项目管理形成的各种报表和报表编码。

⑦合同编码应参考项目的合同结构和合同的分类,应反映合同的类型、相应的项目结构和合同签订的时间等特征。

⑧函件编码应反映发函者、收函者、函件内容所涉及的分类和时间等,以便函件的检查和整理。

⑨工程档案的编码应根据有关工程档案的规定、项目的特点和项目实施单位的需求而建立。

5. 建设工程项目信息处理的方法

信息处理应考虑充分利用远程数据通信的方式。

①通过电子邮件收集信息和发布信息。

②通过基于互联网的项目专用网站(PSWS)实现项目参与各方之间的信息交流、协同工作和文档管理。

③通过基于互联网的项目信息门户(PIP)为众多项目服务的公用信息平台实现项目参与各方之间的信息交流、协同工作和文档管理。

④召开网络会议。

⑤基于互联网的远程教育与培训等。

3.5 法律平台

3.5.1 工程法律问题

现代社会是法治的社会。工程建设和运行投资额巨大,持续时间长,资金回收期长,工程结构十分复杂,专业性要求较高、施工露天作业时间较长,会影响或涉及许多方面的利益,承担很大的社会责任和历史责任。为了控制工程实施产生的不利影响,各地政府相继出台了一系列管理条例,针对工程建设的设计、施工、监理、行政监督管理等环节,明确工程管理的法律法规依据、技术依据和管理模式,提出了切实有效的控制措施。国家也为工程建设和运行颁布了各式各样的法律法规。例如,合同法、环境保护法、税法、招标投标法、建筑法、保险法、文物保护法等。由于工程的复杂性和特殊性,因此适用于工程建设和运行相关的法律法规数量非常多,是其他领域不可比拟的。工程在全寿命周期内都有可能碰到各种各样的法律问题。

建设工程法律法规体系是指由国家制定或认可,并由国家强制力保证实施的,旨在调整在建设工程的新建、扩建、改建和拆迁等有关活动中产生的社会关系的法律法规体系。根据我国立法权限,建设法律法规体系的基本框架分为五个层次(如图3.1所示),即国家法律、国家行政法规、国家部门规章和地方行政法规、地方部门规章。目前,我国已经形成了以《建筑法》、《城市房地产管理法》、《城市规划法》等8部建设法律为主干,《城市道路管理条例》、《城市房地产开发经营管理条例》、《建

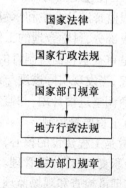

图3.1 我国立法的五个层次

设工程质量管理条例》等38部建设行政法规细化,以及建设部门规章和地方法规、规章为补充的较为完善的法律法规体系。

　　法律法规作为政府进行行业管理的重要手段,在建筑市场中发挥着不可估量的监督和规范作用,具有协调整个建筑市场政策有效运转,促进建筑行业的健康稳定发展的重要功能,正确理解和有效运用建设法律法规,是工程管理从业者必需的基本素养。一方面,在工程项目实施全过程中,前期工作涉及土地审批和城市规划等方面;中期工作涉及勘察设计、工程施工、工程监理等方面;后期工作涉及验收、评估、产权、物业管理、税收征收管理等方面,这些工作均需要在相应的法律法规指导规范下实施运行。另一方面,工程实施过程因拆迁、噪声、扬尘、堵塞交通和影响水、电、气、通信保障等难免会对原有设施设备的正常运行和人们的日常生活造成一定的影响。工程相关的法律问题和因此造成的后果已经引起了社会极大的关注。作为工程建设者一定要知法、懂法,既要保证自己不违法,也要保护自己不被他人侵权。

3.5.2　建设工程合同问题

　　建设工程合同在建设施工中发挥着重要的作用,它是缔约双方明确法律关系和一切权利与责任关系的基础,是业主和承包商在实施合同中的一切活动的主要依据。合同作为调节工程参加者各方经济责权关系的手段,工程参加者各方的工作目标、责任、权利、相关利益(如工程价格和支付)都由与之相关的合同规定。合同又是工程过程中参加者各方的行为准则和各种活动的依据。而一旦发生了争执,合同是解决争执的依据。有效的合同管理是促进参与工程建设各方面履行合同约定的义务,确保建设目标(质量、投资、工期)的重要手段。

1. 建设工程合同的范围

　　建设工程合同管理的业务面很广,每项业务都有规定的程序和方法,包括进度控制、图纸和规范、工程施工设备、材料、施工质量控制、施工条件、安全检查、现场会议、合同变更和索赔、工程风险的合理负担、工程验收、劳务和分包合同的管理、仲裁和纠纷的协调处理、档案资料管理等。

　　(1)工程进度控制

　　工程监督涉及业主和承包商的利益,计划是工程进度控制的依据,也是管理工作的重要组成部分,科学合理的工作进度计划是保证施工工期的前提条件。工程进度的控制主要是审查承包商所制订的施工组织计划的合理性和可行性,并对计划的执行情况进行追踪,当发现实际进度与计划不符时,及时提醒承包商,帮助分析查找原因,适时指导承包商调整进度计划,并监督和促进其采取行之有效的补救措施。

　　(2)工程质量控制

　　质量是工程建设的核心,也是管理的核心工作,做好质量管理和控制应采取以下措施:明确职责,实行分级管理。在质量管理方面建立行之有效的管理体系,做到承包商自检、监理员检查和现场监理工程师抽查三者有机结合,形成一个上下贯通、内外连成一体的质量管理网,把好质量管理关,严格按规范施工。在日常管理中,监理应做到严格按质量标准办事,做到单项工程准备工作不足不准使用,未经批准的施工图纸不得使用,未经同意不得变更工程设计,未经检验或经检验不合格的材料不准使用,未经试验或证明不可行的施工方案不准采用,上道工序未经认可不得进行下道工序,未经质量检验认可的工程不可计量等。

(3)工程付款控制

工程付款控制是合同管理中的一项重要内容,是行之有效的手段,是各项工作按合同规定程序进行的保证。通过进度付款对工程投资随时加以控制,同时也通过付款对工程质量控制具有很强的否决权。

2. 建设工程合同中存在的问题

目前,我国建设市场发育尚不完善,工程建设合同在实施中还存在诸多问题,主要有以下几方面:

(1)合同双方法律意识淡薄

少数合同有失公正,合同文件存在合同双方权利、义务不对等现象,还有的签订"阴阳合同",严重扰乱了建筑市场秩序。从目前实施的建设施工合同文本看,施工合同中绝大多数条款是针对发包方制订的,其中大多强调了承包方的义务,对业主的制约条款偏少,特别是对业主违约、赔偿等方面的约定不具体,也缺少行之有效的处罚办法。建筑市场的过度竞争、不平等合同条件等问题也给索赔工作造成了许多干扰,再加上承包商自我保护意识差、索赔意识淡薄,导致合同索赔难以进行,受损害者往往是承包商。违法承包人利用其他承包商名义签订合同或超越本企业资质等级签订合同的情况普遍存在。有些不法承包商在自己不具备相应建设项目施工资质的情况下为了达到承包工程的目的,非法借用他人资质参加工程投标,并以不法手段获得承包资格,签订无效合同。还有违法签订转包、分包合同情况,一些承包商为了获得建设项目承包资格,不惜以低价中标。在中标之后又将工程肢解后以更低的价格非法转包给一些没有资质的小的施工队伍。这些承包商缺乏对承包工程的基本控制步骤和监督手段,进而对工程进度、质量造成严重影响。

(2)不重视合同管理体系和制度建设

一些建设项目不重视合同管理体系的建设,合同归口管理、分级管理和授权管理机制不健全,谁都可以签合同,合同管理程序不明确,或有制度不执行,该履行的手续不履行,缺少必要的审查和评估步骤,缺乏对合同管理的有效监督和控制。

(3)缺乏健全的合同管理机构

政府有关部门要对建设工程施工合同实施监督、检查等管理;施工单位、建设单位更要对施工合同进行管理。有些地方的合同管理机构不健全,对合同的审查、监督和检查不得力。建设单位没有建设工程施工合同管理的力量,遇到建设工程,便委托给监理公司,而目前监理公司的机构设置不规范,合同管理力量薄弱,往往很难胜任建设单位的委托;施工单位,特别是中、小型施工单位,重视公关和预算管理,轻视施工合同管理,甚至没有专门从事施工合同管理工作的机构。

(4)缺乏专业人才

建设合同涉及内容多、专业面广,合同管理人员需要有一定的专业技术知识、法律知识和造价管理知识。很多建设项目管理机构中,没有专业技术人员管理合同,或合同管理人员缺少培训,将合同管理简单地视为一种事务性工作,甚至有的合同领导直接敲定由一般办公人员办理合同,一旦发生合同纠纷,缺少必要的法律支援。

(5)不重视合同归档管理,管理信息化程度不高

合同管理手段落后,一些建设项目合同管理仍处于分散管理状态,合同的归档程序、要求没有明确规定,合同履行过程中没有严格的监督控制,合同履行后没有全面评估和总结,合同管理粗放。很多单位签订合同仍然采用手工作业方式进行,合同管理信息的采集、存储加工和维护手段落后,合同管理应用软件的开发和使用相对滞后;没有按照现代项目管理理念对合同管理流程进行重构和优化,没能实现项目内部信息资源的有效开发和利用,建设项目合同管理的信息化程度偏低。

3. 完善建设工程合同的措施

(1)加强合同管理体系和制度建设

项目建设各方要重视合同管理机构设置、合同归口管理工作。做好合同签订、合同审查、合同授权、合同公证、合同履行的监督管理。建立健全合同管理制度,严格按照规定程序进行操作,以提高合同管理水平。

(2)借鉴国际经验,推行适用于市场经济的合同示范文本

随着我国加入WTO,建筑市场同样面临对外开放问题,在工程管理的许多方面要与国际管理接轨。因此,在合同管理方面,要不断借鉴国际先进经验,以加速建立和完善市场经济需求的合同管理模式。新的建设工程施工合同示范文本,很大程度上参考了FIDIC文本格式,较以往合同文本有较大的改进,有利于促进建筑市场的健康、有序发展,应该严格执行。

(3)加强工程招标投标管理

加强工程招标投标管理,建立与工程量清单项配套的工程管理制度及合同管理制度。国家已经出台了招标投标法,并全力推行工程量清单报价体制。但在招标形式和方法上要兼顾业主和承包商的双方利益,过分追求招标过程的严格、完善,并不一定能达到招标的最佳效果。建议在招标形式上应该重视原则,突出效果。同时,在工程量清单计价法推广实施后没有新的计价办法配合相应的合同管理模式,使得招标投标所确定的工程合同价实施过程没有相应合同管理措施。建议尽快研究相应配套措施和管理办法,健全体制,完善操作。

(4)加强对承包商的资质管理

通过严把建筑承包商资质管理关,从总量上控制建筑施工队伍的规模,解决目前建筑市场上供求失衡与过度竞争问题,从根本上杜绝压级压价。同时,各级建设行政主管部门要加强对承包商参与市场行为的监督管理,对承包商的违法行为要严肃处理,维护正常的建设市场环境,确保建筑市场的规范、健康发展。

(5)加大合同管理力度,保证施工合同全面履约

为保证施工合同全面履行,建设行政管理部门应把施工合同工作列为整顿规范市场工作的重要内容。要在严把审查关的基础上,加大履约管理力度。对资金不到位的

项目不予办理工程报建手续,不得组织招标投标,建设行政主管部门不予办理施工许可;坚决取缔垫资、带资施工现象,努力净化建筑市场,进一步维护承包商的合法利益。

(6)重视合同后评估

合同后评估是合同管理的总结阶段,往往不被重视,其实合同后评估工作是件很重要的工作,它是对合同好坏、管理得失的评估,它可为下一工程项目造价控制提供可借鉴的经验。合同后评估工作主要是总结合同执行情况,对合同管理好的经验加以推广,对过时、不符合现行法律法规,以及不严谨、容易被对方索赔的条款要加以改正。影响工程造价的不确定因素可分为可预见和不可预见因素,可预见不确定因素应作为普遍性问题,不可预见不确定因素作为可追溯事件加以标识,通过合同后评价加以鉴别,并在以后工程合同中加以明示或指定相应的预防措施。

【本章小结】

1. 技术平台:建筑结构是指在建筑物(包括构筑物)中,由建筑材料做成用来承受各种荷载或者作用,以起骨架作用的空间受力体系。建筑结构因所用的建筑材料不同,可分为混凝土结构、砌体结构、钢结构、轻型钢结构、木结构和组合结构等。广义上的建筑材料是建筑时所用一切材料和制品的总称,种类极为繁多。施工技术是以各种工程施工的技术为对象,施工方案为核心,结合具体工程的特点,选择最合理的施工方案和最有效的施工技术措施。

2. 经济平台:工程的融资方案、工期安排都会对工程的建造成本(造价、费用),工程产品的价格、收益、利润、投资回报产生影响。这些都会影响工程的经济效益。

3. 管理平台:质量管理、安全管理、成本控制。

4. 法律平台:建设工程法律法规体系是指由国家制定或认可,并由国家强制力保证实施,旨在调整新建、扩建、改建和拆迁等有关活动中产生的社会关系的法律法规体系。

【本章习题】

1. 建筑结构中常见的结构受力体系类型有哪些?
2. 建筑材料按照不同的分类标准,可以划分成哪些种类?
3. 什么是项目投资?其影响因素主要有哪些?
4. 工程的产出效益有哪些方面?分别是什么?
5. 什么是组织?具有哪些特点?项目组织的形式有哪些?
6. 信息管理的含义和目的是什么?
7. 建设工程项目信息处理的方法有哪些?
8. 建设工程施工管理中存在哪些问题?解决对策是什么?
9. 根据我国立法权限,建设法律法规体系的基本框架分成哪几个层次?
10. 我国建设工程合同在实施中存在哪些问题?解决对策是什么?

第4章 国际工程管理概述

【本章学习要求】

本章阐述了国际工程管理的概念、国际工程市场的现状和特点,分析了我国公司在国际工程市场中的地位,指出了发展我国国际工程事业必须解决的问题。通过本章学习,学生应全面了解国际工程、国际工程管理等基本概念及其主要内容,掌握国际工程管理的基本特点。

【本章主要概念】

国际工程　国际工程管理　国际工程咨询　国际工程承包

4.1 国际工程管理概念

4.1.1 国际工程的概念

工程是一个通用名词,有广义和狭义之分。

国际工程还没有一个完整的学术定义,可以从两个方面来理解:国际工程包括咨询和承包两大领域;国际工程包含国内和国外两个市场。

1. 国际工程咨询

国际工程咨询是指在工程项目实施的各个阶段,咨询人员利用技术、经验、信息等为客户提供的知识密集型的智力服务。它包括对工程前期的投资机会研究、可行性研究、项目评估、勘测、设计、招标文件的编制、监理、管理、后评价等工作。

2. 国际工程承包

国际工程承包是指工程公司或其他有工程实施能力的单位通过国际性投标竞争,接受业主委托,为工程项目或其中某些子项目所进行的建造、设备采购及安装调试、提供劳务等工作。

按照业主的要求,有时也作施工详图设计和部分永久工程的设计。尽管国际工程可分为两大类,但两者可从事的业务范围并没有严格的划分。

4.1.2 国际工程的特点

1. 工程建设产品自身的特点
①产品的固定性与生产的流动性。
②产品生产与交易的统一性。
③生产的个体性和产品的单件性。
④产品的社会性和交易的长期性。
⑤建筑产品的不可逆转性。
⑥产品的价值量大、造价高。
⑦工程项目的整体型和分部分项工程的相对独立性。

2. 国际工程独有的特征——国际性
①合同主体的多国性。
②按照严格的合同条件和国际惯例管理工程。
③政治、经济因素的风险增大。
④规范标准庞杂。

4.1.3 国际工程管理的概念

所谓国际工程管理,是指一个工程项目的参与者来自不止一个国家,并且按照国际上通用的工程项目管理模式进行管理的工程。从我国的角度看,国际工程包括我国工程单位在海外参与的工程,也包括大量的国内涉外工程,如利用世界银行等国际金融组织的贷款项目,因而国际工程属于国际经济合作范畴。国际工程通常可以分为两个主要领域:一个领域是国际工程咨询;另一个领域是国际工程承包。

在国际工程市场上,工程咨询公司和工程承包公司可从事的业务范围并没有被严格划分,一些有实力的咨询公司涉足的往往不是单纯的设计咨询任务,而许多承包公司正在向提供全面服务发展,承揽"设计施工"项目。近年来,国际工程咨询与国际工程承包已呈现出相互渗透、相互竞争的形势。

4.1.4 国际工程管理的特点

1. 合同主体的多国性

国际工程签约的各方通常属于不同的国家,受多国不同法律的制约,而且涉及的法律范围极广,诸如招标投标法、建筑法、公司法、劳动法、投资法、外贸法、金融法、社会保险法、各种税法等。

一个大型的国际工程建设可能属于不同的国家,也可能涉及多个国家,如业主、承包商、承担设计、设备制作与安装及各专业工程的分包商、咨询工程师贷款银行和劳务等,这就使得有多个不同的合同来规定它们之间的法律关系,而这些合同中的条款并不一定都与工程所在国的法律、法规一致。这样的情况使得项目各方对合同条款的理解容易产生歧义,当出现争端时,处理起来往往较为复杂和困难。

2. 合约内容的完整性

合约内容的完整性和执行过程的严肃性是国际工程管理中又一个核心内容与特点。在工程管理实施过程中会签署和执行多种多样的合约,如总承包合约、主分包合约、各专业工程合约、物资及设备采购合约等。国际工程中,对合约的要求是:

包括合约双方的责任和义务、完成和交货的时间要求、价格、需要承担的有关社会的法律责任(如工业安全、环保条例、雇用条例等)、违约的处罚规定、纠纷解决的办法和途径、投诉机制等。内容不可以与现行的有关法律抵触,否则,有关内容尽管双方认可,但实际上可能无效。

国际上双方签署的合约,是一份有法律效力的文件,故在执行过程中十分认真和严肃。合约的严格执行,不仅可以保障工程管理过程的顺利进行,维护各方的权益,规范各方的责任,还可营造一个和谐的社会经济秩序,这不仅需要所有参加执行合约的人从思想认识和个人行为上予以重视,全社会也会为认真严格执行合约而建立相应的保障体系与强制体系,以确保合约的严肃性。例如,任何一方均不能以工程亏损为由而终止合约,任何一方不能以超出合约的要求去约束对方。最简单的,即便工程亏损了,只要有能力也要做到底,否则只有破产清盘,淘汰出局。

3. 人才的"国际化"

建筑随着人类社会生产力的提高不断发展,现代建筑一方面向大规模、高难度发展,另一方面向高科技、高智能方向发展。大楼越建越高,桥跨越建越大,隧道越挖越高难,同时智慧智能、舒适环保、绿色节能等新技术不断被运用到建筑之中,赋予了建筑新的特色。由此,现代建筑工程表现出周期长、环节多、涉及面广、技术复杂、耗资巨大等特点,直接导致工程管理的难度不断提高。

所谓工程管理的国际化就是欧美化,简单地讲就是采用欧美标准,靠近欧美体系,与欧美做法接轨,如采用西方的质量体系、质量标准、工作程序等。要实现工程管理国际化,必须认识到国际工程的特点,认清国际化的实质,领会到国际工程管理的精髓。

可以说,国际化人才是国际化经营管理的副产品,因为国际化经营并不以培养国际化人才为主要目标。但国际化的人才对于实现企业的国际化管理和工程管理的国际化十分关键。而各类人才国际化的途径与特征应该是:

通过各种途径,学习和掌握世界先进的科学知识,这些知识不仅具有先进性,还必须具有实用性与可操作性。

具有同世界上同业同行长期工作、合作的经历和经验,熟悉国际通用做法,理解国际工程管理的精神。

具有同世界上同行们长期工作、合作的基本技能和能力。

一言以蔽之,"国际化"人才的标志是具备同国际上同行一起工作,具备担任一定重要管理职能的知识、经验和能力。

要进行国际工程管理和实现工程管理的国际化,不单单是一些条条框框的国际化,不仅仅是一些规则制度的国际化,更重要的是领会国际化的内涵,能够把握国际化所提倡与强调的公平、合理、公正、公开的原则,把握国际化所强调的诚信意识、合约精神与专业精神,拥有一批国际化的人才,理解国际化的内涵。只有如此,才能真正实现工程管理的国际化。

4. 管理原则的公平、透明性

公平、公正、公开、透明是重要的国际市场原则,是国际工程管理的特点,也是一个重要的管理原则。在工程管理过程中,规范每一个环节与程序,努力使交易过程保持公平、公正、公开、透明,同时又兼顾效益是社会发展的方向与目标。这不仅可以保证工程成本的合理受控,顺利进行,而且有助于杜绝各种违法乱纪和不廉政的现象发生,捍卫开放、公平的竞争环境,保持社会经济运行的高效、人际关系的融洽。

公平、公正、公开、透明是市场体系运行的基石。没有公正和诚信就没有道理规则可言,无论条文多完善、定义多清晰,失去诚信的一切契约都会流于形式;同时,没有公开透明,公正也就没有保障,黑箱作业、台底交易会泯灭公平与公正。公平、公正、公开、透明也是世界贸易组织的采购原则。它不但是对一个成熟完善市场的要求,也是对涉及的每个社会个体、具体过程的要求。要很好地做到这一点并不十分容易,从世界先进发达国家的做法,我们可以看到,一般至少需要:

(1)体制上的保障

不同的企业,它的体制可以有若干变化,但要达到公开、公平、公正的体系目标,通常采用决策、管理、操作三个环节相对独立的做法。例如,中国香港长期以来采取的是业主(出资方或甲方)聘用顾问公司,由顾问公司全权代表业主管理承包商。顾问公司具有相当强的专业水平和业务能力,这样可以有效保障工程管理全过程的顺利进行,大大减少了业主在工程管理过程中,过多地和不恰当地干预承包商工作的现象,避免了许多矛盾和问题的发生。

(2)工作程序上的保障

在工程管理过程中的每一个环节(如招标投标、物资采购、分包)都必须有一个合理、透明的工作程序。要做到在工作程序上的公开、公平、公正,关键是减少和避免在决策过程中的过多的个人行为和主观影响。这就需要在具体的工作过程中,通过文件、规程、合约等形式事先对某一项工作程序有一个明确的、定性的、定量的标准和尺度。

5. 法律体系的全面性

国际工程的参与者不能完全按某一国的法律法规或靠某一方的行政指令来管理,而是采用国际上已多年形成的严格的合同条件和工程管理的国际惯例进行管理。一个国际工程项目从开始至投产其实施程序具有一定的规范化,为保证工程项目的顺利实施,参与者必须不折不扣地按合同条件履行自己应尽的责任和义务,同时获得自己应有的权利。合同条件中的未尽事宜通常应受国际惯例的约束,使得经济利益产生矛盾的各方,尽可能取得一致和统一。

建筑行业和其他行业一样,在经营过程中要与全社会接触,要同各行各业打交道,在这些交往过程中,一定会出现分歧、矛盾和纠纷,健全而完整的法律体系,不仅能够严格规范企业的经营行为,而且将保障企业各种正当的商业行为得到法律保护。

建筑工程的实施和工程管理的过程不仅在限定的时间与空间中进行,更是在特定的社会环境中进行,所以必然受到法律的保障和规限。例如在中国香港,直接涉及与建筑行业有关的法律、法例达上百条,基本上能够保证在建筑工程实施和工程管理全过程中,事事均有法可依,而事事均须依法行事。在中国建筑行业长期存在的一些比较严重、比较突出的问题,如工人欠薪、相互拖欠工程款(即三角债)、豆腐渣工程等,除有突出的管理体制上的毛病外,更主要的是法律不健全、不完善,执行机制不科学、不合理、不严格,而使这些不良现象积症难解。

应该强调的是,各种相关法律制定和颁发的基础和理念应该与国际上同类法律相互包容,采用的版本(立法理念和一般内容)在国际上也必须具有公认性和通用性。

4.2 国际工程市场

4.2.1 国际工程市场的出现

一个国家的国民经济发展、社会生活水平的提高会从各个方面促进本国建筑市场和建筑业的发展。国际工程市场是随着一国的建筑市场的发展而形成的。由于建筑业在带动经济发展和就业方面的特殊作用,政府往往对建筑市场进行保护,限制外国承包商参与国内建筑市场的竞争,使国内的建筑市场优先满足国内承包商的要求。例如,有些国家政府有明确规定外国承包商只能在本国承担国外投资,这种只能由本国承包商承担的项目称为国内市场。

当国民经济发展到一定程度,会因种种原因出现本国承包商不能满足工程市场需要的情况。这时,政府就会允许外国承包商直接参与本国的建设项目。这样,在本国的建筑市场内就出现了一些由外国承包商承担的项目,从而在国内建筑市场内形成了国际工程市场。

促使一国向外国承包商开放本国工程市场的原因主要有以下几个方面:

1. 本国承包商没有能力承担某些工程

当一个国家的经济实力发展到一定程度后,需要建设一些特殊的工程,如超高层建筑、特大型桥梁、填海造地等。完成这些特殊的工程需要一些特殊的设备和技术,本国的承包商没有能力购买和掌握这些技术和设备,而且从投资的角度看,也不可能要求本国承包商购买这些技术和设备。

2. 引进外部投资的需要

在经济发展过程中,建设资金不足是各国政府面临的主要问题之一。为解决建设资金问题,政府允许外部资金投资于本国的基础设施建设。外部投资主要有两部分,一是以盈利为目的的私人资本投资,二是以援助为目的的外国政府和国际金融组织。外部投资的项目往往要求政府允许外国承包商承担项目的建设工作,特别是外国政府和国际金融组织贷款的项目。私人资本投资的项目往往也希望外国承包商参与竞争,以达到降低成本、控制工期和保证工程质量的目的。

3. 自然资源开发的需要

自然资源的开发对促进国家经济的发展有非常重要的作用。当一国的经济实力、技术力量等方面无力开发自然资源的时候,政府就需要以各种方式引进外国承包商进行资源的开发。

4. 市场竞争的需要

为保持工程市场的竞争态势,满足基础设施建设的需要,政府对外开放承包工程市场,让外国承包商参与国内的建设。

4.2.2 国际工程市场的现状和特点

1. 国际工程市场的现状

国际工程市场是一个广阔的市场,要准确地统计全世界各国的咨询公司和承包公司在国外的合同额和营业额是非常困难的。因而,在实际上国际工程界统计的国际工程总规模习惯上采用以若干家大公司的咨询或承包额来表示,而不是统计所有的国际工程公司在国外的合同额或经营额。这种统计方法从客观上反映了国际工程市场的规模和分布,从中可以看出发展的趋势和存在的问题。下面介绍的国际工程承包和咨询情况,根据美国"工程新闻记录"近几年来发表的统计数字汇总,亚洲工程承包市场较为活跃,大致保持了世界承包国外营业额的三分之一左右。由于金融危机,预计亚洲的工程项目增长率将受到影响,但从长远来看,亚洲仍是潜力巨大的工程市场。欧洲工程市场容量基数较大,是稳步发展地区。北美地区工程市场的营业额居中,是由于美国的大部分工程项目为美国本国的公司获得,而实际上北美也是一个很大的工程市场。中东地区由于受战争、油价等因素的影响市场变化较大。非洲市场容量增长不快,而拉美地区的营业额连续两年递增10%以上。在国际工程承包这个大市场中,目前美国、日本和欧洲发达国家的大公司占主导地位。

2. 国际工程市场的特点

(1)工程项目趋于大型化和复杂化

国际工程市场随着国际政治形势、社会经济发展和科学技术进步而不断发展变化。目前的国际工程公司的实力与规模效益明显,工程项目趋于大型化和复杂化。一些规模大、实力雄厚的公司在竞争大、中型项目时,具有明显的优势,获得更多的中标机会,从而得到较高的经济效益。国际工程市场的这一特点,促进了一些大、中型公司纷纷相互联合、兼并,增强在世界各地区、各行业市场的竞争实力或垄断地位。

(2)东道国实行地方保护主义政策

为了维护本国工程公司的利益,许多工程项目东道国实行地方保护主义政策,对外国公司进入本国市场采取限制条件,如有一些发展中国家规定,外国公司不能单独承揽该国的建设项目等。国际工程咨询、承包公司为了打破这些限制,占领市场,纷纷与当地公司建立起各种形式的联营公司。

(3)国际工程市场呈现多元化的状况

近年来,美国目前有大约三分之一的项目采用国际工程市场流行的"设计施工"方式,这种方式运作能为业主提供比较全面的服务。这种趋势促使工程咨询设计与工程施工的密切结合,打破了传统观念上的咨询公司和承包公司的业务范围的划分和原有的工作方式,出现了大批的承包公司涉足咨询业务,以工程设计为龙头带动工程承包;而有实力的咨询公司总承包工程项目并组织施工分包。一种普遍的现象是咨询公司与承包公司相互联合承揽工程项目。

(4)国际工程市场对工程公司的要求不断提高

一方面是业主希望以低成本、高效率实施工程,以求得到较高的投资回报率,他们要求咨询、承包公司引进新工艺、新技术与科学管理;另一方面,随着国际市场竞争加剧,工程公司为了获得项目常常采取低利润率报价,这就相当于承担了较大的风险。因此,也需要依靠先进的技术和科学的管理来降低成本,取得竞争优势,保障公司生存和发展。

4.2.3　现代国际工程市场的发展趋势

2003年以来,全球建筑市场欣欣向荣;2005年,国际工程市场日益繁荣。活跃的市场环境促进了国际工程市场的良性竞争。越来越多的承包商,特别是来自中国和印度等发展中国家的公司跻身国际市场,以劳动力成本低廉、价格谈判空间较大等优势逐步扩大其市场份额。

1. 逐步扩大的竞争者行列

随着企业规模逐步扩大、从业经验逐年增加、经营理念和管理方法逐渐与国际惯例接轨,中国国际工程的竞争力日益增强。2005年,46家中国企业名列225强,其国际市场营业额总计100.7亿美元,比2004年增长14.0%,占225强国际市场营业总额的5.3%。中国建筑工程总公司以20.8亿美元的骄人业绩稳居中国企业龙头老大之位,并且再次跻身全球20强,占到当年225强营业总额的1.1%,在46家中国企业营业总额中占据20.6%的份额。尽管发展中国家的承包商竞争力不容小觑,但总体来看,来自发达国家的企业依然是国际工程承包市场的主角。2005年,131家欧美日企业总计完成1 666.2亿美元,占225强当年国际市场营业总额的88.0%。欧美日承包商几乎垄断了欧洲、美国和加拿大等发达国家市场。

2. 以房建、交通运输和石化项目为主的行业市场

2005年,国际工程市场发包项目以房屋建筑、交通运输和石油化工项目为主,分别占27.8%、26.9%和17.7%。同时,这三个行业的增长速度也达到了26.9%、15.5%和9.2%。全球前5强和中国建筑工程总公司在各行业市场的业绩分布充分表明了房屋建筑、交通运输的重要性。

(1)房屋建筑

2005年,225强在房屋建筑行业完成的营业额达到526.3亿美元,同比增长26.9%。霍克蒂夫公司(德国)、斯勘斯卡公司(瑞典)、鲍维斯林德公司(英国)、斯特拉巴格公司(奥地利)、RoyalBAMGroupNV(荷兰)、维西公司(法国)、中国建筑工程总公司(中国)、布依格公司(法国)、比尔芬格柏格建筑公司(德国)和法罗里奥集团(西班牙)

等10家公司成为房屋建筑的最强者,完成营业额合计为330.2亿美元,占当年房屋建筑市场份额高达62.7%。

(2)交通运输

225强在交通运输行业完成的营业额达到508.8亿美元,同比增长15.5%。布依格公司(法国)、维西公司(法国)、柏克德集团公司(美国)、斯特拉巴格公司(奥地利)、霍克蒂夫公司(德国)、法罗里奥集团(西班牙)、RoyalBAMGroupNV(荷兰)、斯勘斯卡公司(瑞典)、比尔芬格柏格建筑公司(德国)和鲍佛贝蒂公司(英国)等10家交通运输行业龙头企业共完成营业额335.3亿美元,占2005年交通运输行业市场的65.9%。

(3)石油化工和工业

石油化工和工业2005年的发包额为436.6亿美元,行业10强完成总计为257.7亿美元,占59%。它们是:泰克尼普集团(法国)、福陆公司(美国)、柏克德集团公司(美国)、JGC公司(日本)、斯南普罗格蒂公司(意大利)、阿莫克公司(英国)、Petrofac有限公司(英国)、AkerKvaernerASA(挪威)、联合承包商国际公司(希腊)、比尔芬格柏格建筑公司(德国)。

(4)其他行业

2005年,其他行业发包额为150.8亿美元,占总额比重为8.0%,比2004年的169.3亿美元下降了10.9%。

3. 机遇与风险并存的地区市场

2005年的国际工程市场异常繁荣,在面临巨大市场机遇和巨额市场收益诱惑的同时,也必须清醒地看到潜在的市场风险。

欧洲已成为国际工程承包市场的核心,在225强国际市场营业总额中所占份额已超过三分之一。而往年与欧洲平分秋色的亚太地区已退至次席,而且所占份额也跌至17.8%。拉丁美洲、加拿大、中南非等地区尽管市场份额较小,但2005年均以20%的增幅高速增长,为世人所瞩目。与之相反,北非和加勒比海地区却停滞不前,甚至出现了约15%的负增长。

4.3 发展中的我国国际工程事业

4.3.1 我国公司在国际工程市场中的地位

1. 我国公司在国际工程市场的地位

我国国际工程公司对外咨询、承包工程事业是改革开放政策的产物,是在过去对外援助的基础上发展起来的,至今已有近二十年的历史。在此期间,这项事业从无到有,从小到大,克服了重重困难,取得了令人瞩目的业绩。

我国国际承包公司发展很快,从1994年开始,中国公司开始进入世界最大企业的行列,有39家公司跻身于世界承包225强,11家公司跻身于设计咨询200强。

同国际工程承包相比,我国的国际工程咨询起步较晚,20世纪80年代获得的项目很少,自1993年2月成立"中国国际工程咨询协会"以来,局面有了很大的改变,有对外经营权的中国国际工程咨询协会的会员单位已由刚成立时的56家,发展到2002年的244家。

2. 我国公司在国际市场存在的不足
①我国公司的规模普遍较小。
②分散经营,各自为政。
③经营范围狭窄,难以取得综合效益。
④缺乏融资能力。

3. 我国公司在国际市场发展中的思考
①深化改革,加快我国对外经济合作公司的实业化、集团化、多元化和国际化的步伐。
②促进和发展各种联合,包括项目的联合投标、组建集团公司、合并与兼并、参股投资等方式扩大企业规模和经营规模。
③创建有经营特点的经营实体。
④实现多元化经营方针。
⑤积极探索、研究、参与国内外的BOT项目。
⑥实现国际化经营。

4.3.2 国际工程项目参与各方

1. 业主

业主是指建设单位,有时也称雇主,我国习惯叫发包方或甲方。业主是工程项目的提出者、组织论证立项者、投资者、决策者、资金筹集者、项目实施的组织者,也是项目的产权所有者,并负责项目生产、经营和偿还贷款。业主机构可以是政府部门、社会法人、国有企业、股份公司、私人公司以及个人。

任命一个公正和有职业道德的咨询工程师,负责管理合同的日常运用。

按时向承包商提供勘测设计和正常施工所必需的全部基础资料,同时要对质量负起全部责任,并应提供必要的工作和生活条件。

把项目用地移交给承包商;不得干扰或阻碍项目的正常施工;指定分包商;按时足额拨付工程进度款。

2. 业主代表

业主代表指由业主方正式授权的代表,代表业主行使在合同中明文规定的或隐含的权利和职责。

业主代表无权修改合同,无权解除承包商的任何责任。

在传统的项目管理模式中,对工程项目的具体管理均由监理工程师负责。

3. 承包商

承包商受雇于业主,是工程项目的承包单位,我国习惯叫承包方或乙方。

承包商通常指承担工程项目施工及设备采购的公司、个人或他们的联合体。如果一家公司与业主签订合同,将整个工程的全部实施过程或部分实施过程中的全部工作承包下来,则叫总承包商。

4. 工程师/建筑师

工程师/建筑师均指不同领域和阶段负责咨询或设计的专业公司和专业人员。

在不同的国家其称谓也有所差异。一般也称咨询工程师。咨询工程师一般简称工程师,指的是为业主提供有偿技术服务的独立的专业工程师,服务内容涉及各自专长的不同专业。

5. 分包商

分包商是指那些直接与承包商签订合同,分担一部分承包商与业主签订合同中的任务的公司。业主和工程师不直接管理分包商,他们对分包商的工作有要求时,一般通过承包商处理。

承包商与分包商签订合同时应注意:代理协议书一定要有时效限制;工程合约数额较大的项目原则上应按绝对固定数定死佣金数;应尽量避免一次付清佣金;承包商应该把某些初期费用等让分包商承担。

6. 供应商

供应商是指为工程实施提供工程设备和建筑机械的公司或个人。一般供应商不参与工程的施工,但是有些设备供应商由于设备安装要求比较高,往往既承担供货,又承担安装和调试工作。

供应商既可以与业主直接签订供货合同,也可以直接与承包商或分包商签订供货合同,视合同类型而定。

7. 工料测量师

工料测量师是英国、英联邦国家以及中国香港对工程造价管理人员的称谓。在美国叫造价工程师或成本咨询工程师,在日本叫建筑测量师。

工程测量师的主要任务是为委托人(一般是业主,也可以是承包商)进行工程造价管理,协助委托人将工程成本控制在预定目标之内。

4.3.3 开拓我国国际工程事业新局面

在新的世纪即将来临之际,我国国际工程公司面临着一个大有可为的良好机遇。全球经济的稳步发展,形成了一个规模宏大的国际工程市场;我国改革开放不断深化,为我国工程公司创造了快速发展的良好环境。现在的问题是如何发挥我们的资源优势,克服各种不利于发展的制约因素,增强我国公司在国际市场上的综合竞争实力,不断进取,再创佳绩。当前制约我国国际工程事业进一步发展的因素主要是:新型管理人才缺乏;经营管理机制落后;资金筹措能力差;工程信息渠道不畅。

国际工程是一项充满风险的事业,国际工程公司要在激烈的国际竞争中站稳脚跟、开拓国际工程市场、减少失误、获取利润、求得生存与发展,最迫切需要的是一大批复合型、开拓型、外向型的中、高级国际工程管理人才。"复合型"主要是指知识结构要"软"、"硬"结合,既要有坚实的专业技术基础,又要通晓管理,有经济头脑,并具有较高的外语水平。"外向型"主要指要熟悉国际惯例：在技术方面，要熟悉国外的技术规范和实验标准；在经济方面，要了解金融、外贸、财会、保险等有关知识；在管理方面，要熟悉国际工程管理的模式和要求，懂得国际通用的项目软件的应用；在外语方面，应具有听、说、读、写的能力，能熟练地阅读招标文件，直接用外语进行合同谈判和技术问题商谈。"开拓型"主要指要有远见卓识，对商务敏感；有正确的判断能力和快速应变能力，掌握社交公关技巧；有进取精神，会主动寻找机会；有强烈的市场意识，敢于和善于开拓市场；有风险意识，不怕困难，百折不挠。

总之，商业竞争归根到底是人才的竞争，我国工程企业要开发和占领国际市场，必须要有一大批国际工程管理人才，每个公司应该拥有一批国际工程项目经理、合同专家、财会专家、投标报价专家、工程技术专家、物资管理专家、索赔专家以及金融专家，才能在国际市场上承揽大项目，才能获得良好的经济效益。

中国工程企业开拓国际市场的另一个重要条件就是：深化企业改革，转变经营管理机制，在用人制度、经营决策、财务制度、内部管理等方面彻底摆脱计划经济的影响，建立适合国际化经营、市场经济的经营管理机制。我国工程公司与国际大咨询公司、承包商最根本的差距就是经营上的差距。如果这个差距不消除，我国公司仍很难与国际大工程公司在竞争中抗衡，也很难实现更大的发展。因此对于全行业来说，当务之急是根据实际情况尽快完成新、旧经营机制的转换，适应国际竞争的需要，向经营管理机制科学化要效益，这是我国公司实现持续发展的必由之路。

4.3.4 我国国际工程管理过程中的注意事项

1. 要有高素质的项目管理层

从我国建筑企业 30 多年参与国际工程承包的经验来看，要想在国际建筑市场博得一席之地，站稳脚跟，最重要的就是项目管理层具有高素质，为此，项目管理班子应具备以下素质：

(1) 根据国际市场建筑的变化和动态，按照国际惯例采取相应政策

我们必须了解和熟悉所在国对工程总承包和分包的政策规定，指导我们采取相应的政策和策略，才能更好地参与国际工程承包。目前，我国大部分建筑企业分布在非洲从事建筑，各个国家的要求都不同，对建筑市场的管理也有所不同，这更要求我们加强自身学习，提高管理水平和管理人员素质，以求得生存。

(2) 管理者要懂技术

项目管理班子成员要懂得施工技术，具有管理水平，还要富有国外施工经验，了解国外的法律知识。还要求项目经理不仅要有较高的专业技术和领导水平，还要有较高的政治素质，强烈的责任感和敬业精神。在项目管理班子中，项目经理是关键，这就要求项目经理头脑清晰，思维敏捷，能审时度势地作出决策：能对整个工程项目的进度计划、成本控制、资金计划、材料采购、施工设备能力及工程潜在的风险评估、工程索赔、工程保险及当地税务等做到心中有数，能做到项目的风险预测。善于在工作中学习和借鉴别人的经验，扩大视野，取长补短。作为国际工程的项目经理，最基本的要求是要有

好的外语基础,能够与业主、监理和当地专业人员会话、沟通,阅读外文资料。

(3) 处理好业主、监理与当地雇员的关系

在工程所在国,我们代表的是中国企业,要维护自身的利益,按国际惯例和工程所在国规定,做到寸理必争,寸利必得。要充分利用监理的两面性,为我所用。雇用当地雇员必须熟悉当地劳动法规,在不违规的情况下调动雇员的积极性。我国建筑企业避免出现"人海"战术,在国外大量使用中国人员。

2. 风险损失要降低

在国际和国内的工程承包中,施工过程中事故是难免的,我们应该按照国际惯例,学会工程项目风险管理,把可能遭受的损失降到最低。因此,我们在风险评估中除了事故风险外,按照国际惯例还应考虑政治风险、社会风险、经济风险、自然风险、人为风险和治安风险等。所以在承包中工程时,一定要按照国际惯例做好项目风险评估工作。

(1) 提高施工管理风险意识

增强对工程项目的监管和风险管理力度;增强项目管理人员、施工技术人员及其他相关人员充分认识危险的危害性,提高遵守规章的自觉性。

(2) 在施工过程中对风险进行防范和控制

在施工过程中对风险进行评估、预测、防范和控制,减少风险的发生和做好应急风险的措施,从而达到防险、避险、减少损失、降低成本、提高效益的目的。

风险管理的主要途径:依据国际惯例实行施工过程全过程投保,按照国际工程保险的运作模式建立施工保险制度。

(3) 合同担保的风险管理

合同担保包括投标担保、履约担保、预付款担保等项目。合同担保的关键是要认真分析研究发包人的担保文件,要做到合情、合理、合法。损害国格和承包商利益的苛刻条件是不能接受的。

3. 按国际惯例解决项目承包的争议问题

在工程承包中,业主和承包商发生纠纷是不可避免的。引起纠纷无外乎是索赔。因此,作为承包商必须要面对现实,依照国际惯例,一是签订好承包合同,二是严格履行合同条款。

(1) 索赔

索赔包括工期索赔和经济索赔,可以是业主向承包商索赔,也可以是承包商向业主索赔。不管谁向谁索赔,都存在索赔成立不成立的问题;索赔金额能不能达到一致的问题。

(2) 终止合同

一是业主责任引起终止合同。如事实证明业主拖欠付款,破产或无力偿还债务,导致不能继续承包。二是承包商责任引起终止合同,如事实证明工程拖期,无力扭转局面。破产或无力偿还债务,导致不能继续承包。

(3) 减少和解决争议的对策

①签订好承包合同,在合同签订时,一定要熟悉掌握工程所在地法律、法规,并严格

依法签订。在合同条款上要认真评估、磋商,不能把注意力仅放在造价上。而应主要放在可能引起争议的条款上,特别是违约处罚和风险索赔。这就要求合同双方必须对双方责任、违约、罚款、索赔、免责等都作出规范的界定和规定。这样一旦发生争议问题,就能有充分的法律依据解决。

②严格履行合同条款。合同依法成立,具有法律效力,双方必须遵照执行。尽管如此,发生合同纠纷仍在所难免。这就要求双方:一是一旦发生纠纷就要及时解决。二是一旦发生纠纷,要严格按照合同条款处理。按照国际惯例,双方对合同条款的解释可能存在差异,在解决纠纷时,先通过调解解决纠纷,在调解无果的情况下,采用仲裁和法律诉讼解决。

【本章小结】

1. 国际工程咨询

国际工程咨询是指在工程项目实施的各个阶段,咨询人员利用技术、经验、信息等为客户提供的知识密集型的智力服务。

2. 国际工程承包

国际工程承包是指工程公司或其他有工程实施能力的单位通过国际性投标竞争,接受业主委托,为工程项目或其中某些子项目所进行的建造、设备采购及安装调试、提供劳务等工作。

3. 国际工程管理的概念

所谓国际工程管理,是指一个工程项目的参与者来自不止一个国家,并且按照国际上通用的工程项目管理模式进行管理的工程。

4. 国际工程市场的特点

(1)工程项目趋于大型化和复杂化

(2)东道国实行地方保护主义政策

(3)国际工程市场呈现多元化的状况

(4)国际工程市场对工程公司的要求不断提高

5. 我国国际工程管理过程中的注意事项

(1)要有高素质的项目管理层

(2)风险损失要降低

(3)按国际惯例解决项目承包的争议问题

【本章习题】

1. 简述国际工程咨询招标投标的程序和步骤。
2. 简述国际工程市场的发展现状和变化趋势。
3. 什么是国际工程?国际工程的特点是什么?
4. 咨询工程师的业务素质要求是什么?
5. 工程索赔程序由哪些环节组成?
6. 简述FIDIC合同条件的系列组成及其特点。
7. 国际工程咨询有哪几种招标方式?

第 5 章

工程管理领域的人才需求和执业资格制度

【本章学习要求】

近年来,随着建筑业的大兴,工程管理类人才需求日益增加。本章需要同学们掌握工程管理专业学生的就业范围,现代工程对工程管理领域的人才需求,以及我国和国际上工程管理领域的各种执业资格制度。

【本章主要概念】

注册建造师、注册监理工程师、注册造价工程师、注册房地产估价师、注册咨询工程师、注册安全工程师、国际项目管理专业资格认证(IPMP)、美国项目管理师(PMP)、英国皇家特许建造学会(CIOB)和英国皇家特许测量师学会 RICS。

5.1 我国工程管理专业学生的就业范围

进入 21 世纪以来,我国人民的生活水平不断提高,一座座高楼大厦不断地拔地而起、一条条宽阔平坦的大道向四面八方不断延伸,土木建筑行业对人才的需求也随之不断增长。工程管理专业的就业面是多角度、多层次、多领域、多职能型的,所以本专业有广泛的适应性和专业需求的多样性,可以说工程管理专业一直有着不错的就业前景。

5.1.1 工程管理专业学生在工程组织中的职业定位

工程管理专业人员可以在许多领域的工程中承担工程管理工作任务,我国的一级建造师就分房屋建筑工程、公路工程、铁路工程等 14 个工程领域。工程管理专业的学生第一职业选择是在工程组织中承担相关的管理工作(图 5.1)。

工程管理专业大体可分为建筑工程与道路与桥梁工程两个不同的方向,在职业生涯中,这两个方向的职位既有大体上的统一性,又有细节上的具体区别。工程管理专业人员的需求量大,就业面广,有广泛的适用性。在一个工程中工程管理者的需求比其他工程技术专业人员需求要多得多。总体来说,工程管理专业学生的主要就业方向有以

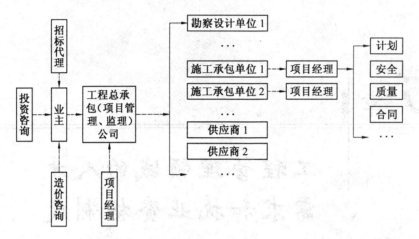

图 5.1 工程管理专业学生在建设项目中承担的工作

下几种：

1. 工程技术方向

从 2004 年开始，进入各个人才市场招聘工程技术人员的企业共涉及 100 多个行业，其中在很多城市的人才市场上，房屋和土木工程建筑业的人才需求量已经跃居第一位。随着经济发展和路网改造、城市基础设施建设工作的不断深入，再加上路桥和城市基础设施的更新换代，工程技术人员在当前和今后一段时期内需求量还将不断上升。

代表职位：施工员、建筑工程师、结构工程师、技术经理、项目经理等。

代表行业：建筑施工企业、房地产开发企业、路桥施工企业等。

典型职业通路：施工员（技术员）→工程师（工长）、标段负责人→技术经理→项目经理（总工程师）。

2. 招投标、造价咨询或者业主代表方向

《招标投标法》明确规定招标代理机构是从事招标代理业务并提供相关服务的社会中介组织，从国际上看，招标代理机构是建筑市场和招标投标活动中不可缺少的重要力量，随着我国建设市场的健康发展和招标投标制度的完善，招标代理机构必将在数量和质量上得到大力的发展。

工程造价咨询服务是指工程造价咨询企业接受委托，对建设项目工程造价的确定与控制提供专业服务，出具工程造价成果文件的活动。工程造价咨询服务的主要内容：建设项目可行性研究经济评价、投资估算、项目后评价报告的编制和审核；建设工程概、预、结算及竣工结（决）算报告的编制和审核；建设工程实施阶段工程招标标底、投标报价的编制和审核；工程量清单的编制和审核；施工合同价款的变更及索赔费用的计算；提供工程造价经济纠纷的鉴定服务；提供建设工程项目全过程的造价监控与服务；提供工程造价信息服务等。

代表职位：招标师、造价员、造价工程师、咨询工程师等。

代表行业：房地产开发企业、工程造价咨询机构等。

典型职业通路：招标师、造价员→造价工程师（咨询工程师）。

3. 勘察设计、规划方向

各种勘察设计院对工程设计人员的需求近年来持续增长,城市规划作为一种新兴职业,随着城市建设的不断深入,也需要更多的现代化设计规划人才。

代表职位:项目设计师、结构审核、城市规划师等。

代表行业:工程勘察设计单位、交通或市政工程类××机关职能部门等。

典型职业通路:设计人员、建筑工程师、结构工程师。

4. 质量监督及工程监理方向

工程监理是近年来新兴的一个职业,随着我国对建筑、路桥施工质量监管的日益规范,监理行业自诞生以来就面临着空前的发展机遇,并且随着国家工程监理制度的日益完善有着更加广阔的发展空间。

代表职位:监理工程师。

代表行业:建筑、路桥监理公司、××工程质量检测监督部门。

典型职业通路:监理员→资料员→项目直接负责人→专业监理工程师→总监理工程师。

5. 公务员、教学及科研方向

公务员制度改革为普通大学毕业生打开了进入××机关工作的大门,路桥、建筑行业的飞速发展带来的巨大人才需要使得土木工程专业师资力量的需求随之增长,但需要注意的是,这些行业的竞争一般较为激烈,需要求职者具有较高的专业水平和综合素质。

代表职位:公务员、教师。

代表行业:交通、市政管理部门、大中专院校、科研及设计单位。

另外,在施工项目经理部,大量的职能管理工作是由工程管理专业人员承担的,如计划管理、技术管理、合同管理(包括工程法务)、投资(成本)管理、资源管理、信息管理、安全、健康和环境管理等工作,工程管理人员有着庞大的市场需求。

5.1.2 工程管理专业学生在工程相关企业中的职业定位

工程管理的学生也可以在工程相关企业中就业,在下述企业的企业层或部门从事工程管理工作:

① 业主单位,也就是建设单位。
② 工程造价咨询公司。
③ 勘察设计单位。
④ 工程承包企业。
⑤ 监理公司和工程项目管理公司。
⑥ 投资咨询公司。
⑦ 质量检测监督部门。
⑧ 房地产公司和物业管理公司等。

这与上述在工程中的职业定位有一致性。

5.1.3 其他职业选择

工程管理专业学生可以从事其他领域的工作：
①在建筑业和建筑经济类相关的研究所工作。
②在政府建设管理部门工作。
③在银行从事投资管理工作。
④在工程相关的软件开发公司工作。
⑤在高等院校、职业技术学校作为工程和工程管理专业教师。
⑥其他领域的项目管理或工程管理工作。

5.2 现代社会对工程管理专业学生的要求

5.2.1 工程管理专业所要求的综合素质结构

据调查，目前中国工程管理人员的现状是：技术素质较强，管理综合素质普遍不高，人文基本素质，尤其是国际化素质较为薄弱。我国当前高层次的建筑管理人员很大一部分都是从基层上来的，现场经验非常丰富，但很多人文化水平都比较低，缺乏对管理知识的系统学习，管理工作基本都靠自己的经验应对，缺乏现代知识的武装，思想观念落后，缺乏创新精神。正是这种现状导致了工程管理人员在管理素质方面存在不擅授权和合理分工；协调能力欠缺和资本运作能力差；缺乏领导风范，管理者的人格魅力缺失，对员工的凝聚力不强等问题。在工程管理人才总量不足的前提下，工程实践中所需要的既懂工程技术，又精通工程管理，具有较强的人文、法律素质和国际化观念的中高级管理人才尤其匮乏。

随着中国全面建设小康社会的开展和新型工业化进程的推进，近几年建设投资规模在迅速增长，中国已成为世界最大的建设市场。在建设事业取得举世瞩目成就的同时，也造成了很大的浪费和损失。其中管理工作薄弱是造成损失的主要原因之一。现代社会，人们对工程的要求也是多方面的、综合性的，要取得成功的工程，工程管理者承担很大的责任（社会责任和历史责任），需要更为特殊的素质。因此，工程管理领域迫切需要大量既精通工程技术，又通晓管理业务，具有战略眼光的工程管理人才。

工程管理专业人才是一种懂技术、善管理、会经营的通用型人才，同时也是具备工程知识、经济和管理知识与实践经验的高素质的复合型专业人才，他们能熟练地运用他们所掌握的专业知识与专业技能，从事投资工程项目的全过程工程管理与造价管理。由于工程的任务是由许多不同企业（如设计单位、施工单位、供应单位）的人员完成的，所以对一个工程的管理会涉及许多企业、许多专业人员、许多职能人员。工程管理人员在不同企业担负着协调各个工程专业的设计、施工、供应（制造）责任，做整个工程系统的综合工作，所以与工程的各个专业都相关，具有超专业特性；同时，在处理工程管理问题时要综合考虑技术问题，经济问题，工期问题，合同问题，质量问题，安全、健康和环境问题、资源问题等,所以现代工程管理者需要掌握多学科的知识,综合性地思考和解决工程问题,才能胜任工作。

在工程管理的实际工作过程中,以及在个人职业发展过程中,工程管理者需要很高的综合素质。这些综合素质不仅应包括一般工程师的素质,还要有管理者的素质,还应符合工程管理的特殊要求。工程管理所要求的综合素质由知识、能力和职业道德三方面构成。其中,能力比知识重要,而职业道德比能力更重要。因此,在新的历史形势下,提高工程管理专业学生的知识、能力、素质,培养适应21世纪工程建设需要的高素质的工程管理人才,是我们面临的一个重大课题。

5.2.2 知识

建筑工程管理人员要在工程中承担工程管理任务,实现工程的目标,要解决工程中的问题,首先必须掌握相关的知识。

1. 掌握工程管理的基本理论和方法

工程管理方面的知识以管理学为基础,以工程项目管理为核心,辅以运筹学、财务管理等方面的知识。工程管理的目的是,有效地使工程从构想设计到正式运营的全过程,包括投资机会研究、初步可行性研究、最终可行性研究、勘察设计、招标、采购、施工、试运行等活动进行策划、协调、控制、统筹和规范,以保证工程的质和量符合预定的要求。系统的工程管理知识和经验管理的目的是谋求在现有的条件下,如何通过合理的组织和配置人、财、物等因素,提高生产力的水平。这就要求工程管理者有系统的工程管理专业素质,掌握工程进展全过程。同时,还要不断积累管理经验,以便对工程进程中的突发问题提出应急处置对策。

2. 掌握工程经济的基本理论和基本知识

工程经济方面的知识以经济学为基础,以工程估价和工程经济学为核心知识,辅以其他相关的法律法规知识。建筑活动设计的投资资金一般比较多,少则几十万,多则几千万、上亿元。作为决策者,必须要有科学性的定量分析数据和结果作为判断和决策的依据。许多建筑工程管理人员对经济学方面的知识知之甚少,认为有经验就行,但随着市场经济向纵深发展,各种经济关系纵横交织、错综复杂,要求建筑工程管理人员必须有良好的经济学造诣,较强的经济核算和财务分析能力,工程管理活动设计建设项目的投资机会研究、初步可行性研究、最终可行性研究、勘察设计、招标、投标、标书制作、采购、施工、结算、决算、试运行等方面,都要求管理者能熟练运用经济方法,科学严谨地控制经济指标和活动朝着预期目标运行。

3. 熟悉土木工程技术知识

土木工程技术知识主要是以土木工程技术为基础的,辅以工程建设和运行相关的专业知识等。工程管理需要对整个工程的建设和运营过程中的规划、勘察、设计,或对各专业工程的施工和供应进行决策、计划、控制和协调,具有鲜明的专业特点,有很强的技术方向。技术知识是工程管理的专业根底,不懂工程,没有工程相关的专业知识的人是很难在工程中被人们接受,很难做好工程管理工作的。

工程管理工作是一种高智能的技术服务工作,其效果不仅取决于工程队伍的总量能否满足业务的需要,而且取决于工程管理人员,尤其是高级工程管理人员工程技术水平的高低,如一级建造师、二级建造师、注册造价工程师、注册监理工程师等,他们要有较强的专业技术能力,才能够对工程建设进行监督控制,提出指导性意见。工程管理人员需要具备较强的技术素质,必须掌握先进的工程技术知识,当前大部分建筑管理人员都能具备这一素质。只有坚实的专业技术基础才能使他们肩负起工程管理的巨大责任,否则就会在管理中力不从心,难以深入到管理的内核,难以抓住管理的要害。

4. 熟悉工程法律和工程合同方面的知识

工程法律和工程合同方面的知识是以经济法为基础,以建设工程法律、工程合同和合同管理为核心,辅以其他相关的法律法规知识。

市场经济在某种意义上说是法制经济,是契约经济、合同经济。现代社会可以讲是合同社会。一个企业的经营成败和合同与合同管理有密切关系。因此,必须十分重视合同及合同管理。合同管理必须是全过程的、系统性的、动态性的。全过程就是由洽谈、草拟、签订、生效,直至合同失效为止。我们不仅要重视签订前的管理,更要重视签订后的管理。系统性就是凡涉及合同条款内容的各部门都要一起来管理。动态性就是注重履约全过程的情况变化,特别是要掌握对我方不利的变化,及时对合同进行修改、变更、补充或中止和终止;切不可以为签了合同就万事大吉,我们要防止由于合同管理不善而遭到的惩罚。

5. 其他方面的知识,如外语、计算机等知识

这些知识决定了工程管理专业的主要课程设置。总地来说,工程管理者需要综合性的广博的知识面,必须具备宽厚的知识基础。

5.2.3 能力

仅仅只有知识却不会运用于实践的管理者也不是合格的管理人员,社会所期望的建筑工程管理人员应具有良好的决策、计划、组织、沟通、协调、应变和创新能力,要具有应用上述这些知识处理实际工程问题的能力,包括对工程技术问题的处理能力、工程项目管理能力、工程估价能力、工程经济分析能力、对工程法律和合同的运用和管理能力等。此外还应该具有如下能力:

1. 较好的心理素质和应变能力

工程管理是一种全过程管理,既是一种技术管理,也是一种风险控制管理,在许多情况下还是一种危机管理。由工程进展中内外环境存在着许多难以预期的变量和未知数,使得新问题、新矛盾、新情况层出不穷。作为管理者会遇到各种意料之外的突发事件,在这种情况下,工程管理者必须对工程建设和运行过程(包括实施技术过程和管理过程)十分熟悉,有成熟的判断能力、思维能力、随机应变能力;应思维敏捷,有洞察力,在工程中能够追寻目标和跟踪目标;能发现问题,提出问题,能够抓住关键问题,从容地处理紧急情况。出色的应变能力和良好的心理素质是当代建筑活动中的管理者不可缺少的能力。

2. 有较强的组织管理能力和协调能力

需要有领导技巧,能胜任小组领导工作,知人善任,敢于和善于授权;具有很强的沟通能力、激励能力和处理人事关系的能力;协调好各方面的关系,善于人际交往;善于管理矛盾与解决冲突;有较强的语言表达能力和说服能力。

3. 较强的创新和学习的能力

知识都是通过学习而获得的,技术进步是知识的产物、学习的结果,而学习又是经验的不断总结,经验来自于行动,经验的积累就体现在技术进步上。建筑工程技术改进快、革新多,新技术、新工艺经常出现,这就要求工程管理者要不断学习,不能死抱原有的技术方法。比如新平法的实施,工程量清单计价方法的推行,都要求工程管理人员要不断学习,接受新的好的方法,这样才能不滞后,才能对别人进行管理和指导。管理的项目才能良好运行,最终达到预定目标。

4. 其他能力,如外语、计算机等

在国际工程中,需要工程管理者有应用外语的能力。另外,在技术飞速发展的今天,现代高科技的使用可以大大提高生产力,因此,工程管理者要善于应用高科技辅以工程建设,特别是应用计算机、现代信息技术解决工程和工程管理问题的能力。

5.2.4 职业道德

职业道德是社会道德体系的重要组成部分,它一方面具有社会道德的一般作用,另一方面它又具有自身的特殊作用。首先,良好的职业道德可以调节职业交往中从业人员内部以及从业人员与服务对象间的关系,一方面可以调节从业人员内部的关系,即运用职业道德规范约束职业内部人员的行为,促进职业内部人员的团结与合作;另一方面,职业道德又可以调节从业人员和服务对象之间的关系。其次,良好的职业道德有助于维护和提高本行业的信誉,提高企业的信誉主要靠产品的质量和服务质量,而从业人员职业道德水平高是产品质量和服务质量的有效保证。再次,良好的职业道德能促进本行业的发展,行业、企业的发展有赖于高的经济效益,而高的经济效益源于高的员工素质。员工素质主要包含知识、能力、责任心三个方面,其中责任心是最重要的。而职业道德水平高的从业人员其责任心是极强的,因此,职业道德能促进本行业的发展。最后,良好的职业道德有助于提高全社会的道德水平。职业道德是整个社会道德的主要内容。职业道德一方面涉及每个从业者如何对待职业,如何对待工作,同时也是一个从业人员的生活态度、价值观念的表现;另一方面,职业道德也是一个职业集体,甚至一个行业全体人员的行为表现,如果每个行业、每个职业集体都具备优良的道德,对整个社会道德水平的提高肯定会发挥重要作用。

工程管理者的职业道德,就是同工程管理人员的工程管理活动紧密联系的符合工程管理特点所要求的道德准则、道德情操与道德品质的总和,它既是对工程管理人员在工程管理活动中行为的要求,同时也是社会职业道德体系中运用于工程管理职业活动的一种表现形式。

由于建筑工程对社会的重要作用和建筑工程管理职业的特殊性,对建筑工程管理人员的职业道德有特殊的要求。良好的职业道德水准,建筑行业的质量关系民生大计,关系人民生命财产安全和社会稳定,建筑产品的质量好坏意义重大。当前工程管理人员存在着工程道德缺失问题,因此要加强职业道德教育,优秀的管理者应具备一个良好的社会道德品质和经营管理道德品质。杭州第三钱塘江大桥南端桥面出现部分塌落。仅仅5天时间,就有3座大桥发生垮塌事故,而这3座大桥建成的时间都只有十多年。郑州市拆迁安置小区"汇景嘉园"刚刚封顶的8栋楼房全部拆除重建,原因是"有些砖还没有豆腐渣结实"。甘肃省花80亿元修建的天水至定西高速公路仅用80天就被迫停用大修,路面损毁严重。甘肃省交通厅称道路将全面返工,以前的路面需要全部揭掉重新铺设。这些工程在表面上看大多是符合建设法规规定的,手续齐全,设计单位、施工单位、监理单位、资质等级均符合要求,设计人员、项目经理、监理工程师也都拥有执业资格。出现这些建筑事故和质量问题,究其根源是各类工程管理人员职业道德水平太低,无视法律法规的尊严,无视人民群众的生命安全,违反操作规程,无视职业道德,一味向钱看,一切以经济利益为准,是决不能在工程管理行列中存在的,否则将祸国殃民。因此,良好的职业道德水准是衡量当代建筑企业工程管理人员素质的最重要的标准之一,应培养建筑工程管理人员乐岗敬业、诚信、合作精神、使命感和责任感。

职业道德只有在具体的职业活动中才能形成和体现出来。工程管理者除了需要有一般工程师的职业道德外,还有更为严格的要求。总体说有如下几方面:

1. 爱岗敬业

爱岗敬业是中华民族的传统美德。工程管理人员踏上工作岗位以后,碰到的第一个问题就是职业态度问题。爱岗敬业是对工程管理者最基本、最普遍的道德要求。敬业精神最能体现职业道德的特殊性,它反映的是工程管理者与自己所从事的工程管理工作的关系,它贯穿于工程管理活动的每一个环节。工程管理者只有具备敬业精神,才可能以满腔热忱主动积极地工作,全心全意地管理工程;才能在职业岗位上高度自觉地刻苦钻研、开拓创新,扩大业绩。

①热爱自己的专业、职业和工作岗位。工程管理者应对自己的职业价值有充分的认识,应认识到工程管理对社会贡献大,是非常有价值和有意义的工作,是一个十分高尚的职业,要有尊严感和荣誉感,高度的事业心和成就感,积极向上的人生理想和目标。

工程管理工作者应充分认识到我国工程建设的重要性,认识到自己的工作是为了完成工程建设任务,同样承担重大的社会责任和历史责任。建造一个好的工程,就是为社会作出杰出的贡献,将在自己的历史上留下一个丰碑!这样才会以自己的职业为荣,最大限度地发挥自己的聪明才智;有较强的责任心和进取意识,在实际工作中不断地充实自己,完善自己。

②对自己所从事的工作认真负责,刻苦钻研业务,掌握先进的知识和技能,精益求精,把本职工作做得更好,实现职业的社会价值,也实现自我的人生价值。

③有创新精神。由于工程是一次性的,工程管理工作是常新的工作,富于挑战性,所以工程管理者在工作中应具有创新精神,务实的态度,勇于挑战,勇于决策,勇于承担责任和风险,并努力追求工作的完美,追求高的目标,不安于现状,有积极向上的精神与

健全的人格。如果他不努力,不积极,定较低的目标,作十分保守的计划,则不会有成功的工程。

④将用户利益放到第一位,不谋私利,能承担艰苦的工作,任劳任怨,忠于职守,全心全意地管理好工程。

⑤有坚强的意志,能自律,具有较强的自我控制能力。

2. 诚信守信

诚,就是真实不欺,尤其是不自欺;信,就是真心实意地遵守履行诺言,特别是注意不欺人,它主要是处理人际关系的准则和行为。二者的关系:诚实是守信的心理品格基础,也是守信表现的品质;守信是诚实品格必然导致的行为,也是诚实与否的判断依据和标准。诚实守信作为一种职业道德就是指真实无欺、遵守承诺和契约的品德和行为。

3. 遵纪守法

遵纪守法是从业人员的基本义务和必备素质,遵守职业纪律是每个人员的基本要求。职业纪律是每个从业人员开始工作前就应明确的,在工作中必须遵守、必须履行的职业行为规范。职业规范包括:岗位责任、操作规则、规章制度。职业纪律是最明确的职业规范,它以行政命令的方式规定了职业活动中最基本的要求,明确规定了职业行为的内容,指示工程管理人员应该做什么。

4. 团结互助

工程管理是一种综合性的管理工作,离不开其他人员的团结协作。要构建一个好的工程管理团队,大家都要有团结互助精神。团结互助能够营造人际和谐氛围,增强企业内聚力,促进事业发展。团结互助要做到以下几点:

(1)平等尊重

平等尊重是指在社会生活和人们的职业活动中,不管彼此之间的社会地位、生活条件、工作性质有多大差别,都应一视同仁,互相尊重,互相信任。其中,平等尊重、相互信任是团结互助的基本和出发点。要做到平等尊重,以诚相待,要注意遵循:上下级之间平等尊重;同事之间相互尊重(同事关系是从业活动中最常见的人际关系);师徒之间相互尊重;尊重服务对象。

(2)顾全大局

顾全大局是指在处理个人和集体利益的关系上,要树立全局观念,不计较个人利益,自觉服从整体利益的需要。

(3)互相学习

互相学习是团结互助道德规范的中心一环。

(4)加强协作

加强协作是指在职业活动中,为了协作从业人员之间,包括工序之间、工种之间、岗位之间、部门之间的关系,完成职业工作任务,彼此之间互相帮助、互相支持、密切配合,搞好协作。要做到加强协作,注意处理两个问题:第一,正确处理好主角与配角的关系;第二,正确看待合作与竞争。竞争的基本原则是既竞争又协作。

5. 责任感

工程管理人员要具有高度的社会责任感和历史责任感,具有全局的观念和保护生态环境的观念。工程是多企业的合作,持续时间很长,使用大量的社会资源。它是超越企业,超越时空的。工程管理必须有高度的使命感和责任心,不仅要实现企业目标——利润;而且要使用户满意;为整个社会作出贡献,担负起社会责任和对整个人类的责任。

所以工程管理者首先要做一个高尚的人,一个有道德的人,一个有益于人民的人,一个有历史责任心和社会责任心的人。

5.3 我国工程管理界的执业资格制度

5.3.1 概述

目前,从施工企业情况来看,工程项目管理者队伍的人员素质和管理水平参差不齐,专业理论水平和文化程度总体偏低。工程项目高级管理者是工程建设项目的主要负责人,他们根据企业法定代表人的授权,对工程项目自开工准备至竣工验收实施全面组织管理。工程项目管理者的素质、管理水平及其行为是否规范,对工程项目的质量、进度、安全生产具有重要影响。建立工程执业资格认证制度是规范建筑市场秩序、保证工程质量安全的重要举措,也是与国际接轨、开拓国际建筑市场的客观要求。

执业资格制度是政府对某种责任重大、社会通用性强、关系社会安全利益的专业技术工作实行的市场准入控制。它是专业技术人员从事某种专业技术工作学识、技术和能力的必备条件。我国1997年颁布的《中华人民共和国建筑法》第14条规定:"从事建筑活动的专业技术人员,应当依法取得相应的执业资格证书,并在执业证书许可的范围内从事建筑活动。"要想取得执业资格,必须具备一定的学历、从业工作年限等条件,通过执业资格考试,并经国家主管部门授权的管理机构注册后方能取得执业资格证书。

《建设工程质量管理条例》规定:"注册执业人员因过错造成质量事故时,应接受相应的处理。"建立执业资格制度后,一旦项目发生重大施工质量安全事故或出现违法违规行为,不仅可以依法追究有关单位的责任,还可以依法追究负责该项目的注册执业人员的责任,视其情节予以停止执业、吊销执业资格证书和注册证书等处罚,使对质量安全事故和违法违规行为的责任追究到人。国家在工程项目管理领域推行执业资格制度,改变了只对企业实行经营资格的单一管理方式,突出了调控行业规模、调整专业结构、规范市场准入、提高企业素质等四项资质管理的功能。

从目前的状况看,由于全行业处于市场化的运行之中,行业规模的调控主要靠建筑市场自行调控;专业资质标准的推行基本上实现了专业结构的调整;资质等级的严格分档使市场准入的制度基本成型。在评价工程项目过程中,对于企业专业人员的要求远比以前要高,专业人员是否达标,是企业资质评审的一条硬杠杆。企业管理者职业化素养亟待提高,当前我国建筑企业各个经营管理的岗位,其人选任命者多,竞聘上岗者少,合格的经营管理者并不多,因此当务之急是按照"职业化"的标准抓紧执业资格制度建设。建立工程执业资格认证制度有利于提高建筑施工企业经营管理人员的整体素质；有利于建筑施工企业培养高素质的施工管理人才，与国际接轨，开拓国际建筑市场；有利于建筑施工企业项目管理人才的合理流动。

我国已加入世界贸易组织多年，当前不仅要积极应对国外承包商进入我国，同时还要更好地贯彻"走出去"的战略方针，把握机遇，积极组织开拓国际建筑市场。就我国而言，建筑业从业人数约占全世界建筑业从业人数的25%，但对外工程承包额却仅占国际建筑市场的1.3%。原因固然很多，但缺乏高素质的施工管理人员是重要原因。建立执业资格制度，将为我国开拓国际建筑市场、增强对外工程承包能力有所帮助。因此，建立执业资格制度也是与国际接轨、开拓国际建筑市场的客观要求。另外，执业资格制度的产生是社会主义市场经济条件下对人才评价的手段，是政府为保证经济有序发展，规范职业秩序而对事关社会公众利益、技术性强、有关键岗位的专业，实行的人员准入控制。目前，我国许多专业的执业水准和职业道德都存在着不少问题。为了提高管理水平，国家开始实行执业资格制度，但对执业资格的设置和管理刚刚起步，基本属于政府行为，随着时间的推移，这项制度对提高专业人士的整体水平，规范职业行为将起到十分重要的作用。

从20世纪80年代初以来，为了加强工程建设管理，提高建筑工程技术和管理人员素质和工作水平，我国国家人事部与建设部一起，相继在建设工程领域建立了注册建筑师、注册结构工程师、注册监理工程师、注册造价工程师、注册房地产估价师、注册城市规划师、注册建造师、注册风景园林师、物业管理师等职业资格制度；人事部同国家发展与改革委员会一起设立了注册咨询工程师制度；人力资源和社会保障部等部门还设立了众多的执业资格认证制度。

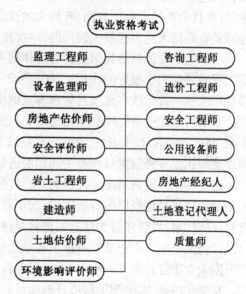

图5.2 与工程管理相关的执业资格制度

我国与工程管理专业相关的资格认证共用15个（如图5.2所示），其中直接与工程管理有关的执业资格制度，有注册监理工程师、注册建造师、注册造价工程师、注册房地产估价师、注册咨询工程师、注册资产评估师等，占建筑业领域注册资格的大部分。

我国工程管理专业的学生毕业后就具有工程管理领域的从业资格，可以在政府建设管理部门、建筑业企业、工程和工程相关企业（如工程承包企业、设计单位、工程咨询单位、监理单位）、房地产开发企业、投资与金融等单位从事工程管理相关工作，或在高等学校从事相关专业的教学，或在科研机构从事科研工作。

5.3.2 注册建造师

1. 建造师制度的发展和定义

建造师是工程管理领域最重要的注册工程师。建造师执业资格制度起源于英国,迄今已有150余年的历史。世界上许多发达国家都建立该项制度。国际建造师协会已有11个国家成为会员国。建造师(Construction division)是以专业技术为依托、以工程项目管理为主业的执业注册人员,近期以施工管理为主。建造师是懂管理、懂技术、懂经济、懂法规,综合素质较高的复合型人员,既要有理论水平,也要有丰富的实践经验和较强的组织能力。建造师注册受聘后,可以建造师的名义担任建设工程项目施工的项目经理、从事其他施工活动的管理、从事法律、行政法规或国务院建设行政主管部门规定的其他业务。

2. 建造师和项目经理的关系

建造师执业的覆盖面较大,可涉及工程建设项目管理的许多方面,担任项目经理只是建造师执业中的一项;项目经理则限于企业内某一特定工程的项目管理。建造师与项目经理定位不同,但所从事的都是建设工程的管理。建造师选择工作的权力相对自主,可在社会市场上有序流动,有较大的活动空间;项目经理岗位则是企业设定的,项目经理是企业法人代表授权或聘用的、一次性的工程项目施工管理者。

项目经理责任制是我国施工管理体制上一个重大的改革,对加强工程项目管理,提高工程质量起到了很好的作用。2003年2月27日《国务院关于取消第二批行政审批项目和改变一批行政审批项目管理方式的决定》(国发[2003]5号)指出:"取消建筑施工企业项目经理资格管理制度向建造师执业资格制度过渡的时期定为五年,即从2003年至2008年2月27日止。"建设部也发出了《关于建筑业企业项目经理资质管理制度向建造师执业资格制度过渡有关问题的通知》(建市[2003]86号)。

建造师执业资格制度建立以后,项目经理责任制仍然要继续坚持,国发[2003]5号文是取消项目经理资质的行政审批,而不是取消项目经理,只是项目经理证将逐步被建造师证所代替,以后注册类建造师证将是建筑行业施工管理人员的主要证件。但是项目经理仍然是施工企业某一具体工程项目施工的主要负责人,是一个岗位。他的职责是根据企业法定代表人的授权,对工程项目自开工准备至竣工验收,实施全面的组织管理。有变化的是,大中型工程项目的项目经理必须由取得建造师执业资格的建造师担任。注册建造师资格是担任大中型工程项目经理的一项必要性条件,是国家的强制性要求。但选聘哪位建造师担任项目经理,则由企业决定,那是企业行为。小型工程项目的项目经理可以由不是建造师的人员担任。所以,要充分发挥有关行业协会的作用,加强项目经理培训,不断提高项目经理队伍素质。

建造师执业资格制度建立以后,承担建设工程项目施工的项目经理仍是施工企业所承包某一具体工程的主要负责人,他的职责是根据企业法定代表人的授权,对工程项目自开工准备至竣工验收,实施全面的组织管理。而大中型工程项目的项目经理必须由取得建造师执业资格的建造师担任,即建造师在所承担的具体工程项目中行使项目经理职权。注册建造师资格是担任大中型工程项目的项目经理之必要条件。建造师需按人发〔2002〕111号文件的规定,经统一考试和注册后才能从事担任项目经理等相关活动,是国家的强制性要求,而项目经理的聘任则是企业行为。

3. 我国建造师的要求和执业规定

(1) 注册建造师的定位

建造师是以专业技术为依托、以工程项目管理为主业的执业注册人员,近期以施工管理为主。建造师是懂管理、懂技术、懂经济、懂法规,综合素质较高的复合型人员,既要有理论水平,也要有丰富的实践经验和较强的组织能力。建造师注册受聘后,可以建造师的名义担任建设工程项目施工的项目经理、从事其他施工活动的管理、从事法律、行政法规或国务院建设行政主管部门规定的其他业务。

建造师分为注册一级建造师和注册二级建造师。在行使项目经理职责时,一级注册建造师可以担任《建筑业企业资质等级标准》中规定的特级、一级建筑业企业资质的建设工程项目施工的项目经理;二级注册建造师可以担任二级建筑业企业资质的建设工程项目施工的项目经理。大中型工程项目的项目经理必须逐步由取得建造师执业资格的人员担任;但取得建造师执业资格的人员能否担任大中型工程项目的项目经理,应由建筑业企业自主决定。

一级建造师具有较高的标准、较高的素质和管理水平,有利于开展国际互认。同时,考虑到我国建设工程项目量大面广,工程项目的规模差异悬殊,各地经济、文化和社会发展水平有较大差异,以及不同工程项目对管理人员的要求也不尽相同,设立了二级建造师,以适应施工管理的实际需求。实行建造师执业资格制度后,大中型项目的建筑业企业项目经理须逐步由取得注册建造师资格的人员担任。

为了适应各类工程对建造师的专业技术的不同要求,也为了与现行建设管理体制相衔接,建造师实行分专业管理。按照工程的领域类别,一级建造师分14个专业,包括房屋建筑工程、公路工程、铁路工程、民航机场工程、港口与航道工程、水利水电工程、电力工程、矿山工程、冶炼工程、石油化工工程、市政公用工程、通信与广电工程、机电安装工程、装饰装修工程等。二级建造师包括一级建造师中的10个专业。

一级建造师执业资格实行全国统一大纲、统一命题、统一组织考试的制度,由人事部、建设部共同组织实施,原则上每年举行一次考试;二级建造师执业资格实行全国统一大纲,各省、自治区、直辖市命题并组织考试的制度。考试内容分为综合知识与能力和专业知识与能力两部分。报考人员要符合有关文件规定的相应条件。一级、二级建造师执业资格考试合格人员,分别获得《中华人民共和国一级建造师执业资格证书》、《中华人民共和国二级建造师执业资格证书》。

(2) 获取建造师执业资格的途径

①一级建造师报考条件。凡遵守国家法律、法规,具备以下条件之一者,可以申请参加一级建造师执业资格考试:

取得工程类或工程经济类大学专科学历,工作满6年,其中从事建设工程项目施工管理工作满4年。

取得工程类或工程经济类大学本科学历,工作满4年,其中从事建设工程项目施工管理工作满3年。

取得工程类或工程经济类双学士学位或研究生班毕业,工作满3年,其中从事建设工程项目施工管理工作满2年。

取得工程类或工程经济类硕士学位,工作满2年,其中从事建设工程项目施工管理工作满1年。

取得工程类或工程经济类博士学位,从事建设工程项目施工管理工作满1年。

符合上述报考条件,于2003年12月31日前,取得建设部颁发的"建筑业企业一级项目经理资质证书",并符合下列条件之一的人员,可免试"建设工程经济"和"建设工程项目管理"两个科目,只参加"建设工程法规及相关知识"和"专业工程管理与实务"两个科目的考试:

受聘担任工程或工程经济类高级专业技术职务。

具有工程类或工程经济类大学专科以上学历并从事建设项目施工管理工作满20年。

从2007年度考试开始,已取得一级建造师执业资格证书的人员,也可根据实际工作需要,选择"专业工程管理与实务"科目的相应专业,报名参加"一级建造师相应专业考试",报考人员须提供资格证书等有关材料方能报考。考试合格后核发国家统一印制的相应专业合格证明。该证明作为注册时增加执业专业类别的依据。

上述报考条件中有关学历或学位的要求是指经国家教育行政主管部门承认的正规学历或学位,从事建设工程项目施工管理工作年限是指取得规定学历前、后从事该项工作的时间总和,其截止日期为考试报名年度当年年底。

一级建造师执业资格考试实行全国统一大纲、统一命题、统一组织的制度,由人事部、建设部共同组织实施,每年开考一次;从事建筑活动的专业技术人员,须取得一级建造师执业资格证书,才能正式执业。一级建造师考试一般在每年的4月和5月报名,申请参加一级建造师执业资格考试的考生,须提供资格审核表、本人身份证明、学历证书原件,和一寸近照。

一级建造师考试材料为《全国一级建造师执业资格考试用书》,考试分综合考试和专业考试,综合考试包括"建设工程经济"、"建设工程法规及相关知识"、"建设工程项目管理"三个科目,这三个科目为各专业考生统考科目,专业考试为"专业工程管理与实务"一个科目。每年的9月底开考,考试成绩一般在考试结束2~3个月后陆续公布,考生可以在各省的人事考试中心网站查询成绩。

考试成绩实行2年为一个周期的滚动管理办法,参加全部4个科目考试的人员必须在连续的两个考试年度内通过全部科目;免试部分科目的人员必须在一个考试年度内通过应试科目。

一级建造师考试科目:"建设工程经济"、"建设工程项目管理"、"建设工程法规及相关知识"、"专业工程管理与实务"(专业包含:公路工程、铁路工程、民航机场工程、港口与航道工程、水利水电工程、市政公用工程、通讯与广电工程、建筑工程、矿业工程、机电工程 10 个类别）。

②二级建造师报考条件。凡遵纪守法，具备工程类或工程经济类中等专科以上学历并从事建设工程项目施工管理工作满 2 年的人员，可报名参加二级建造师执业资格考试。

符合上述报名条件，具有工程（工程经济类）中级及以上专业技术职称或从事建设工程项目施工管理工作满 15 年的人员，同时符合下列条件的，可免试部分科目：

已取得建设行政主管部门颁发的"建筑业企业一级项目经理资质证书"，可免试"建设工程施工管理"和"建设工程法规及相关知识"科目，只参加"专业工程管理与实务"1 个科目的考试。

已取得建设行政主管部门颁发的"建筑业企业二级项目经理资质证书"，可免试"建设工程施工管理"科目，只参加"建设工程法规及相关知识"和"专业工程管理与实务"2 个科目的考试。

已取得"中华人民共和国二级建造师执业资格证书"的人员，可根据实际工作需要，选择"专业工程管理与实务"科目的相应专业，报名参加考试。考试合格后核发相应专业合格证明。该证明作为注册时增加执业专业类别的依据。

上述报名条件中有关学历或学位的要求是指经国家教育行政主管部门承认的正规学历或学位；从事建设工程项目施工管理工作年限的截止日期为考试年度年底。

注：建造师考试条件中关于"上述报考条件中有关学历或学位的要求是指经国家教育行政主管部门承认的正规学历或学位，从事建设工程项目施工管理工作年限是指取得规定学历前、后从事该项工作的时间总和，其截止日期为考试报名年度当年年底。"

这一条很多人存在争议，主要在于毕业前后的工作年限是否可以累加，怎么计算的问题，补充示例如下：

如果甲是 2005 年 6 月毕业，大专学历，要报考 2011 年建造师，则 2011 年 6 月份报名时，考试年限是计算到 2011 年考试的时间，这样甲正好满六年，因此是可以报考建造师的；如果甲是 2006 年 6 月毕业，则无法参加一级建造师考试。

为体现项目经理向建造师过渡的精神，对取得建筑施工二级项目经理资质及以上证书，符合报名条件并满足下列条件之一可以考虑免考相应科目：

具有中级及以上技术职称，从事建设项目施工管理工作满 15 年，可免"建设工程施工管理"考试，免考部分科目的人员必须在一个考试年度内通过应考科目。

取得一级项目经理资质证书，并具有中级及以上技术职称；或取得一级项目经理资质证书，从事建设项目施工管理工作满 15 年，可免"建设工程施工管理"和"建设工程法规及相关知识"考试。

已取得某一个专业二级建造师执业资格的人员，可根据工作实际需要，选择另一个"专业工程管理与实务"科目的考试。考试合格后核发相应专业合格证明。该证明作为注册时增加执业专业类别的依据。

二级建造师是建筑行业中非常重要的一种职业资格，是担任项目经理的前提条件。

二级建造师培训执业资格考试合格者,由省、自治区、直辖市人事部门颁发"中华人民共和国二级建造师执业资格证书"。取得建造师执业资格证书经过注册登记后,即获得二级建造师注册证书。

二级建造师执业资格考试,实行全国统一大纲,各省、自治区、直辖市命题并组织考试的制度。同时考生也可选择参加二级建造师执业资格全国统一考试,全国统一考试由国家统一组织命题和考试。建造师执业资格注册有效期一般为3年,期满前3个月,要办理延续注册手续。

二级建造师执业资格考试有三门科目,分别是"建设工程施工管理"、"建设工程法规及相关知识"和"专业工程管理与实务"。专业科目设置6个专业分别是建筑工程、公路工程、水利水电工程、市政公用工程、矿业工程和机电工程。

5.3.3 注册监理工程师

1. 监理工程师制度的发展和定义

1988年,建设部总结了我国传统的工程建设管理体制的弊病,并参照国际惯例,提出建立专业化、社会化的工程建设监理制度。1991年12月建设部通过《工程建立单位资格惯例试行办法》。1992年6月,建设部发布了《监理工程师资格考试和注册试行办法》(建设部第18号令),我国开始实施监理工程师资格考试。1996年8月,建设部、人事部下发了《建设部、人事部关于全国监理工程师执业资格考试工作的通知》(建监[1996]462号),从1997年起,全国正式举行监理工程师执业资格考试。考试工作由建设部、人事部共同负责,日常工作委托建设部建筑监理协会承担,具体考务工作由人事部人事考试中心负责。考试每年举行一次,考试时间一般安排在5月中旬。原则上在省会城市设立考点。

注册监理工程师是指经全国统一考试合格,取得"监理工程师资格证书"并经注册登记的工程建设监理人员。考试设4个科目,分4个半天进行。监理工程师执业资格考试合格者,由各省、自治区、直辖市人事(职改)部门颁发人事部统一印制的、人事部与建设部用印的中华人民共和国"监理工程师执业资格证书"。该证书在全国范围内有效。

2. 注册监理工程师的执业范围

注册监理工程师可以从事工程监理、工程经济与技术咨询、工程招标与采购咨询、工程项目管理服务以及国务院有关部门规定的其他业务。

3. 执业资格的获取途径

(1)考试科目

考试设4个科目,具体是:"建设工程监理基本理论与相关法规"、"建设工程合同管理"、"建设工程质量、投资、进度控制"、"建设工程监理案例分析"。其中,"建设工程监理案例分析"为主观题,在试卷上作答;其余3科均为客观题,在答题卡上作答。

(2)报考条件

①基本条件。凡中华人民共和国公民,身体健康,遵纪守法,具备下列条件之一者,

可申请参加监理工程师执业资格考试。

②参加全科(四科)考试条件。工程技术或工程经济专业大专(含大专)以上学历,按照国家有关规定,取得工程技术或工程经济专业中级职务,并任职满3年。

按照国家有关规定,取得工程技术或工程经济专业高级职务。

1970年(含1970年)以前工程技术或工程经济专业中专毕业,按照国家有关规定,取得工程技术或工程经济专业中级职务,并任职满3年。

(3)免试部分科目的条件

对从事工程建设监理工作并同时具备下列四项条件的报考人员,可免试"建设工程合同管理"和"建设工程质量、投资、进度控制"两科。

1970年(含1970年)以前工程技术或工程经济专业中专(含中专)以上毕业;

按照国家有关规定,取得工程技术或工程经济专业高级职务;

从事工程设计或工程施工管理工作满15年;

从事监理工作满1年。

(4)成绩有效规定

参加全部4个科目考试的人员,必须在连续两个考试年度内通过全部科目考试;符合免试部分科目考试的人员,必须在一个考试年度内通过规定的两个科目的考试,可取得监理工程师执业资格证书。

(5)考试档案填写规定

续考考生必须准确填写上一年考试档案号,否则两年成绩无法合并计算。

(6)主考单位

注册监理工程师考试由建设部和人事部共同负责全国监理工程师执业资格制度的政策制定、组织协调、资格考试和监理管理工作。建设部负责组织拟定考试科目,编写考试大纲、培训教材和命题工作,统一规划和组织考前培训。人事部负责审定考试科目、考试大纲和试题,组织实施各项考试工作;会同建设部对考试进行检查、监督、指导和确定考试合格标准。

目前,我国各种资质的监理企业共有6 200多家,但是对于合格的监理人才竞争却异常激烈。按规定,每30 000平方米的建筑必须有约5个以上监理人员,全国各省约需监理人才60多万人,缺口很大。俗话说"物以稀为贵",监理工程师的薪资是十分诱人的。据数据显示,2008年监理工程师的平均年薪为57 382元,平均年龄为30岁,从业者的平均工作经验年限为6年。对于有志于在监理行业发展的人才来说,监理工程师确实是一条不错的职业发展道路。

5.3.4 注册造价工程师

1. 注册造价工程师制度的发展和定义

在20世纪90年代后期,随着工程招投标制度、工程合同管理制度、建设建立制度、项目法人责任制等工程管理基本制度的建立,工程中需要一批同时具备工程技术、工程计量与计价知识,通晓经济法与工程造价管理的人才,我国逐步建立了造价工程师资格制度。

建设部于 1996 年先后颁布了《工程造价咨询单位资质管理办法》和《造价工程师执业资格暂行制度》。同年人事部、建设部颁发《造价工程师执业资格制度暂行规定》，并组织了造价工程师考试试点。在总结试点经验的基础上，于 1998 年在全国组织了造价工程师统一考试。2000 年 1 月建设部颁布《造价工程师注册管理办法》，规定了造价工程师的考试、注册、执业、继续教育和法律责任等。

注册造价工程师就是指由国家授予资格并准予注册后执业，专门接受某个部门或某个单位的指定、委托或聘请，负责并协助其进行工程造价的计价、定价及管理业务，以维护其合法权益的工程经济专业人员。国家在工程造价领域实施造价工程师执业资格制度。凡从事工程建设活动的建设、设计、施工、工程造价咨询、工程造价管理等单位和部门，必须在计价、评估、审查(核)、控制及管理等岗位配套有造价工程师执业资格的专业技术人员。

2. 造价师与造价员的关系

(1)造价师与造价员的区别

①级别差异。造价师代表更高一级。

②工作权限差异。造价员只能编制不能审核，也就说没有审核的权利，而造价师可以。

③资质使用范围差异。造价师资质全国范围内通用，而造价员受区域限制。

(2)造价工程师与造价员的相同点

①同一行业内的从业资质。

②工作内容都是预结算编制、审核工作。

3. 执业资格的获取途径

(1)考试形式

注册造价工程师，是指通过全国造价工程师执业资格统一考试或者资格认定、资格互认，取得中华人民共和国造价工程师执业资格(以下简称执业资格)，并按照本办法注册，取得中华人民共和国造价工程师注册执业证书(以下简称注册证书)和执业印章，从事工程造价活动的专业人员。

全国造价工程师执业资格考试由建设部与人事部共同组织，考试每年举行一次，造价工程师执业资格考试实行全国统一大纲、统一命题、统一组织的办法。原则上每年举行一次，只在省会城市设立考点。考试采用滚动管理，共设 5 个科目，单科滚动周期为 2 年。

(2)报名条件

①凡中华人民共和国公民，遵纪守法并具备以下条件之一者，均可申请造价工程师执业资格考试：

工程造价专业大专毕业，从事工程造价业务工作满 5 年；工程或工程经济类大专毕业，从事工程造价业务工作满 6 年。

工程造价专业本科毕业，从事工程造价业务工作满 4 年；工程或工程经济类本科毕业,从事工程造价业务工作满5年。

获上述专业第二学士学位或研究生班毕业和获硕士学位,从事工程造价业务工作满3年。

获上述专业博士学位,从事工程造价业务工作满2年。

②上述报考条件中有关学历的要求是指经教育部承认的正规学历,从事相关工作经历年限要求是指取得规定学历前、后从事该相关工作时间的总和,其截止日期为2007年年底。

③凡符合造价工程师考试报考条件的,且在《造价工程师执业资格制度暂行规定》下发之日(1996年8月26日)前,已受聘担任高级专业技术职务并具备下列条件之一者,可免试"工程造价管理基础理论与相关法规"、"建设工程技术与计量"两个科目,只参加"工程造价计价与控制"、"工程造价案例分析"两个科目的考试。

1970年(含1970年,下同)以前工程或工程经济类本科毕业,从事工程造价业务满15年。

1970年以前工程或工程经济类大专毕业,从事工程造价业务满20年。

1970年以前工程或工程经济类中专毕业,从事工程造价业务满25年。

④根据人事部《关于做好香港、澳门居民参加内地统一举行的专业技术人员资格考试有关问题的通知》(国人部发〔2005〕9号)文件精神,自2005年度起,凡符合造价工程师执业资格考试有关规定的香港、澳门居民,均可按照规定的程序和要求,报名参加相应专业考试。香港、澳门居民在报名时应向报名点提交本人身份证明、国务院教育行政部门认可的相应专业学历或学位证书,以及相应专业机构从事相关专业工作年限的证明。

⑤考试科目及考试时间。考试科目:"工程造价管理基础理论与相关法规"、"工程造价计价与控制"、"建设工程技术与计量(土建或安装)"、"工程造价案例分析"。

考试时间一般为每年的10月份左右。

造价工程师覆盖面非常广。在所有的工程口上,包括从开始的设计概算需要有造价的知识,再到招投标,现在国家有政策,招标代理必须要有造价工程师,然后到施工,甲方、乙方都需要有造价工程师来把握造价的内容;直到最后的竣工结算,都需要造价工程师来做,所以说总体来看市场的需求量非常大,而且市场对于造价工程师的认可程度也比较高。

由于原来从事住宅开发建设的人才需要经过一定时间的培训、调整,才能适应新项目开发的要求。因此,那些有着多年工作经验及大型商业项目操作经验的造价工程师、监理工程师及项目经理都是企业最希望找到的人才。同时,国家也有明文规定,一个造价工程师只能接受一个单位的聘请,只能在一个单位中为本单位或委托方提供工程造价专业服务。这也就成了造价工程师极度缺乏的一个重要因素。

从政策来说,从事建设活动的单位有没有在册的造价工程师是能否从事相关业务的关键。今后国家还会不断出政策来规范企业资质的审核,可能需要一些单位,要有什么样的资格,要有几个造价工程师这样的一些要求。所以说从现在和将来一段时间来看,造价工程师的市场需求量将是十分庞大的。

我国目前造价工程师处于紧缺状态,由于考试要求严格,资质审查细密,迄今已取得住房和城乡建设部颁发的注册造价工程师资格证者,全国只有十万余人,而全国预计需求则在100万人以上。

目前,众多从事建设工程领域中介服务的公司,争相以高薪酬、高福利争夺"注册造价工程师"这一高级人才。造价工程师的身价一路攀升,众多企业开出造价工程师年薪达到10万元以上。由于注册造价工程师等专业技术人员也难以寻觅,成为建筑、工程施工等企业对其竞相追逐的对象,不少企业被迫选择猎头公司。在所有房地产、建筑行业人才需求中,注册造价工程师是最抢手的"香饽饽",造价工程师也被建筑行业誉为"精英人才"。

5.3.5 注册房地产估价师

1. 注册房地产估价师制度的发展和定义

随着中国房地产市场的飞速发展,房地产服务业在市场中的地位和作用日益重要。1995年3月22日建设部、人事部根据《中华人民共和国城市房地产管理法》,制定、颁布了《房地产估价师执业资格制度暂行规定》和《房地产估价师执业资格考试实施办法》。

房地产估价师是指经全国统一考试,取得房地产估价师"执业资格证书",并注册登记后从事房地产估价活动的人员。全国房地产估价师执业资格考试的科目包括房地产基本制度与政策、房地产开发经营与管理、房地产评估理论与方法、房地产估价案例与分析等。房地产估价师的执业范围包括房地产估价、房地产咨询以及与房地产估价有关的其他业务。房地产估价师应具备的能力包括:熟悉房地产基本制度与政策,熟悉房地产开发经营与管理的过程与规律,掌握房地产估价的理论与方法,并具备进行房地产估价计价所需的相关知识。

2. 执业资格的获取途径

(1)资格考试报考条件

①凡中华人民共和国公民和香港、澳门、台湾居民,遵纪守法,并具备下列相应条件者,均可报名参加房地产估价师、房地产经纪人资格考试。经国家有关部门同意,获准在中华人民共和国境内就业的外籍人员,具备下列相应条件者,可报名参加房地产经纪人资格考试。

报考房地产估价师的条件:

A.取得房地产估价相关学科(包括房地产经营、房地产经济、土地管理、城市规划、工业与民用建筑、建筑经济、投资经济、房地产价格管理等,下同)中等专业学历,具有8年以上相关专业工作经历,其中从事房地产估价实务工作满5年。

B.取得房地产估价相关学科大专学历,具有6年以上相关专业工作经历,其中从事房地产估价实务工作满4年。

C.取得房地产估价相关学科学士学位,具有4年以上相关专业工作经历,其中从事房地产估价实务工作满3年。

D. 取得房地产估价相关学科硕士学位或第二学位、研究生班毕业,从事房地产估价实务工作满2年。

E. 取得房地产估价相关学科博士学位。

F. 不具备上述规定学历,但通过国家统一组织的经济专业初级资格或审计、会计、统计专业助理级资格考试并取得相应资格,具有10年以上相关专业工作经历,其中从事房地产估价实务工作满6年,成绩特别突出。

报考房地产经纪人资格的条件:

A. 取得大专学历,工作满6年,其中从事房地产经纪业务工作满3年。

B. 取得本科学历,工作满4年,其中从事房地产经纪业务工作满2年。

C. 取得双学士学位或研究生班毕业,工作满3年,其中从事房地产经纪业务工作满1年。

D. 取得硕士学位,工作满2年,从事房地产经纪业务工作满1年。

E. 取得博士学位,从事房地产经纪业务工作满1年。

②对已取得房地产估价师资格证书,并需要参加房地产经纪人考试的人员,可免试"房地产基本制度与政策"科目。

③报考条件中涉及专业工作时间年限的,均计算到报考当年年底。

④因有专业技术人员资格考试违纪违规行为,已按有关规定处理,尚在停考期内的人员,不得参加该项考试。

(2) 发证机构

经职业技能鉴定、认证考试合格者,颁发加盖全国职业资格认证中心(JYPC)职业技能鉴定专用章钢印的"注册职业资格证书"。权威证书,政府认可,电子注册,网上查询,全国通用,就业有效。

(3) 考试时间

每年10月中旬。具体考试日期、地点、方式,由考生所在地的考试机构或培训机构另行通知。

(4) 考试科目

房地产估价师考试是由建设部与人事部共同组织的考试,该考试包括如下四个科目:"房地产基本制度与政策"、"房地产开发经营与管理"、"房地产估价理论与方法"、"房地产估价案例与分析"。

(5) 房地产估价师成绩管理

全国房地产估价师执业资格考试实行两年为一个周期的滚动管理。参加全部4个科目考试的人员必须在连续两个考试年度内通过应试科目。

消费者在换房、购房过程中考虑的因素很多,价格、地段、户型设计、房屋质量、开发商的实力和信誉、合法的手续……价格是其中最重要、最敏感的因素。其实在任何一种买卖交易中,商品都需要衡量和确定其价格,但房地产更需要一种专业的估价,因为房地产具有独一无二性和价值量大的特点。不同区位的房产价值相差很大,而且随着市场变化、周围交通和环境的变化还会引起房地产价值的变化。房地产作为居民支付的最大商品,价值量大,值得请人估价,也能承受得起相应的估价费用。

目前,大量二手房上市,消费者需要评估房产的机会增多,房地产估价师也将更有作为。房地产的地理位置不变,但其社会经济位置可以改变,城市规划、道路建设、周边环境会赋予房地产新的价值,消费者希望选择这些具有增值潜力的房产,这也是我国目前房地产估价师要去面对、衡量的问题。

5.3.6 注册咨询工程师

1. 注册咨询工程师制度的发展和定义

1994年4月原国家计委颁布了《工程咨询业管理暂行办法》和《工程咨询单位资格认定暂行办法》。

人事部和国家发展改革委员会于2001年底颁布了《注册咨询工程师(投资)职业资格制度暂行规定》和《注册咨询工程(投资)执业资格考试实施办法》,决定在我国建立注册咨询工程师(投资)执业资格制度,并实行执业资格考试制度。同时指出,凡在经济建设中从事工程咨询业务的机构,必须配备一定数量的注册咨询工程师。首次注册咨询工程师(投资)考试于2003年举行。

注册咨询工程师(投资)是指通过全国统一考试,取得"中华人民共和国注册咨询工程师(投资)执业资格证书",经注册登记后,在经济建设中从事工程咨询业务的专业技术人员。注册咨询工程师(投资)的英文为:Registered Consulting Engineer,考试每年举行一次,考试时间一般安排在4月。原则上只在省会城市设立考点。

2. 执业资格的获取途径

(1) 全部科目(考五科)考试条件

凡中华人民共和国公民,遵守国家法律、法规,并具备下列条件之一者,可以申请参加注册咨询工程师(投资)执业资格考试。

①工程技术类或工程经济类大专毕业后,从事工程咨询相关业务满8年。

②工程技术类或工程经济类专业本科毕业后,从事工程咨询相关业务满6年。

③获工程技术类或工程经济类专业第二学士学位或研究生班毕业后,从事工程咨询相关业务满4年。

④获工程技术类或工程经济类专业硕士学位后,从事工程咨询相关业务满3年。

⑤获工程技术类或工程经济类专业博士学位后,从事工程咨询相关业务满2年。

⑥获非工程技术类、工程经济类专业上述学历或学位人员,其从事工程咨询相关业务年限相应增加2年。

⑦人事部、国家发展计划委员会规定的其他条件。

(2) 参加免试部分科目(考两科)考试条件

具备下列条件之一者,可免试"工程咨询概论"、"宏观经济政策与发展规划"、"工程项目组织与管理"科目:

①符合考核认定范围,但在考核认定中未获得通过的人员。

②获国家计委或中国工程咨询协会优秀工程咨询成果奖项目及全国优秀工程勘测设计奖项目的主要完成人。

③在2002年底前按国家规定取得高级专业技术职务任职资格,并从事工程咨询相关业务满8年。

④通过国家执业资格考试,获得工程技术类执业资格证书,并从事工程咨询相关业务满8年。

(3)报名条件的说明

①凡符合全部科目(考五科)考试条件中规定条件的人员,不论是否退休,也不受年龄限制,均可以报名参加注册咨询工程师(投资)执业资格考试。

②全部科目(考五科)考试条件中规定的"从业年限"是指报名人员从事工程咨询相关业务时间的总和,其截止日期为考试报名年度当年年底,按"满周年计算"。

③全部科目(考五科)考试条件中所称"工程技术类"专业是指教育部规定的所有理工科专业;所称"工程经济类"专业包括工程管理、投资经济、技术经济、项目管理和经济管理专业。报名条件中有关学历的要求是指教育部承认的国民教育系列学历。

④全部科目(考五科)考试条件中所称"工程咨询相关业务"是指原国家计委委托中咨协会颁布的"工程咨询单位资格认定实施办法(修订)"规定的8项服务范围,即规划咨询、项目建议书编制、项目可行性研究报告编制、评估咨询、工程设计、招投标咨询、工程监理和管理咨询,以及与这8项服务范围相关的工程咨询管理、投资建设管理、教育和培训业务。

⑤免试部分科目(考两科)考试条件①中所称"考核认定中未获得通过人员",是指符合考核认定的条件,但因受数量控制而未通过的人员。这部分人员名单由全国注册咨询工程师(投资)执业资格认定工作领导小组办公室提供。

⑥免试部分科目(考两科)考试条件②中所称获奖"主要完成人",是指原国家计委颁发的优秀研究成果(前称科技进步奖)一、二、三等奖,中国工程咨询协会颁发的全国优秀工程咨询成果一、二、三等奖,以及建设部颁发的优秀工程设计和工程勘察金、银、铜奖所附获奖证书或获奖名单中所列所有人员。

⑦免试部分科目(考两科)考试条件④中所称工程技术类执业资格证书,范围仅限于建设部和人事部颁发的一级注册建筑师、一级注册结构工程师、注册城市规划师、造价工程师和监理工程师执业资格证书。

(4)考试科目

工程咨询概论、宏观经济政策与发展规划、工程项目组织与管理、项目决策分析与评价、现代咨询方法与实务。工程咨询概论、宏观经济政策与发展规划、工程项目组织与管理、工程项目决策分析与评价4个科目考试题型为客观题,全部在答题卡上作答,阅卷工作由各省(区、市)人事考试中心组织实施。

(5)考试成绩管理

考试成绩实行三年为一个周期的滚动管理办法。参加全部五个科目考试的人员必须在连续三个考试年度内通过全部科目;免试部分科目的人员必须在一个考试年度内通过应试科目。

(6)证书

注册咨询工程师(投资)执业资格考试合格者,获得由人力资源和社会保障部、国家发展和改革委员会用印的"中华人民共和国注册咨询工程师(投资)执业资格证书"。该证书全国范围有效。

5.3.7 注册安全工程师

1. 注册安全工程师的定义

注册安全工程师是指通过全国统一考试,取得"中华人民共和国注册安全工程师执业资格证书",并经注册的专业技术人员。注册安全工程师英文为 Certified Safety Engineer。生产经营单位中安全生产管理、安全工程技术工作等岗位以及安全生产提供技术服务的中介机构,必须配备一定数量的注册安全工程师。经国家经济贸易委员会授权,国家安全生产监督管理局负责实施注册安全工程师执业资格制度的有关工作。

《注册安全工程师职业资格制度暂行规定》于2002年9月3日由人事部、国家安全生产监督管理局人发[2002]87号发布。

2. 注册安全工程师执业资格考试

注册安全工程师执业资格考试是由人事部和国家安全生产监督管理总局共同组织实施的一项职业资格准入制度的考试,每年在全国范围内举行一次。该考试为滚动考试(每两年为一个滚动周期),参加四个科目考试的人员必须在任意连续两个考试年度内通过全部应试科目,免试部分科目的人员必须在一个考试年度内通过应试科目的考试,方可取得"中华人民共和国注册安全工程师执业资格证书",该证书在全国范围内有效。

注册安全工程师考试科目分为四科,分别是:"安全生产法及相关法律知识"、"安全生产管理知识"、"安全生产技术"、"安全生产事故案例分析",所有科目必须在连续两个年度内全部通过方可注册。

3. 报考条件

①凡中华人民共和国公民,遵守国家法律、法规,并具备下列条件之一者,可申请参加注册安全工程师执业资格考试:

A. 取得安全工程、工程经济类专业中专学历,从事安全生产相关业务满7年;或取得其他专业中专学历,从事安全生产相关业务满9年。

B. 取得安全工程、工程经济类大学专科学历,从事安全生产相关业务满5年;或取得其他专业大学专科学历,从事安全生产相关业务满7年。

C. 取得安全工程、工程经济类大学本科学历,从事安全生产相关业务满3年;或取得其他专业大学本科学历,从事安全生产相关业务满5年。

D. 取得安全工程、工程经济类第二学士学位或研究生班毕业,从事安全生产相关业务满2年;或取得其他专业第二学士学位或研究生班毕业,从事安全生产相关业务满3年。

E. 取得安全工程、工程经济类硕士学位,从事安全生产相关业务满 1 年;或取得其他专业硕士学位,从事安全生产相关业务满 2 年。

F. 取得安全工程、工程经济类博士学位;或取得其他专业博士学位,从事安全生产相关业务满 1 年。

②凡符合注册安全工程师执业资格考试报考条件,且在 2002 年底前已评聘高级专业技术职务,并从事安全生产相关业务工作满 10 年的专业人员,可免试"安全生产管理知识"和"安全生产技术"两个科目,只参加"安全生产法及相关法律知识"和"安全生产事故案例分析"两个科目的考试。

③根据人事部《关于做好香港、澳门居民参加内地统一举行的专业技术人员资格考试有关问题的通知》(国人部发〔2005〕9 号)文件精神,自 2005 年度起,凡符合注册安全工程师执业资格考试有关规定的香港、澳门居民,均可按照规定的程序和要求,报名参加相应专业考试。香港、澳门居民申请参加注册安全工程师执业资格考试,在资格审核时应提交本人身份证明、国务院教育行政部门认可的相应专业学历或学位证书,以及相应专业机构从事相关专业工作年限的证明。

④上述报考条件中有关学历的要求是指经国家教育部门承认的学历或学位;从事相关业务工作的年限要求是指取得规定学历前、后从事该相关业务工作时间的总和,其截止日期为考试报名当年年底。

4. 注册安全工程师考试成绩管理

注册安全工程师执业资格考试的考试成绩实行两年为一个周期的滚动管理办法。参加全部四个科目考试的人员必须在连续的两个考试年度内通过全部科目;免试部分科目的人员必须在一个考试年度内通过应试科目。

5. 免试条件

凡符合注册安全工程师执业资格考试报名条件,且在 2002 年 9 月 3 日前已评聘高级专业技术职务,并从事安全生产相关业务工作满 10 年的专业人员,可免试"安全生产管理知识"和"安全生产技术"2 个科目,只参加"安全生产法及相关法律知识"和"安全生产事故案例分析"2 个科目的考试。

5.3.8 其他

1. 招标师

(1)执业制度

根据人力资源和社会保障部、国家发展改革委员会《关于印发〈招标采购专业技术人员职业水平评价暂行规定〉和〈招标师职业水平考试实施办法〉的通知》(国人部发[2007]63 号)和《关于 2009 年度招标师职业水平考试有关问题的通知》(人社厅函[2009]164 号)规定,自行办理招标事宜的单位和依法设立的招标代理机构中专门从事招标活动的专业技术人员,通过职业水平评价,取得招标采购专业技术人员职业水平证书,具备招标采购专业技术岗位工作的水平和能力。

招标师工作职责：
①编制招标采购计划、方案、招标采购公告、招标资格预审文件，组织投标资格审查。
②组织招标文件和合同文本（其中技术规范、工程量清单由其他专业技术人员为主编制），组织现场踏勘、开标和评标活动。
③主持或协助合同谈判并参与签订合同。
④采用其他方式组织采购活动。
⑤参与招标采购活动结算和验收。
⑥解决招标活动及合同履行中的争议纠纷。

招标采购专业技术人员职业水平评价分为招标师和高级招标师两个级别。招标师执业水平评价采用考试的方式进行；高级招标师职业水平评价实行考试与评审相结合的方式进行。

(2) 招标师考试报考条件
取得经济学、工学、法学或管理学类专业大专以上学历，工作满规定年限，且其中从事招标采购专业工作满规定年限，可申请参加招标师职业水平考试。

(3) 招标师考试科目
招标师考试科目为"招标采购法律法规与政策"、"项目管理与招标采购"、"招标采购专业实务"、"招标采购案例分析"。招标师职业水平考试为滚动考试，滚动周期为两个考试年度，参加四个科目考试的人员必须在连续的两个考试年度内通过应试科目。

2. 中国项目管理师

①中国项目管理师（CPMP）作为国家职业资格考试，具有广泛的认可度和专业权威性，代表了我国政府对项目管理专业从业人员资格认证的最高水平。国家职业资格项目管理师证书已成为我国政府部门和各企事业机构组织对项目管理专业人员素质考核的主要参考因素，是对项目管理专业人员执业、求职、任职的基本要求。是中华人民共和国人力资源和社会保障部（原劳动和社会保障部）在全国范围内推行的项目管理专业人员资质认证体系的总称。它共分为四个等级：项目管理员（职业资格四级）、助理项目管理师（职业资格三级）、项目管理师（职业资格二级）、高级项目管理师（职业资格一级），每个等级分别授予不同级别的证书。

②项目管理师执业范围有工程类、IT类、投资类、通用类。

③执业资格认证途径。中国项目管理师（CPMP）认证需要经过申请者资格审查、从事项目管理工作经理审查、授权机构集中培训考核、案例讨论、实习作业、全国统考、专家评估几个过程。以"业绩评估+培训考试+全国统考的认证"模式来保证认证的公正、透明和有效。

3. 其他

除了上述我国建设工程领域的执业资格制度外，工程管理专业的学生还可以成为法律、法规规定的其他从业人员，如注册资产评估师、岩土工程师、土地等级代理人、环境影响评价师、质量师等。

5.4 国际上相关的执业资格制度

发达国家经过了长期发展,形成了完善的法律制度管理市场,已建立起成熟的执业资格制度,管理界和工程管理界主要以个人执业资格为主,容许任何合法的注册企业从事工程管理。虽然各国的建筑业执业资格的设置各有不同,但却有共同的特点,即根据不同专业的技术复杂程度和职业后果,对执业资格实行分类管理。第一类是国家资格类(法律管理模式类),是政府为维护国家和社会公众利益,对某些事关人身、财产安全和环境质量的建筑业设置的准入制度,主要有注册建筑师、注册结构工程师等,部分国家的建造师、房地产经纪人和估价师、景观设计师、城市规划师等也实行法律管理;第二类是行业资格类(行业自律管理模式类),是行业学会或协会制定的会员资格标准,以此对专业技术人员进行规范。行业自律管理的执业资格比较普遍,如英国、法国、德国、澳大利亚等,除了律师、医师、建筑师之外,大部分执业资格都是通过行业自律管理的。前述的我国工程管理执业制度主要是政府管理模式。

5.4.1 国际项目管理专业资格认证(IPMP)

国际项目管理专业资格认证(International Project 米anagement Professional,IPMP)是国际项目管理协会(International Project 米anagement Association,IPMA)在全球推行的四级项目管理专业资格认证体系的总称。

国际项目管理协会(International Project 米anagement Association,IPMA,如图 5.3 所示)是成立于 1965 年、总部设在瑞士洛桑的国际项目管理组织,IPMA 的成员主要是各个国家的项目管理协会,到目前为止共有 34 个成员组织。这些国家的组织用他们自己的语

图 5.3 国际项目管理协会 LOGO

言服务于本国项目管理的专业需求,IPMA 则以广泛接受的英语作为工作语言提供有关需求的国际层次的服务。为了达到这一目的,IPMA 开发了大量的产品和服务,包括研究与发展、教育与培训、标准化和证书制以及有广泛的出版物支撑的会议、讲习班和研讨会等。除上述各成员组织外,有一些其他国家的学会组织与 IPMA 一起在促进项目管理。

对于那些已经成为 IPMA 成员的各国项目管理组织,他们的个人会员或团体会员已自动成为 IPMA 的会员。在那些没有项目管理组织或本国项目管理组织尚未加入 IPMA 的国家的个人或团体,可以直接加入 IPMA 作为国际成员。

IPMP 是对项目管理人员知识、经验和能力水平的综合评估证明。根据 IPMP 认证等级划分获得 IPMP 各级项目管理认证的人员,将分别具有负责大型国际项目、大型复杂项目、一般复杂项目或具有从事项目管理专业工作的能力。IPMA 依据国际项目管理专业资格标准(IPMA Competence Baseline,ICB),针对项目管理人员专业能力、知识、

管理经验和个人素质的不同,将项目管理专业人员资格认证划分为四个等级,即 A 级、B 级、C 级、D 级,每个等级分别授予不同级别的证书。

1. A 级(Level A)证书

A 级证书是国际特级项目经理(Certified Projects Director)。获得这一级认证的项目管理专业人员有能力进行一个公司(或一个分支机构)的包括诸多项目的复杂规划,有能力管理该组织的所有项目,或者管理复杂的国际合作项目。

其基本程序为:

①自己提出申请,说明自己的履历,完成或参与项目的清单,以及证明材料,并进行自我评估。

②申请接受后提出项目群管理报告。

③由评估师进行面试。

④合格取得证书后,有效期5年。

2. B 级(Level B)证书

B 级证书是国际高级项目经理(Certified Senior Project 米 anager)。获得这一级认证的项目管理专业人员可以管理大型复杂项目,或者管理一项国际合作项目。

其基本程序为:

①自己提出申请,说明自己的履历,完成或参与项目的清单,以及证明材料,并进行自我评估。

②申请接受后提出项目管理报告。

③由评估师进行面试。

④合格取得证书后,有效期5年。

3. C 级(Level C)证书

C 级证书是国际项目经理(Certified Project 米 anager)。获得这一级认证的项目管理专业人员能够管理一般复杂项目,也可以在所在项目中辅助高级项目经理进行管理。

其基本程序为:

①自己提出申请,说明自己的履历,完成或参与项目的清单,以及证明材料,并进行自我评估。

②申请接受后必须进行笔试。

③由评估师进行面试。

④合格取得证书后,有效期5年。

4. D 级(Level D)证书

D 级证书是国际助理项目经理(Certified Project 米 anagement Associate)。获得这一级认证的项目管理专业人员具有项目管理从业的基本知识,并可以将它们应用于某些领域。

其基本程序为:

①自己提出申请,说明自己的履历,并进行自我评估。

②申请接受后参加管理知识笔试。

③取得的证书无有效期限制。

由于各国项目管理发展情况不同,各有各的特点,因此 IPMA 允许各成员国的项目管理专业组织结合本国特点,参照 ICB 制定在本国认证国际项目管理专业资格的国家标准(National Competence Baseline,NCB)。

中国项目管理研究委员会(PMRC)是 IPMA 的成员国组织,是我国唯一的跨行业跨地区的项目管理专业组织,IPMA 已授权 PMRC 在中国进行 IPMP 的认证工作。PMRC 已经根据 IPMA 的要求建立了"中国项目管理知识体系(C-PMBOK)"及"国际项目管理专业资格认证中国标准(C-NCB)",这些均已得到 IPMA 的支持和认可。PMRC 作为 IPMA 在中国的授权机构于 2001 年 7 月开始全面在中国推行国际项目管理专业资格的认证工作。认证学员参加 IPMP 培训与考试,由 PMRC 颁发 IPMP 课程进修结业证,通过认证将获得 IPMA 颁发的项目管理专业资格证书。

5.4.2 美国项目管理师(PMP)

美国项目管理协会(Project Management Institute,PMI,如图 5.4 所示),成立于 1969 年,总部位于美国费城,是一个在全球 125 个国家拥有 10 多万名会员的国际性学会,是项目管理专业领域中最大的由研究人员、学者、顾问和经理组成的全球性专业组织。PMI 资格认证之所以能在如此广的行业和地域范围内被迅速认可,首先是项目管理本身的重要性和实用性决定的,其次是很大程度上得益于该项认证体系本身的科学性。PMI 早在 20 世纪 70 年代末就率先提出了项目管理的知识体系(Project Management Body of Knowledge,PMBOK)。

图 5.4 美国项目管理协会 LOGO

项目管理师(Project Management Professional,PMP)考试是由美国项目管理协会(PMI)建立的对项目管理人员的职业资格认证考试。其目的是给项目管理人员提供统一的行业标准。PMP 考试 1999 年在全球所有认证考试中第一个通过 ISO 9001 国际质量认证。目前该项认证获得全球 150 多个国家的承认,每年同时使用包括中文在内的 16 种语言进行考试。考试建立在《项目管理知识体系指南》(PMBOK)体系上,该体系将项目科学地划分为项目启动、项目计划、项目执行、项目控制、项目收尾共 5 个过程,根据各个阶段的特点和所面临的主要问题,系统归纳成项目管理的 9 大知识领域,并分别对各领域的知识、技能、工具和技术作了全面总结。

PMP 考试认证对资历要求十分严格。申请者需要具有大学学士及以上学位,或者同等学力,至少要有 4 500 小时的项目管理经验。在申请之日前 6 年内,累计项目管理月数达到 36 个月。如果申请者不具备大学学士学位或同等大学学历,申请人至少要具有 7 500 小时的项目管理经验;在申请之日前 8 年内,累计项目管理月数达到 60 个月。

考生还要在限定时间内提交至少 4 500 工时的项目管理经验材料,用英文书写。

申请者必须达到 PMI 规定的所有教育和经历要求,并对项目管理专家认证考试测试的关于对项目管理的理解和知识达到认可及合格程度才能获得 PMP 证书。

2000 年,国家外国专家培训中心与美国 PMI 签署合作协议,成为美国 PMI 在大陆负责项目管理专业人员资格认证考试组织机构和教育培训机构。

PMP 认证考试为笔试,现在每年举行四次,在每年的 3 月、6 月、9 月、12 月进行,题型为选择题,共 200 题,考试时间为 4 小时。

PMP 的学员主要分布在 IT、信息、建筑、石油化工、金融、航天、能源、交通等;截至 2006 年 4 月底,全国已有近 20 万人次参加了 PMI 知识体系培训,2 万多人次参加 PMP 资格认证考试,1 万余人通过认证考试,获得 PMP 证书。

5.4.3 英国工程管理领域的执业资格制度

1. 英国皇家特许建造学会(CIOB)

英国皇家特许建造学会(The Chartered Institute of Building, CIOB,如图 7.5 所示)成立于 1834 年,至今已有 170 多年的历史。是一个主要由从事建筑管理的专业人员组织起来,涉及建设全过程管理的全球性专业学会。该学会在 1980 年获得皇家的认可。自成立以来,该学会已经在全球 94 个国家中拥有超过 40 000 名会员,分布在计划、设计、施工、物业、测量以及相关工程服务的各个领域,成为欧共体国家以及美国、澳大利亚、非洲和东南亚等国家和地区广泛认可的个人专业执业资格。CIOB 会员具有不同的层次,其中层次最高的两类会员为资深会员(FCIOB)和正式会员(MCIOB),被称为"皇家特许建造师"(Chartered Builder)。CIOB 在国际上具有较高的声望,所以,国内外许多从事建筑管理的专业人员都希望能够成为皇家特许建造师。CIOB 中国办公室于 2001 年在北京成立,CIOB 重庆办公室于 2005 年在重庆成立。这为 CIOB 在中国的加速发展提供了有力支持。

图 5.5 英国皇家特许建造师 LOGO

皇家特许建造学会还在参与政府有关部门制定行业标准,以及会员资格认可标准(包括教育标准)等方面起着积极的作用。

(1)CIOB 的执业范围

英国皇家特许建造师侧重建筑管理方面工作,大多数会员从事施工管理工作,也可以从事工程项目设计或工程建设全过程的管理。CIOB 设有不同的会员等级,涵盖了从施工现场管理、财务管理、经营管理、物业管理以及代表业主进行的项目管理。作为特许建造师,必须具有对建设项目全过程进行管理的能力和经验,可从事建设领域不同的岗位,工作范围涉及工程建设各个过程和方面,如工程承包、业主的项目管理、工料测量、工程咨询、物业管理、建筑领域的研究以及政府职能管理等。

(2) CIOB 会员的层次划分和资格要求

CIOB 的会员目前共设有五个层次,每个层次都有具体的要求:

①资深会员(FCIOB)。它的资格条件是:具有 5 年会员资格的从事高级管理职务的会员,或通过直接资深会员考试或特殊资深会员考试的申请者。

②正式会员(MCIOB)。它的资格条件是:相关专业大学本科毕业,在世纪工作中通过 CIOB 制定的 PDP 训练评估和 NVQ4(英国国家职业资格第四级)的评估,或直接通过 NVQ5(英国国家职业资格第五级)的评估,并经过 CIOB 组织的专家面试合格。

③准会员。它的资格条件是:助理会员通过 CIOB 的培训,满足一定的理论知识和实践能力的要求。

④助理会员(ACIOB)。它的资格条件是:对于从事建筑领域相关专业但不具备大学本科学历的申请者,可先申请助理会员。

⑤学生会员。这一层次主要针对在校学生。

其中最高的两个层次的会员,即资深会员和正式会员,被称为"皇家特许建造师"(Chartered Builder)。

(3) CIOB 的培训制度

英国皇家特许建造师必须经过执业资格认证。认证需要考虑三点:

①学历背景,相当于大学本科学历。

②作为建筑业的从业人员自身素质和能力,即在建筑工地上做过项目经理,对建筑的整个流程非常熟悉。

③从业者对他们所从事的行业尽心尽力,即作为申请人应该一生致力于建筑管理事业。

申请人一般都需要参加一定时间的培训,考察学员对具体问题的处理能力、基本素质和管理水平,提高学员对整个开发过程的理解和项目管理的综合水平,从而达到建造师所要求具备的能力。

(4) 考试制度

CIOB 考试不倾向于对候选人的理论知识的测试,主要考察候选人的责任和职责是否达到了学会的要求,即实践经验、知识及对建筑全过程的理解,应用理论知识解决实际问题的能力,接受管理的职责和领导特质及交流能力。因此,申请人在成功完成了《项目评估与开发》报告以后,要向 CIOB 提交一份基于培训和经验的考试报告和考试申请表。考试报告要反应的内容包括:

①高等教育的详细情况。

②其他专业的资格。

③目前的详细情况,包括任职及在哪个顾问指导下已经获得了培训和经验。

④工作经历,特别是近 3 年的工作经历,包括财务责任、管理专业责任、决策、人员的管理、项目中遇到突发问题时采用的解决办法和亲自参与施工项目的面积、类型及可引起考试组成员关注的其他特殊方面。

专业考试一般采用面试方式。面试时,考官要向候选人陈述本次考试的规则、要求和目的,然后对候选人在报告中提供的信息及相关方面的问题进行提问,并对候选人的建筑知识、工作能力和沟通能力、负责任的级别、管理专业的资格、交流技巧、能力和品行、提交报告的专业价值、对 CIOB 专业规则的理解。当申请人成功地通过了面试,将会获得"英国皇家特许建造师"的资格证书,并成为 CIOB 正式会员。

2. 英国皇家特许测量师学会(RICS)

英国皇家特许测量师学会(Royal Institution of Chartered Surveyor,RICS),是为全球广泛、一致认可的专业性学会,其专业领域涵盖了土地、物业、建造及环境等 17 个不同的行业。

迄今为止,英国皇家特许测量师学会(RICS)已经有 140 余年的历史,目前有 14 万多会员分布在全球 146 个国家;拥有 400 多个 RICS 认可的相关大学学位专业课程,每年发表 500 多份研究及公共政策评论报告,向会员提供覆盖 17 个专业领域和相关行业的最新发展趋势;英国皇家特许测量师学会(RICS)得到了全球 50 多个地方性协会及联合团体的大力支持。RICS 在中国目前设有北京、上海、重庆三个办事处,拥有国内会员近 1 000 人。

皇家特许测量师学会下设 7 个专业分会:综合管理分会、工程预算分会、房屋测量分会、土地代理及农业分会、计划及发展分会、土地及水文测量分会、矿业测量分会。

无论从事的是地产、物业还是测量及其他行业,英国皇家特许测量师学会(RICS)旨在吸收拥有相关资历、学历及经验的业内专才。若要成为英国皇家特许测量师学会(RICS)的会员,主要有下列申请途径:拥有 RICS 认可的相关大学学位或专业资格后,并有不少于十年的相关工作经验,可加盟成为英国皇家特许测量师学会(RICS)的会员。候选人需研习清华大学开设的 RICS 专业操守和专业胜任能力课程,提交相关的履历,其中包括候选人过去十年内,在专业领域中的个人发展、案例研究及参加"持续专业发展项目(CPD)"的记录等,并最终通过专家小组的面试。

(1)英国测量师专业分类

①土地测量(Land Surveying)。

②产业测量(Estate and Valuation Surveying)或称综合实务测量(General Practice Surveying)。

③建筑测量(Building Surveying)。

④工料测量(Quantity Surveying)。

⑤其他,包括矿业测量、农业测量等专业,以及上述专业中派生的新专业,如住宅、商业设施(购物中心),以及海洋测量等。

(2)英国的工料测量师

英国的工料测量师是独立从事建筑造价管理的专业,也称预算师。其工作领域包括房屋建筑工程、土木及结构工程、电力及机械工程、石油化工工程、矿业建设工程、一般工业生产、环保经济、城市发展规划、风景规划、室内设计等。工料测量师服务的对象,有房地产开发商、政府地政及公有房屋管理等部门、厂矿企业、银行等。

工料测量师的服务范围：

①初步费用估算(Preliminary Cost Advice)。在项目规划阶段，为投资者、开发商提供投资估算，就设计、材料设备选用、施工、维护保养提供咨询。

②成本规划(Cost Planning)。成本规划的目的是为委托单位编制一份供建筑师、工程师、装潢设计师合理使用建设投资的比例的方案。工料测量师在协助投资者选定方案时，不只是选最低的造价方案，而是关注全寿命费用最低，包括维修、修理、更新的费用。在工程中，当遇到投资者改变意图时，工料测量师也可以快速报出由于种种原因将要超出决策的数量。

③承包合同文本(Contract Form)。帮助业主，针对工程的具体情况(工程条件、技术复杂程度、进度要求、设计深度、质量控制级别、投资者对待风险的态度)，选择好合同文本。

④招标代理(Bid Agency)。包括起草招标文件，计算工程量并提供工程量清单。工程量清单(Bill of Quantities)是一份将设计图纸所采用的工料规格说明书的要求化为可以计算造价的一系列施工项目及数量的文件，便于投标者比价竞争。工料测量师在投标人报出价格与费率的基础上作出比较分析，选择比较合理的标书，提供给决策者。

⑤造价控制(Cost Control)。在施工合同执行过程中，工料测量师根据成本规划，对造价进行动态控制，定期对已发生的费用、工程进度作比较，报告委托人。

⑥工程结算(Valuation of Construction Work)。工料测量师负责审定工程各种支出，如进度款、中间付款、保留金等。有关调整账单、变更账单都由工料测量师负责管理。

⑦项目管理(Project management)。工料测量师及其事务所出任项目经理，独立地为其提供项目管理服务。

⑧其他服务。工料测量师经过仲裁人资格审定，还可以提供建筑合同纠纷仲裁，以及保险损失估价等服务。

【本章小结】

1. 工程管理专业学生的主要就业方向有以下几种：工程技术方向、招投标、造价咨询或者业主代表方向、勘察设计、规划方向、质量监督及工程监理方向以及公务员、教学及科研方向等。

2. 工程管理的学生就业的工程类企业主要有：业主单位，也就是建设单位、工程造价咨询公司、勘察设计单位、工程承包企业、监理公司和工程项目管理公司、投资咨询公司、质量检测监督部门以及房地产公司和物业管理公司等。

3. 工程管理所要求的综合素质由知识、能力和职业道德三方面构成。

4. 建筑工程管理人员需要掌握相关的知识：工程管理的基本理论和方法、工程经济的基本理论和基本知识、土木工程技术知识、工程法律和工程合同方面的知识、其他方面的知识，如外语、计算机等知识等。

5. 建筑工程管理人员应具有良好的决策、计划、组织、沟通、协调、应变和创新能力，要具有应用上述这些知识处理实际工程问题的能力，包括对工程技术问题的处理能力、工程项目管理能力、工程估价能力、工程经济分析能力、对工程法律和合同的运用和管理能力等。此外还应该具有如下能力：较好的心理素质和应变能力、有较强的组织管理能力和协调能力、较强的创新和学习的能力、其他能力，外语、计算机等。

6. 工程管理者除了需要的职业道德：爱岗敬业、诚信守信、遵纪守法、团结互助和责任感。

7. 从事建筑活动的专业技术人员，应当依法取得相应的执业资格证书，并在执业证书许可的范围内从事建筑活动。

8. 我国与工程管理专业相关的资格认证共用15个，其中直接与工程管理有关的执业资格制度，有注册监理工程师、注册建造师、注册造价工程师、注册房地产估价师、注册咨询工程师、注册资产评估师等。

9. 建造师（Construction division）是以专业技术为依托、以工程项目管理为主业的执业注册人员，近期以施工管理为主。建造师是懂管理、懂技术、懂经济、懂法规，综合素质较高的复合型人员，既要有理论水平，也要有丰富的实践经验和较强的组织能力。建造师分为注册一级建造师和注册二级建造师。

10. 注册监理工程师是指经全国统一考试合格，取得"监理工程师资格证书"并经注册登记的工程建设监理人员。

11. 注册造价工程师就是指由国家授予资格并准予注册后执业，专门接受某个部门或某个单位的指定、委托或聘请，负责并协助其进行工程造价的计价、定价及管理业务，以维护其合法权益的工程经济专业人员。

12. 房地产估价师是指经全国统一考试，取得房地产估价师"执业资格证书"，并注册登记后从事房地产估价活动的人员。

13. 国际上对对执业资格实行分类管理。第一类是国家资格类（法律管理模式类），是政府为维护国家和社会公众利益，对某些事关人身、财产安全和环境质量的建筑业设置的准入制度；第二类是行业资格类（行业自律管理模式类），是行业学会或协会制定的会员资格标准，以此对专业技术人员实施规范。

【本章习题】

1. 我国工程管理专业学生的就业范围主要有哪些？
2. 我国工程管理专业学生能在哪些工程类相关企业工作？
3. 工程管理所需的综合素质包括哪些方面？
4. 建筑工程管理人员要在工程中承担工程管理任务，实现工程的目标，要解决工程中的问题，需要掌握哪些相关的知识？
5. 建筑工程管理人员需要具备哪些能力？
6. 工程管理者需要具备的职业道德有哪些方面？
7. 我国与工程管理相关的执业资格认证制度主要有哪些？
8. 建造师与项目经理的关系是什么？
9. 造价师与造价员的关系是什么？
10. 国际上建筑业执业资格制度主要有哪两大类？

第6章

工程管理专业的教学体系和人才培养

【本章学习要求】

本章主要介绍工程管理专业的发展过程,工程管理专业的培养体系和教学问题,工程管理专业学生能力培养,以及学生就业后的职业发展问题。

【本章主要概念】

房地产 投融资 物业管理 造价管理 质量管理 安全管理

6.1 工程管理专业概述

6.1.1 工程管理专业的发展

1. 国外的工程管理专业发展

工程管理专业是以培养工程管理人才为目标的专业。尽管人类的工程建设已经历史悠久,工程管理的实践和认识也源远流长,但直到20世纪初期为止,工程管理尚未形成体系,主要在土木工程学科以及相关学科中存在。

对工程管理知识领域的研究和专业设置,世界上各个国家发展程度不一,其中研究最早、最具影响力的国家以美国和英国为典型。到20世纪30年代,由于建筑工程管理的专业化要求,工程管理专业逐渐发展起来。早期工程管理的教育是土木工程专业教育的一部分,主要有施工管理、工程估价、工程经济分析、工程合同等方面的内容。

例如美国佛罗里达大学从20世纪30年代就开始设立工程管理专业方向。20世纪30年代,以运用甘特图(包括条形图)方法进行工程实施进度计划和控制在建筑领域的出现,在一定意义上现代工程管理开始进入萌芽状态。

20世纪30年代以来,工业发达国家逐步将工程建设的实践与现代经济和管理理论相结合,工程管理在理论和方法上都得到了更加全面的发展,建筑工程管理教育也拓展到建设工程的前期策划、设计、采购、建设、运行和维护全寿命的周期中。与此相适应

(建筑)工程管理学科经历了近半个世纪的建设和发展历程,现已发展成为一个相对独立、稳定和成熟的学科。

到了20世纪中期,建筑工程管理专业研究生教育也开始在许多土木工程系中得到发展。

2. 我国工程管理专业的发展历程

工程管理专业是在管理工程专业、涉外建筑工程营造与管理专业、国际工程专业、房地产经营管理专业以及其他相关专业教育的基础之上逐渐发展形成的。早些时候,国际上的大学院所中开设工程管理这门专业的也是寥寥无几,只是侧重于某些重点方面进行专门的专业教育,如土木工程管理专业和信息工程管理专业等。

在我国工程管理专业是一个很传统同时又是新兴的专业。从20世纪50年代国内有些院校开始设有"建筑工业经济与组织"专业,许多学校在"工业与民用建筑"以及相关专业中设有施工组织与管理、建筑工程概预算、建筑技术经济等方面的课程和研究方向。

20世纪80年代初,由于国家进行经济体制改革和实行改革开放政策,基本建设投资规模迅速增长,建筑业逐渐成为国民经济的支柱产业并开始重视工程建设项目全过程管理,迫切需要培养相关人才,我国许多高校设立了"建筑管理工程"和"基本建设管理工程"本科专业,以及"建筑经济与管理"硕士点。

20世纪80年代中期至90年代初期,我国对外工程承包和劳务输出大幅度增长,国际工程承包企业对复合型、外向型、开拓型国际工程管理专业人才产生了较大的需求,国内部分高等学校开始设立"国际工程管理"本科专业和"涉外建筑工程营造与管理"本科专业。根据国家教委关于院系专业科目合并调整的指示精神,在新的中国普通高等学校专业设置目录中才出现工程管理这一新兴的、综合的专业科目。目前开设工程管理专业的国内著名院校之一是四川大学管理学院下属的管理科学系与工程系。该院系1978年开始招收本科生,80年代开始招收硕士研究生,有教职工80余人,教授13人,副教授31人,下属7个教研室,5个科学研究所以及研究中心,拥有微机等设备70余台,图书4万余册,另外还订有中外学术期刊100余种。除此以外,该院系还与四川大学工商管理系联合申报和共同组织实施MBA以及EMBA的试点培养工作,并在机械、化工、材料等领域的工程硕士培养中承担了相应的教学任务。该系现在校硕士生60余人,本科生400余人。根据国家教委专业教育指示的调控与制订方案,工程管理专业所进行的教学专业知识体系主要包括:土木工程、工程项目管理、工程经济学、建筑施工组织与技术土木学与地基基础、城市规划的管理、房地产开发与经营等内容。

到1996年"建筑经济与管理"硕士点合并进入"管理科学与工程"硕士点。1998年教育部进行专业调查,在颁布的"普通高等学校本科专业目录和专业介绍"中,将涉外建筑工程营造与管理、基本建设管理工程、国际工程管理、房地产经营、建筑管理工程等专业整合并更名为工程管理专业。同时将"管理科学与工程"设为管理学门类下的一级学科,并下设4个二级学科:信息管理与信息系统、工程管理、工业管理、管理科学。从1999年开始全国许多高校开始正式设置工程管理本科专业。

进入 21 世纪以后，随着国内建筑业、房地产业在国民经济与社会发展中的支柱产业地位和作用日益显著，对工程管理人才的需求量呈显著增长趋势。设置工程管理专业的国内高等院校数量近年来明显增加。截止到 2008 年 4 月，已有 350 多所国内高等学校设置了工程管理类本科专业。

从国内社会需求与改革开放看，随着工程建设建筑标准要求的提高，将对工程管理专业及行业的发展提出新的、更高层次的挑战。如何使工程建筑在质量、监理的水平以及创意上有所突破，都需要工程管理方面的协调和配合。在建筑施工组织和技术、工程开发和经营、财务的滚动和回收、整体规划的管理等诸多方面，进行工程管理的升级和同步发展，以适应发展变化的需要。

6.1.2　工程管理专业教学体系

1. 培养目标

《高等学校工程管理本科专业规范》中指出："工程管理专业培养适应社会主义现代化建设需要，德、智、体、美全面发展，具备土木工程技术及与工程管理相关的管理、经济和法律等基本知识，全面获得工程师基本训练，同时具备较强的专业综合素质与能力，具备健康的个性和良好的社会适应能力，能够在国内外土木工程及其他工程领域从事全过程工程管理并初步具备相关行业与领域工程管理类（建设类）专业人员国家执业资格基础和知识的高素质专门人才。"

因此，工程管理本科专业以培养职业型、技术型、应用研究型人才为主。工程管理专业的毕业生应具有以下能力：

①较为系统的掌握土木工程及其他专业工程基础技术知识。
②掌握投资经济的基本理论和基本知识。
③熟悉土木工程技术知识。
④熟悉工程项目建设的方针、政策和法规。
⑤了解国内外工程管理的发展动态。
⑥具备计算机辅助解决工程管理专业及相关问题的基本能力。
⑦具备对工程管理专业外语文献进行读、写、译的基本能力。
⑧具备综合利用上述几个方面理论、知识、技术和方法从事工程的技术管理、专业管理、综合管理和全过程管理的基本能力，具备发现、分析、研究、解决工程管理理论与实践问题的基本综合专业能力，具备进行土木工程及其他相关工程管理的能力。
⑨具有从事工程项目决策与全过程管理的基本能力。
⑩具备优秀的政治思想素质，具备强烈的法律意识、诚信意识、职业责任感、社会责任感、环境保护和节能意识、具备健康的个性、优良的团队精神、职业适应能力和社会适应能力。
⑪掌握文献检索、资料查询的基本方法，具有初步科学研究和实际工作能力。
⑫具备较强的创新精神、创新意识和基本创新能力，具备较强的自主学习能力。

2. 工程管理专业的方向设置

在我国,工程管理作为专业名称是1998年教育部调整本科专业目录时确定的,但工程管理相关专业(或方向)的设置和高等教育在80年代初即已开始,只是其专业口径较小。为了拓宽专业面,增强适应性,1998年国家调整本科专业目录时,将原管理工程(建筑管理工程方向和基本建设管理方向)、房地产经营管理(部分)、涉外建筑工程营造与管理、国际工程管理等四个专业(或方向)归并为工程管理专业。国内院校现有的工程管理专业大都来源于以上专业(或方向),并在此基础上,根据各校办学特点分出不同的专业分支,形成了目前的专业设置状况,培养工程型、管理型、工程+管理型等不同的工程管理人才。

按照建设部工程管理学科专业指导委员会的《工程管理专业培养方案及课程教学大纲》,本专业可设置房地产经营与管理方向、工程项目管理方向、投资与造价管理专业方向、国际工程管理方向、物业管理方向等。各专业方向应分别满足下述要求:

①房地产经营与管理方向的毕业生主要适合于从事房地产开发与经营管理工作,初步具备分析和解决房地产项目的开发与评估、房地产市场营销、房地产投资与融资、房地产估价、物业管理和建筑设计管理的能力,了解房地产开发建设程序。

②工程项目管理方向的毕业生主要适合于从事工程项目的全过程管理,初步具有进行工程项目可行性研究、一般土木工程设计、工程项目全过程的投资、进度、质量进度及合同管理、信息管理和组织协调的能力,具备相关工程管理类(建设类)专业人员国家执业资格基础知识。

③投资与造价管理方向的毕业生主要适合于从事工程项目投资与融资及工程项目全过程造价管理工作,初步具备工程评估及工程造价管理,编制招标文件和投标书,编制、评定和审核工程项目估算、概算、预算和决算的能力,初步具备进行工程成本规划与控制的能力,具备相关工程管理类(建设类)专业人员国家执业资格基础知识。

④国际工程管理方向的毕业生主要适合于从事国际工程项目管理工作,初步具有国际工程项目招标和投标、合同管理、投资与融资,以及国际工程项目全过程管理的能力及较强的外语应用能力。

⑤物业管理方向的毕业生主要适合于从事物业管理工作,初步具有物业的资产管理和运行管理的能力,包括:物业的空间管理、设备管理和用户管理能力、财务管理能力、物业维护管理及物业交易管理能力。

随着专业内涵的扩展和社会要求的变化,本专业的专业方向的数量和名称还会有所调整。

3. 对工程管理毕业生的总体要求

我国学位条例第四条规定:高等学校本科毕业生,成绩优良,达到下述学术水平者,授予学士学位:

①较好地掌握本门学科的基础理论、基本技能和专门知识。

②具有从事科学研究的工作或担负专门技术工作的初步能力。

工程管理专业是为我国工程建设领域培养专业化的管理人才。由于工程管理者对工程的重要作用，人们对它的知识结构、能力和素质的要求越来越高。按照工程和工程管理的特点，以及学生第一职业定位来确定培养目标、课程体系和实践环节非常必要。

6.1.3 工程管理专业的教育内容

工程管理以管理科学与工程、土木工程两大学科为依托。学生需要综合的、广博的知识面，能够对所从事的工程迅速设计解决问题的方法、程序，把握技术和实施过程。

工程管理本科专业教育内容及知识体系总框架由通识教育、专业教育、综合教育三部分的相关知识体系构成。

1. 公共基础课设置

数学（高等数学、线性代数等）、工程制图课沿用土木工程的本科教学计划，不作调整。

英语适当加强，这是因为由于我国加入 WTO 的现状以及原有现代管理资料的缺乏，在今后的大量实践中，英文资料将是获得最新信息的主要来源。

计算机类的课程则着重于应用，实用软件以学生自学或选修来完成，要求学生进入三年级后会自由使用这类软件。

公共基础教育内容包括：自然科学、人文社会科学包括高等数学、线性代数、大学英语、专业英语、概率论与数理统计、大学物理、计算机及其应用课程、法律基础、马克思主义哲学、政治经济学、毛泽东思想、邓小平理论等。

2. 专业基础课和专业课

①对于本专业的学生来讲，力学课程可以适当压缩，可将理论力学、材料力学、结构力学课程合并为工程力学。

工程测量、建筑材料等课程与建筑工程专业的学生同样要求，但应适当加强实践性教学环节，增加测量实习的时间与深度，增加建筑材料试验的内容。以土木工程技术为基础的工程管理的技术平台课程有工程制图、工程测量、建筑学与规划、土木工程概论、工程力学、工程结构、建筑材料、建筑设备概论、工程施工等。

有时还增加一些与工程相关的专业技术知识，如环境工程、设备工程、智能化系统、工程相关工艺（如化工、核能、发电、污水处理等）专业知识。

②与此同时，设置管理与经济类的基础课程——技术经济学、管理学原理、经济学、市场营销学、财务管理、工程项目管理、管理信息系统、财务管理等。

③工程法律和合同平台课程。包括经济法、建设工程法规、工程合同法律制度和工程合同管理等。

④专业课是实践性、专业性相对比较强的课程，内容要求比较高，难度较大，以必修课和选修课的形式设置，即开设一定数量的专业选修课。

专业方向课程是工程管理专业培养具有某一方向能力的学生需要开设的课程。

①工程项目管理方向课程有工程项目管理（Ⅱ）、工程合同管理（Ⅱ）建设项目评估等。

②房地产经营与管理方向课程有房地产经济学、房地产估价、房地产开发、房地产

市场营销等。

③投资与造价管理方向课程有工程造价管理、工程估价(Ⅱ)、项目投资与融资等。

④国际工程管理方向有国际工程承包、国际贸易与金融、国际经济合作法律基础、国际工程合同管理等。

⑤物业管理方向课程有物业资产管理、物业运行管理等。

3. 其他形式的教育

综合教育内容包括:思想教育、学术与科技活动、文艺活动、体育活动、自选活动等知识体系。可见,工程管理专业培养口径很宽,涵盖的知识面广,课程包含的内容多,这是综合素质的要求。

工程管理专业教育内容虽然涉及面广,包括技术、经济、管理、法律领域知识,但是各部分内容并不是独立存在的,而是相互联系的,是一个有机的整体,与工程项目建设过程紧密相连。因此,工程管理专业学生在学习专业知识的时候,应注重学习的整体性,有工程项目整体的和全局的观念,将工程管理专业各方面知识有机联系起来。

6.2 工程管理行业人才需求

随着我国经济的持续发展和交通、能源等基础设施投资的迅速增加,房屋建筑、公路、铁路、民航机场、港口与航道、水利水电、电力、矿山、冶炼、石油化工、市政公用、通信与广电、机电安装和装饰装修等行业建设工程数量仍将保持较大幅度的增加,工程规模也将不断扩大,工程管理行业必然需要更多、更强的从业人员。然而,在充分肯定我国工程管理行业已经取得巨大成绩,工程管理从业人员素质总体上不断提高的同时,应该清醒认识到我国工程管理从业人员素养与工程管理实践需要之间客观存在的较大差距。通过工程管理专业教育培养大批合格的工程管理人员,是优化工程管理从业人员结构,提高我国工程管理水平的措施之一。

6.2.1 我国工程管理从业人员现状

以建筑业为例,目前全国建筑业从业人数已达 3 669 万人,占全社会从业人数的 5.5%。其中在施工工人队伍之中,80%是仅具有初中以下文化程度,未经培训缺乏基本的操作技能和安全知识的农民工;技师不足 1%,高级技师仅占 0.3%。专业技术人员仅 140 万人,占建筑业从业人员总数的 4.1%;经营管理人员 194.6 万,占建筑业从业人员总数的 5%;两类人员合起来仅占建筑业从业人员总数的 9%,这个比例远远低于全国各行业专业技术人员和经营管理人员占从业人员总数 18%的平均水平。从管理和技术人员队伍素质来看,复合型、高水平的科技人员不多;科研开发型人才偏少,科技成果转化能力较弱,技术创新能力差。项目管理人才尤其是懂得国际工程管理的总承包项目管理人才、懂得工程索赔的合同管理人才、懂技术善经营的企业经营管理人才严重缺乏。部分技术和管理人员的知识结构不尽合理,既熟悉建筑工程技术又熟悉管理、经济、法律的人才较少;外语水平较高且能熟练地进行对外工作交流,能够从事国际化经营的人才更为稀缺。在国际工程承包中常常出现管理人员、技术人员不懂外语,懂外语的人员不懂经营和技术的尴尬情况。

我国工程咨询机构如投资咨询公司、监理公司、造价咨询公司等咨询机构人员主要由勘测设计研究院、施工企业技术骨干和相应专业的本、专科毕业生等组成。从业人员较为普遍地存在市场观念较差、综合能力较弱的状况,对市场开发、合同管理和法律法规等方面了解不足,能够从事的工程咨询业务范围单一。如只能进行投资立项前的评估、设计,或只能进行施工过程监理等,普遍缺乏对工程全过程进行管理的能力。从业人员知识结构不尽合理,综合运用能力不强的状况较为突出,特别是缺乏外向型、复合型人才和熟悉 WTO 条文,掌握国际惯例、外语水平高和懂法律的人才。

综上所述,我国工程管理行业现有人员状况可归纳为:大量工程管理人才在各自岗位上已经和正在发挥重要的作用;但较为普遍地存在知识面过窄,综合管理能力不强,协调沟通能力和资本运作能力较弱,面向国际市场的能力较差,创新思维、系统思维能力和团队协作精神不足等问题。

6.2.2 工程管理的人才需求

城市化的进程与方式由粗放式扩张向集约型内涵发展转变,企业的组织结构和劳动就业结构将发生显著变化,企业管理制度和整个经济的管理方式也将发生变革并改变传统经济运行规则。工程作为直接的现实的生产力,将持续地塑造人类当前和未来的存在状况。现代工程的重大突破,必将促进一系列以知识和信息为基础的新产业部门的形成,改造、更新和提升传统工业。人们的劳动方式、生活方式、休闲方式等都将发生巨大变化,从而改变人们的思想观念、道德观念和思维方式。

另一方面,鉴于工程塑造未来的作用越来越大,鉴于工程中包含的风险问题也会越来越严峻,未来的工程对工程管理人才的要求就会与过去有所不同。为了适应工程实践的需要和应对经济全球化、市场国际化的挑战,工程管理人才在具有良好的知识结构,较强的沟通、协调和分析问题、解决问题的能力的同时,必须在下述方面提高素养,才能成为称职的工程管理者。

1. 工程管理者要具备组织才能

随着科学、技术、工程和社会之间的互动越来越强,工程在社会发展中的作用越来越大,工程管理者会有越来越多的机会扮演组织者、领导者的角色。优秀的工程管理者必须掌握组织领导原则并能够实践这些原则,有能力处理工程活动中的可能冲突,参与工程项目的规划、设计和建设,为所效力的机构创新发展作出贡献,更多地介入公民社会和公共政策讨论,成为各个专业工程领域的重要角色,在工程领域、政府组织、非政府组织、研究机构、教育机构等发挥作用,展示才能。

2. 工程管理者要有知识

工程管理者不仅能够站在投资者和管理者的角度评价工程价值,而且能够站在全社会的角度评价工程的价值包括负面价值,并努力找到协调这些价值目标的可能途径,使工程活动真正服务于可持续发展与和谐社会的建设目标。所以需要工程管理者需要有开放的头脑和灵活的整体思维能力。工程管理者应该清醒认识工程项目在"自然-社会-人文"关联中的位置和作用,正确把握工程管理在"自然-人-社会"三元互动系统中的地位和价值,能够不仅看到工程的经济价值,而且看到工程的非经济价值;当今社会的快速变化和工程复杂性的增加以及知识老化速度的加快,迫切需要工程管理者不断更新知识,努力增强学习能力和创造能力,成为一个终身学习者,善于学习新事物并将新获得的知识应用于发展变化着的工程管理实践。

3. 工程管理者肩负伦理责任

工程系统的复杂性越来越高,工程系统的规模越来越大,工程系统运行带来的意想不到的风险也越来越高。工程是一个汇聚了科学、技术、经济、政治、法律、文化、环境等要素的系统。工程必然涉及利益、风险和责任的分配,伦理在其中起着重要的定向和调节作用。工程能为社会经济发展和人民生活水平提高奠定坚实基础,工程也可能引发一系列人类不得不面对的重大风险。工程管理者需要有很高的伦理标准和很强的职业操守,谨慎应对工程可能包含的风险,严格履行自己肩负的社会责任。

4. 工程管理者要具备国际化视野

在经济全球化时代,工程管理者需要具备开阔的国际化视野,具有很强的跨文化沟通能力,拥有良好的人际交往技能与合作精神。工程活动的国际化意味着工程管理人才的全球流动,意味着随时需要跨越国界的工程创新团队。工程管理者只有具备了良好的内部和外部沟通技能,对全球市场和政治、经济、社会背景的复杂性有深入理解,才能适应经济全球化和市场国际化的挑战。

随着工程管理作用的进一步凸显,工程管理者将会更经常地介入公共政策的讨论和咨询工程。工程技术日益融合人类生活的各个方面,工程技术对公共政策的影响将会日益明显。工程管理者介入有关公共政策议题的讨论,不仅是工程管理人才自身的责任,而且对于工程管理职业的整体形象来说也是十分必要的。充分认识工程与公共政策互动良性关系,有利于降低工程风险,增加工程成功的机会。

6.3 工程管理专业就业导向

6.3.1 工程管理专业就业前景

当前,我国已进入现代化发展的中前期,各种基础设施项目和房屋建筑的建设任务极为繁重。工程管理专业主要为建筑业、房地产业培养具有专业技术基础的管理型人才。同时,我国城市化水平仅为36%左右,如果在21世纪中叶可以达到发达国家普遍超过70%的水平,则每年需要有1 600万人口转入城市,这需要相应规模的城市基础设施、商业设施,特别是住宅建筑。因此,我们国家的城市建设、城镇建设、工程建设、建筑业、房地产业、城市公用事业和勘察设计业正面临着新的历史性的发展机遇,对建筑类人才尤其是具有现代经济管理知识、行业管理知识、专业技术知识,懂经营、懂开发的工程管理人才有着广泛的社会需求。

第6章 工程管理专业的教学体系和人才培养

2008年中国奥运会的成功,奥运会大型体育场馆的成功建设靠的就是工程管理的知识应用与创新。奥运会的成功,给城市基础设施建设和商品房开发带来新的契机,也为我国的工程管理专业人才提供了极好的施展才华的机会。随着我国加入WTO,大量外国投资的涌入和民间资金的激活,必将极大地促进我国工程建筑业和房地产业的发展,对工程管理人才的需求上又增添了更多的机会。

随着专业人员执业资格制度的推行、现代企业制度的建立和我国加入WTO,全国建筑业及其相关行业对各类专业人员的学历水平和素质要求越来越高,尤其是对工程管理高级人才(项目管理工程师、造价工程师、监理工程师等)将有不断增长的需求。所以可以说,城市面貌的巨大变化与建筑业及其相关行业的蓬勃发展休戚相关。

目前我国工程管理毕业生供求比例大致在1∶3左右,工程管理专业人才奇缺。工程管理专业的毕业生就业范围十分广泛,他们可在政府经济管理部门或建设单位、设计单位、建筑施工企业、工程建设监理单位、房地产开发企业、工程咨询公司、国际工程公司、投资与金融等单位从事工程管理等工作,也可在高等学校或科研机构从事相关专业的教学或科研工作。据有关资料显示,近年来该专业就业分布最多的省市主要集中在上海、北京、广东、天津、江苏等。目前工资一般可以达到 3 000~5 000 元/月。

目前我国工程管理专业基本上以管理学、土木工程(或水利工程)为主干学科,有工程项目管理、房地产经营管理、投资与造价管理、国际工程管理和物业管理等方向,目前还处于研究、探索和发展阶段,但是不同的学校侧重不同,培养具有管理学、经济学和土木工程技术的基本知识,掌握现代工程管理科学的理论、方法和手段,具备从事工程项目管理的基本能力,能在国内外建设领域从事项目决策和全过程管理的复合型高级管理人才。

1. 面向房地产业的专业领域

建设部作为中国建筑业与房地产业的行政主管部门,于1994年成立了"全国高等学校建筑与房地产管理学科专业指导委员会"。该委员会在1998年过渡到"全国高等学校工程管理专业指导委员会"的过程中,继承了原对房地产专业教育指导的职责,并将"房地产经营管理"作为工程管理专业的一个方向延续至今。将"房地产经营管理"并入工商管理专业的院校,目前尚没有纳入"全国高等学校工程管理专业指导委员会"指导的范围。另外,目前中国专科教育的专业目录中,仍然保留了房地产经营管理专业和物业管理专业。房地产业是从事房地产开发、投资、经营、管理与服务的行业。具体包括:房地产开发与经营业(各类房地产开发、土地开发、房地产物业管理、土地批租经营管理和其他房屋的管理活动)、房地产经纪与代理业(房地产代理与经纪人服务、居间买卖、租赁服务、房地产交易保证服务、房地产估价等)。日益发展壮大的房地产金融保险业虽然不包括在房地产业中,但其在人才需求上也与房地产人才需求有着密切的关系。

这一行业的发展趋势随着国民经济整体形势不断好转逐渐走向高潮,住宅投资和市场需求全面看好。从长期看,竣工面积升幅将下降,而需求面积将上升,供求形势乐观。特别是个性鲜明、外观典雅的经济型住房将大受欢迎,同时政府将继续加大城建投资力度。房地产行业向着好的形势不断发展,但机遇与竞争并存,激烈的市场竞争对房地产业的开发建设、经营管理都提出了更高的要求。

房地产业作为一个新兴行业,其从业人员基本上都是来自城市规划、建筑学、土木工程、建设管理、投资与金融等相关专业,真正受过系统的房地产专业教育的人才只占很小的比例。上海市教育考试院提供的消息表明,目前上海包括信息产业、金融保险和房地产在内的一类专业,最受考生青睐;"深圳晚报"中的消息表明,在未来人才市场上最走俏的将是金融、保险、高级管理、物业管理等13类经济专业人才。清华大学房地产研究所对北京市有关高校房地产专业毕业生的调查显示,30.77%的同学认为就业前景非常乐观、毕业生供不应求,69.23%的同学认为就业前景一般、但是可以找到合理的工作,没有同学认为就业形势不好。

房地产业的开发建设、经营管理都提出了更高的要求。市场越来越注重专业化的竞争:房盘设计的专业化、周围社区服务的专业化以及相关物业管理的专业化。顺应行业专业化发展的趋势,相关的职业也将呈现出专业化发展的态势,使原来的职业逐渐细分,达到功能运作的合理与完善,以适应激烈的市场竞争。该专业毕业生就业趋势,也将逐步适应市场行业的快节奏发展步伐,在全行业回暖的经济背景下,在与国际化逐渐接轨的历史条件下,继续向好的方向发展。

那么房地产业的相关职位有哪些呢?随着城市化进程的加快和住房建设投资的持续增加,我国房地产企业和从业人员数量增长迅速。根据"中国统计年鉴2006",中国房地产开发企业的从业人数从1997年的68万余人增加至2005年的151万余人。房地产业为工程管理专业毕业生提供了广阔的就业空间。目前,工程管理专业毕业生在房地产企业中主要从事策划、投融资、营销、估价、报建等工作。

2. 房地产项目策划

房地产项目策划指对开发商的建设项目从观念、设计、区位、环境、房型、价格、品牌、包装和推广上进行资源整合,合理确定房地产目标市场的实际需求,以开发商、消费者、社会三方共同利益为中心,通过市场调查、项目定位、推广策划、销售执行等营销过程的计划、组织和控制,为开发商规划出合理的建设取向,使产品及服务完全符合消费者的需要,从而使开发商获得利益的程序化管理过程。

房地产项目策划人员应具有以下职能。

(1)概念规划设计

房地产项目策划要对所开发的项目进行详细的诊断分析,提出项目的概念设计定位,画出概念规划图。所以应该在了解项目所在地的区域规划、区域经济发展水平、居民收入、周边房地产业状况、区域人文地理环境、潜在消费者的生活习性等信息后,作出规划设计。

(2)环境景观策划

居住区景观构成将极大地影响项目产品的未来销售,而景观风格定位及如何实现则取决于策划人员。这里所谓的环境景观主要指居住小区的环境美化,社区景观与周边街道环境、自然环境的协调问题。居住区的人性化,很大程度上取决于居住区景观设计。

(3) 投资理财

通过对项目的全程策划,策划人员需要站在开发商的立场上确保资金的有效运用,力争项目在完成后实现畅销,从而使投入项目的资金获得最大的投资收益。策划人员提高资金效率的主要手段不是降低成本,而是通过资金的合理分配将资金投在能使项目增值的创意设计上。

(4) 组织协调

策划人员是房地产开发商与工程设计单位、施工单位、销售公司、广告代理商、物业管理公司等相关单位和个人联系的桥梁和纽带,通过其组织、协调,将项目的概念定位演绎为成功的产品。

(5) 过程监督

施工中出于各种原因需要对设计进行调整,都必须经策划人员审定,只有这样才能保证项目概念设计能够准确定位。当项目的概念定位成为设计图、施工图后,要确保设计理念由图纸准确转化为产品,其施工全过程必须有严格的监督。

(6) 法律顾问

为了规范房地产市场,国家和地方政府颁布了各种与房地产建设有关的法律制度和法规条文。除此之外,房地产开发过程中如土地代征、房屋拆迁、工程建设过程对周边居住环境的影响(施工噪声、扬尘等)和城市规划、区域建筑物高度、道路宽度限制等方面还将涉及大量现行法律法规未能明确界定和规范的问题。策划人员必须全面掌握国家相关法律法规及相关所在地涉及建设的行政规章并能加以有效运用,才能合理规避各种可能的风险。

3. 房地产中介

工程管理专业毕业生在房地产中介机构就任的职位和主要从事的工作有资产评估、置业顾问和中介经纪人等。

资产评估是由专门的机构和人员依据国家有关法律、法规,国家和有关部门的相关政策以及工程项目的技术资料,针对特定的目的,遵循一定的原则、程序、标准,运用适当的方法确定资产价格的一项工作,是一种动态的、市场化的社会经济活动。

房地产经纪人是指依法取得房地产执业资格证书并申请执业,由有关主管部门注册登记后取得房地产经纪人注册证,在房地产经纪机构中能独立执行房地产经纪业务的人员和自行开业设立房地产经纪机构或经房地产经纪机构授权,独立开展经纪业务并承担责任的自然人。

咨询机构中置业顾问与平常所说的"售楼员"有着很大的区别,它不但要求具备较高的文化素质,还需要对建筑产品的结构、材料、施工及使用功能有深入的了解和掌握,同时具有较强的金融和投资理财知识,能够给顾客提供置业、择房、贷款等咨询服务。

4. 投融资

从事房地产投融资工作,必须全面了解银行贷款、房地产信托、上市融资、海外房产基金、债券融资等投融资主要渠道,因为房地产投资主要来源于银行贷款、自有资金和其他融资方式获得的资金。所以从事房地产投融资工作必须要熟练掌握投融资运作的相关规则、技术方法，能够根据具体的项目制订不同的融资方案，计算融资成本，预测融资状况对项目的影响，并估计项目的赢利水平，为项目的投资决策以及项目实施过程的成本控制提供对策和依据。

6.3.2 面向建筑业的工程管理

随着国内工程建设建筑标准要求的提高，从社会需求与改革开放看，工程管理专业及行业的发展有了新的、更高层次的挑战。如何使工程建筑在质量、监理的水平以及创意上有所突破，都需要工程管理方面的协调和配合。在建筑施工组织和技术、工程开发和经营、财务的滚动和回收、整体规划的管理等诸多方面，进行工程管理的升级和同步发展，以适应发展变化的需要。

1. 施工管理

施工管理的主要工作内容和程序是：

参加图纸的预审、编制施工组织设计的指导书；根据生产作业计划签发限额领料单、施工任务书；组织班组随时解决施工中遇到的技术问题；运用各种统计技术施工进行连续的监控；对现场计量工作随时进行检查，发现问题及时整改；参与质量事故安全的调查及处理工作；按照程序文件要求制订成品、半成品保护措施，并监督落实，搞好一年两次的用户回访工作，并做好原始资料的收集整理工作。

2. 质量管理

质量管理的主要工作内容和程序是：

严格执行国家及上级部门颁发的施工技术质量规范和验评标准；施工组织设计、质量计划和特殊作业指导书的编写；杜绝不合格材料投入使用；对现场原材料及混凝土、砂浆配合比计量随时核查；积极配合上级主管部门的质量大检查工作，对核查出的质量问题进行监督整改；在项目经理主持下，对分项分部工程进行检验和核验；工程竣工后，协助填写有关质量资料，参加单位工程的预检与正式验收。质量管理人员应该充分利用自己的知识、经验，预见性地发现施工过程中可能会出现的质量问题，提出对策及解决方法，严格对人、机械、材料、方法、环境这五个影响质量的因素进行控制，使工程能达到国家的施工验收规范和质量验收标准，满足建筑的各种功能要求。

3. 安全管理

安全管理的主要工作内容和程序是：

加强自身安全素质的提高；协助有关人员搞好安全内业管理资料；进行安全生产情况总结，并上报伤亡事故统计表；做好所有新入工人安全教育，存档备查；监督特殊工种人员持证上岗，遵章守纪；参加项目部每月的安全检查，查出的问题及时整改；每天进行巡查，有工作记录；对各种违章违纪、野蛮施工人员进行教育和经济处罚。

安全管理人员要具备严谨的工作态度和良好的专业素养，这样才能够早发现并及时采取针对性的技术措施，完全可以避免此类事故的发生。安全知识涉及电气、机械设备、爆破及建筑施工等相关技术知识，缺乏系统的专业训练，很难成为合格的安全管理人员。但是当前有部分单位和个人对安全管理工作尚存在一些错误认识,如认为安全管理人员可有可无,从事安全管理工作不需要专业知识等。施工过程中较为频繁出现的脚手架倒塌伤人事故,多数情况就是由于荷载过于集中,支撑不够或职称结构不当而造成的。因此,我们必须大力普及安全知识,切实加强"三级安全教育"(即公司教育、项目部教育、班组教育),正确使用安全"四宝"(即安全帽、安全带、安全网、漏电保护器),做好"四口"(即楼梯口、电梯井口、通道口、预留洞口)防护,坚决执行"四不放过"(即麻痹思想不放过、事故苗头不放过、违章作业不放过、安全漏洞不放过)原则,把好安全生产"七关"(即教育关、措施关、交底关、防护关、文明关、验收关、检察关),制订切实可行的项目安全保证计划,采用经济合理的安全技术措施,加强对施工项目现场的管理,力争建立文明的施工现场。

4. 造价管理

造价管理人员开展工作的过程中,一般要注意几个问题:

(1) 材料预算价格

造价管理者在编制概预算时,重点对施工方案进行分析,判断其是否服从工期、质量、技术要求,是否能降低成本,并选择合理的施工方法、施工机械、施工顺序,组织流水施工。材料预算价格是决定工程投资的最主要的因素。造价管理人员应该深入工程所在地进行调查,收集第一手材料,包括材料来源、运输渠道、价格等。

(2) 结构方案的设计

造价管理人员要熟悉图纸,对不同的结构方案和相应的施工方案进行经济比选,提出改进意见。所以,造价管理者应该了解设计意图和工程全貌。

(3) 熟悉工程现场

造价管理者必须驻扎工地,深入项目,勘察了解地形、地质、地貌、水文、气象等,取得第一手基础资料。

(4) 选择合理的施工组织

综合考虑,合理布局,为项目经理选择施工组织设计提供建议。所以,造价管理者应根据结构构件的类型、数量、堆放场地、运输和安装,材料和机械进出场,机具、设备的摆放和生活区用地等因素。

(5) 工程定额

套用定额时应正确采用,正确计算工程量,严格按照编制办法的规定选用适当的费率,再合理套用定额,计算其他有关费用,编制出准确度高的概预算。

总体来说,造价管理的工作内容是在经营开发部门的统一指挥下,参加标书答疑和投标预算的编制。中标后,在项目经理安排下,参加施工组织设计的编制、图纸会审、编制标书预算及各项经济指标的收集、整理、分析工作。并做好施工签证、洽商、设计变更、合同变更等资料的收集工作,据此作出调整预算,并报建设单位签认,对在建工程及时作出年终小结,并报建设单位签认。按合同约定时间及时报出竣工结算,并签认上报公司管理部门。

5. 投标工作

施工单位一般需要通过中标才能获得承接工程项目。为此,编写出一个高质量的投标文件是企业能否获得工程业务的关键。一个高质量的投标文件,除必须满足严谨性、规范化和标准化等基本要求外,应该对招标单位有足够的吸引力,而且应使施工企业获得一定的利润。所以,在编写投标文件时,并据此确定针对性的投标模式和技巧,要对一定的工程对象确定明确的投标目标和指导思想。建筑工程施工投标工作是一项系统工程,需要多部门、多专业协调配合,建立一个强有力的投标班子,才能取得良好的效果。

自2001年1月1日起实施的"中华人民共和国招标投标法"规定对在国内进行的大型基础设施、公用事业、使用国家投资和外资的建设项目,从勘察、设计、施工、监理到主要设备、材料的采购,强制实行招标投标制度。

投标工作从业人员应具备以下素质:

能全面、系统地观察、分析和解决问题,在成本核算、经营管理、施工技术、施工预决算等领域有较深的造诣,具备较强的实际工作经验;有丰富的阅历和较强的应变能力,能对可能出现的各种问题进行预测并采取相应措施,并对招投标工作的法律、规章制度有充分的了解;有较强的社交能力,能积极参加有关的社会活动,扩大信息交流,正确处理人际关系,不断吸收投标工作所必需的新知识及有关信息;有较高的政治修养,事业心强;认真执行党和国家的方针、政策,遵守国家的法律和地方法规,自觉维护国家和企业利益,意志坚强、吃苦耐劳;知识渊博、经验丰富、视野广阔、认识超前。

6. 监理工作

监理工作是受业主的委托,以自身的专业技术、管理技术有效地控制工程建设项目的进度、质量、投资,公正地管理合同,使工程建设项目的总目标得以最优实现。监理单位是专业化、社会化的中介服务机构,监理制度在西方已有较长的历史,经过不断探索、改进已较为完善。我国自1988年开始在建设领域实行建设工程监理制度,目前此项制度已经纳入"中华人民共和国建筑法"的规定范畴。

目前监理工作仍存在定位不准、行为欠规范、高素质从业人员缺乏和监理取费标准比较低等问题,监理机构只有不断提升企业人才的素质,打造企业品牌,才能在竞争中立于不败之地。

6.3.3 面向工程咨询业的工程管理

工程咨询业作为一个独立的行业,开始于19世纪下半叶,它是近代工业化的产物,它是在建筑业的发展过程中形成的一个分支服务行业。工程管理专业毕业生在工程咨询单位可以从事的职位包括:投资决策分析、项目可行性分析研究、工程预决算、图纸及造价审查等。

对建设项目进行可行性研究是工程管理中的一项重要基础工作,它是建设前期工作的重要步骤,也是进行项目决策以及编制建设项目设计任务书的依据。可行性研究不仅对拟建的工程项目进行系统分析和全面论证,判断项目是否可行,值得投资,要进行反复比较,寻求最佳建设方案,避免项目方案的多变造成的人力、物力、财力的巨大浪费和时间的延误。这就需要严格可行性研究的审批制度,确保可行性研究报告的质量和足够的深度。可行性分析能保证建设项目以相对较少的投资换取相对最佳经济效果,这种科学方法,对项目投资决策和项目运作建设具有十分重要的作用。

在工程咨询出现以前,港口、公路、铁路、桥梁和楼房等建筑工程设计主要由建筑承包商雇人来完成。第一次工业革命以后,机械、电气、土木建筑等工程技术迅速发展,1747年法国建立了国立桥梁公路学校,世界上首次出现了正规化的工程教育。随后,英国、西班牙、葡萄牙、德国、荷兰、美国等也相继发展工程教育。各种实用的专业人才被培养出来,使得工程建筑从一种技艺发展成为一门应用学科。同时,传统的建筑业也发生了变化,根据职责不同逐步分化出设计师(即咨询工程师)、承包商和业主,他们之间有了明显的分工。这时,咨询人员多是个体的或小型的咨询公司。慢慢地,从业人员多了,为了协调各方面和彼此之间的关系,开始出现行会组织。1818年英国建筑师约翰·斯梅顿组织成立了第一个"土木工程师协会",1852年美国土木工程师协会成立,1904年丹麦成立了国家咨询工程师协会,特别是1907年美国怀俄明州通过了第一个许可工业工程师作为专门职业的注册法,这些都表明工程咨询作为一个行业已经形成并进入规范化的发展阶段。同时,工程咨询的领域也从一般建筑工程扩展到工业、农业、交通运输等各个经济领域。

目前,世界工程咨询业正在发生一些变化,一是工程咨询的业务更加广泛,服务领域进一步扩大。传统的服务对象主要是工业厂房、道路、桥梁、港口、机械等项目,而现在范围扩大到农业、渔业、林业、环保等领域,服务内容也拓展到组织资金、项目运营等方面;二是工程咨询公司结构多样化,个体公司、合伙人公司和股份公司并存,公司规模差异很大,特别是金融机构。正在成为一部分咨询公司的股东;三是竞争日益激烈,服务方式多样化;四是国际大环境正在使服务贸易自由化,这对发展中国家的工程咨询业来说既是挑战也是机遇,我国工程咨询业应跟上世界咨询业的发展,与国际市场接轨。

纵观工程咨询的发展历史,工程咨询经历了从个体咨询、集体咨询到专业咨询和综合咨询的若干阶段。随着经济社会活动日益复杂化和高级化,咨询活动的规模日益扩大,复杂程度急速增长,技术手段日新月异,从而使个别的、分散的咨询活动发展成为专业性的、集中的企业群体活动。

应该说,在新中国成立以前,我国就已经有了工程咨询的萌芽,一些实业部门分别建立了设计和施工管理机构。新中国成立以后,随着大规模经济建设的需要,作为工程咨询公司前身的各类专业设计院,得到了迅速发展。但是,我国独立的工程咨询行业是自改革开放以来,随着经济的不断发展逐步兴起的,比西方国家晚了约100年。

根据国家发改委2005年颁布的"工程咨询单位资格认定办法",我国工程咨询单位资格服务范围包括以下八项内容:
①规划咨询:含行业、专项和区域发展规划编制、咨询。
②编制项目建议书(含项目投资机会研究、预可行性研究)。
③编制项目可行性研究报告、项目申请报告和资金申请报告。

④评估咨询:含项目建议书、可行性研究报告、项目申请报告与初步设计评估,以及项目后评价、概预决算审查等。
⑤工程设计。
⑥招标代理。
⑦工程监理、设备监理。
⑧工程项目管理:含工程项目的全过程或若干阶段的管理服务。

6.3.4 其他可以从事的职业

工程管理专业的就业领域涉及建筑工程、工程施工和控制管理、房地产经营以及金融、宾馆、贸易等行业部门的管理工作。这一专业的就业领域可以说比较广泛。从银行证券到酒店宾馆,从建筑企业到房地产开发公司,都需补充大量的工程营造管理及相关专业的人才。因此,人才市场对该专业人才的需求量很大。该专业就业领域所涉及的工作是:综合系统地运用管理、建筑、经济、法律等基本知识,侧重于工程建筑、施工管理以及房地产经营开发,并熟悉我国相关的方针、政策和法规,进行企业工程开发建设项目的经营和管理。

那么,工程管理专业的学生毕业后有可能从事哪些职业呢?

(1)工程师

工程项目管理、工程造价管理、工程力学、工程结构、工程招标与投标、工程项目融资、工程材料、房地产投资与评估、建筑法规、工程制图与识图、工程构造与结构、建筑施工及组织设计、模拟工程报价、房地产估价、资产评估、土木工程概论、房地产投资与经营等都是工程管理专业要学习的课程。这些是工程的全过程所要涉及的各个环节,每个环节联系紧密,缺少了任一环都会在实际操作中出现盲点。

(2)经济师

优秀的工程管理者要具有经济头脑。一个工程耗时多少、成本多少、如何实现成本的最小化和效益的最大化,同时兼顾社会效益,达到环保、利民等效果。如果不具备会计学、财务管理、建筑技术经济、工程经济学、应用统计学、运筹学的知识是寸步难行的。

(3)外圆内方的管理者

一个工程管理人员可以是个多面手,也有人觉得工程管理专业是万金油,到哪里都可以用。对于工程方面的综合知识和多样素质,使你比学经济的更能胜任工程的管理工作。学经济的或者管理的,没有工程方面的知识,无论如何都是做不来工程管理的管理者的。

工程管理人员,可以做一名善于交际和沟通的管理者。管理学方面的课程是工程管理的另一只脚,如组织行为学、市场营销学等。如何与人相处打交道、沟通交流是作为管理者个人魅力的直接体现,既适时地体现出大度灵活,又能坚持自己的原则。

另外,工程管理人员还要具备这些能力:如:计算机相关软件的应用和熟练操作、外语的听说读写、针锋相对的商务谈判……同时,工程管理专业的学生还应争取早日考取相应的资格证书和英语水平证书。资格证书包括:注册质量工程师、监理工程师、安全工程师、设备监理师、造价工程师、评估师、咨询工程师等。关键要结合自己的职业定向来选择考取相应的证书,以增强自己的就业竞争力,当然最主要的还是为自己的职业发展助力。

6.4 工程管理专业学生的能力培养

现代社会分工越来越明确,社会生产越来越精细,专业隔离越来越明显,隔行如隔山的情形越来越普遍;而另一方面,现代社会生产却越来越需要复合型的人才。单纯的具有工程技术的人才,或者单纯的具有管理技能,已经不能适应社会的发展。工程管理专业毕业的同学,既懂技术,又懂管理,恰好适合社会所需。学生在校学习期间,要接受工程师和经济师的基本素质训练,打好工程技术、管理、经济、法律、外语及计算机应用方面的坚实基础。管理学院在对工程管理专业人才培养过程中,积极提供相应条件,使学生根据自身能力,能够攻读相关学科专业的双学位和双专业。有不少同学认为工程管理就是一种单纯的管理学科,这是不正确的。工程管理需要学习的不仅仅是一种管理的思想,同时还要求有一定的工程背景和数学知识。在这门专业的学习中,我们应明白一个基本的等式,即"工程管理=工程技术+经济管理",当然绝不是简单的相加,而应当掌握几个基本的技能:

①掌握以土木工程技术为主的理论知识和实践技能。
②掌握相关的管理理论和方法。
③掌握相关的经济理论。
④掌握相关的法律、法规。
⑤具有从事工程管理的理论知识和实践能力。
⑥具有阅读工程管理专业中外语文献的能力。
⑦具有运用计算机辅助解决工程管理问题的能力。
⑧具有较强的科学研究能力。

6.4.1 工程管理专业学生工作能力的培养

1. 开展实践教学

工程管理是应用性极强的学科,是培养工程师的专业。这个专业不仅需要有严谨的思维方式,而且需要有解决实际工程问题的能力。

培养工程管理专业的学生的实际工作能力,主要通过实践环节来实现。实践教学有利于学生掌握工程技术知识、管理理论和方法,有利于知识的消化和拓展,有利于提高学生分析和解决问题的能力,提高人才培养质量,这些都是用人单位十分关注的。

(1)有利于培养工程管理专业的培养目标

工程管理专业的培养目标是使学生既掌握相关工程技术,又掌握经济管理理论和方法,所以工程管理专业要求大力开展工程管理实践教育,也是因为只有在工程管理的实践中,才能得到知识的综合应用的训练。

(2)培养学生熟悉工作

开展实践教学,使理论与实践高度结合,有助于培养学生的职业道德;有助于学生了解国情,熟悉社会,预先做好工程管理的执业准备。

(3)用人单位的要求

随着人才市场竞争的激烈,用人单位越来越要求工程管理专业毕业生"上手快",在招聘时就要求学生有专业实践经验。

(4)调动学生专业学习的积极性

实践环节能够调动学生专业学习的积极性,有助于培养学生自主学习的意识和能力,有助于培养创新性、个性化,又具备合作精神和能力的人才。

2. 专业实践的具体设置

工程管理专业要有针对性地开展实践教学活动,建立多层次的完善的实践教学体系。根据不同年级、不同课程、不同教学环节的要求,在工程管理专业培养方案中实践性教学环节主要包括:

(1)课程中的案例教学

通过案例使理论和知识更加形象化,所以许多课程都可以用案例进行教学。这种案例教学方法与实践结合更加紧密,更容易使学生掌握工程管理的相关理论。

(2)课程中的实习

工程管理的许多课程都应该安排课程设计和实习,对于低年级的本科生,通过认识实习让同学们了解工程、工程系统和工程管理基本情况。然后进行专业基础能力的训练,通过生产实习让学生将课堂上学到的各专业基础理论、原理、方法与实际工程相结合,以加深对课堂知识的掌握。比如工程测量实习、工程结构课程设计、房屋建筑学课程设计、工程施工组织设计、工程估价课程设计、工程施工课程实习和设计、工程招标投标课程设计、合同管理课程设计、工程项目管理课程设计等。根据现代工程管理信息要求,工程管理课程教学应安排计算机教学,并有实验。

(3)各种深入的实习

①对高年级的学生进行专业技能和综合能力的训练。专业技能的实习,可以培养学生应用管理理论,分析和解决问题的能力,还可以培养学生掌握专业的基本实践技能;通过专业技能的实习,系统模拟的实习、专题调查的实习、计算机程序设计得实习、阶段综合实习等,边学习边实习。

②对大四的毕业生进行专题设计能力的培养。在教师指导下,学生自我设计论文题目,通过实践,让学生独立完成"从查资料、列提纲到撰写论文"的全过程,培养学生在课题设计、研究、组织管理等方面的创新能力。

(4)毕业设计

工程管理专业的学生应做毕业设计,尽量不要做论文。因为通过毕业设计,从培养学生动手能力的角度,可以对学生的综合运用知识的能力进行综合训练。毕业设计选题具有多样性,包括:工程规划、房地产全程策划、技术设计、施工组织设计、项目管理策划、技术设计、工程规划、施工组织设计、项目管理策划、招标文件和标底的编制、投标报价(工程估价)等。

(5) 其他实践教学形式

工程管理专业的实践教学还可以通过其他丰富多彩的形式进行:利用工程管理实验室进行专业基础课和部分专业必修课的模拟实习;利用计算机网络、虚拟工厂进行部分主要专业课的课程实习;利用校外实习基地进行现场实习,加强产学研合作,构建学生实践创新的平台,鼓励学生参加老师的科研课题组,参加科研实践,自主设计实验;开展形式多样的业余实践活动,组织各种兴趣小组,参加假期社会实践,进行社会调查;让学生自我组织开展活动,以培养领导小组工作的能力;经常举办研讨会,以培养学生的演讲能力。

此外,还可以聘请工程界、实业界有关专家进行专题讲座或学生进行专题研讨,以增强学生对相关专业和行业实际发展状况的了解。

6. 培养学生的研究能力

培养学生的研究能力,以课题小组的形式实施。应鼓励工程管理的学生进行跨学科选课和研究,如工程管理专业和土木工程、环境工程、材料工程、信息工程、交通工程等专业相结合,进行跨学科研究。

6.4.2 工程管理专业的教学问题

由于工程管理专业的特殊性,本专业的教学也有许多特点。工程管理的人才需求具有多样性的特征,每个学校对工程管理专业学生的培养要有准确的定位,要有自己的办学特色。工程管理的方向选择,如工程项目管理方向、造价管理方向、房地产方向、国际工程方向等。学校应考虑学生将来的职业发展路径和可持续发展问题。

我国很多高等院校提倡宽口径,通识教育,淡化方向,这样学生的知识面广,理论基础扎实,可持续发展能力强,这些是很突出的特点、优点。但是另一方面现在许多用人单位要求学生是实务型的,上班马上就能有动手能力。这种完全面向实际操作的培养模式容易造成学生知识面的狭窄。因此,学校既要考虑培养学生具有很强的动手能力,又要注重培养学生的可持续发展能力。

学校首先要重视工程管理专业的技术课程的开设,同时培养学生对工程技术的兴趣,要求学生重视技术课程的学习,有专业精神。学校应重视工程管理专业技术课程的开设。应该和土木工程的学生一样进入技术课程的学习状态,必须安排技术课程的实习、大作业或课程设计。要培养工程管理的学生将来做一个合格的工程师,那就必须按工程师的要求来培养学生。

工程管理专业的教师,应该有工程管理的实践经验,对现在工程管理的实务十分了解,最好也能获得工程管理领域的执业资格。教师应对工程管理相关课程专业融会贯通,成为具有工程管理领域综合性知识的人才。按照工程管理专业的培养目标,要求学生具有广博、全面的综合性知识。首先我们教师应该具有综合性的知识。

工程管理专业有技术、经济、管理、法律四个平台,涉及几十门课程。这些课程都是互相联系的,是一个有机的整体。所以,工程合同管理的教师必须懂得工程项目管理、工程估价、工程经济学等,反之亦然。而且在教学中应该体现他们的联系,使学生接受的是整体的知识,而不是支离破碎的知识点。所以,一个年轻教师刚进入工程管理专业教学时,最好能够将工程管理专业的主干课程(包括工程项目管理、工程经济学、工程合同管理、工程估价、建设法规等)都教学一遍。这样不仅对他们的知识整合,搞好教学很有好处,而且会有益于他在本领域的科研,更好地为工程界服务。不断地更新知识,应成为学习型人才。

工程管理专业的实践是处处可以进行的,因为人们处处可以看到已经建好的建筑和在建的工地。在日常生活中学生要学会以专业的眼光对已经建好的工程和在建的工程进行分析评价。例如,在校园中散步,就可以感觉到校园规划的优缺点,如是否人性化,功能区布局是否恰当,图书馆和教学楼的建筑设计有什么特色,教室施工存在什么质量问题,如何才能将他们做得更好等。

【本章小结】

1. 工程管理专业培养目标

《高等学校工程管理本科专业规范》中指出:"工程管理专业培养适应社会主义现代化建设需要,德、智、体、美全面发展,具备土木工程技术及与工程管理相关的管理、经济和法律等基本知识,全面获得工程师基本训练,同时具备较强的专业综合素质与能力,具备健康的个性和良好的社会适应能力,能够在国内外土木工程及其他工程领域从事全过程工程管理并初步具备相关行业与领域工程管理类(建设类)专业人员国家执业资格基础和知识的高素质专门人才。"

2. 工程管理专业的方向设置

在我国,工程管理根据各校办学特点分出不同的专业分支,形成了目前的专业设置状况,培养工程型、管理型、工程+管理型等不同的工程管理人才。

3. 工程管理专业就业前景

(1)面向房地产业的专业领域

(2)面向建筑业的工程管理

(3)面向工程咨询业的工程管理

4. 工程管理专业学生工作能力的培养

(1)开展实践教学

(2)专业实践的具体设置

①课程中的案例教学

②课程中的实习

③各种深入的实习

④毕业设计

⑤其他实践教学形式

【本章习题】

1. 简述我国工程管理专业的发展历程。

2. 简述工程管理专业的培养目标。

3. 简述工程管理专业的教育内容。
4. 简述我国工程管理从业人员现状。
5. 简述工程管理专业就业前景。
6. 简述面向建筑业的工程管理。

第 7 章

工程管理的未来展望

【本章学习要求】

本章主要介绍我国工程管理现状和需求,了解我国和世界工程管理的发展方向,通过本章学习,要求学生掌握未来发展趋势。

【本章主要概念】

未来工程主要领域　基础设施建设

7.1　我国工程管理现状和需求

7.1.1　我国工程管理发展存在的问题

工程管理在中国市场经济条件下已走过 20 余年的历程。目前我国已具备比较成熟的工程管理的理论、方法、计算机辅助管理和信息收集等方面的知识,并逐步形成了具有现代管理意义的工程管理科学理论体系和管理方法体系,涌现出了众多从事工程管理研究与实践的专家、学者、工程技术人员和一大批高、大、新的代表作品与典型的项目管理成功案例。但与国外相比,仍然存在很大差距,具体体现在以下几个方面:

1. 工程管理理论落后

我国自 20 世纪 80 年代末至 90 年代初引进项目管理方法,但是由于起步较晚、投入不足、研究机构与实践单位分离等原因,与国际工程管理相比,我国工程管理的研究还处在不太成熟的阶段,其应用范围主要在建筑业等少数几个领域对工程项目的管理,应用范围较狭窄。

2. 管理体制存在缺陷

现行的投资管理模式存在缺陷。目前计划立项审批部门,资金筹划部门、项目实施单位各行其是,在工程的执行过程中,缺乏一个行使监督、管理、检查、协调服务职能的中间机构。

3. 不重视工程项目的可行性研究

可行性研究本身是对拟建项目技术上、经济上及其他方面的可行性进行研究。其目的是给投资者提供决策的依据,同时为银行贷款、合作签约、工程设计等提供依据和基础资料。但是许多投资者普遍不重视项目的可行性研究而盲目投资,往往造成很大的经济损失,也为后来的工程事故埋下了隐患。

4. 缺乏合格的工程管理人才

由于我国引进工程管理理念的时间比较晚,对工程管理的系统研究和实践起步也比较晚,到1991年才成立全国性的工程管理研究会,我国工程项目管理人才培养的理论环境还比较落后。目前一些工程项目管理公司项目经理的任命还是以行政任命为主,非竞争上岗,仅按相关业务岗位的标准来任命项目经理。工程项目管理人员不仅需要具备深厚的专业知识与工作经验,还应熟练掌握和使用计算机等管理手段,其竞争从某种意义上讲已成为信息战。目前西方发达国家的一些工程项目管理公司已经在项目管理中运用了计算机网络技术,开始实现项目管理网络化、虚拟化。

7.1.2 我国未来社会对工程需求的总体分析

我国社会要持续发展,经济要腾飞仍然离不开工程。2011年,我国固定资产投资规模(不含农户)达到301 933亿元,比上年增长23.8%。基于如下因素,我国的固定资产投资规模在相当长时期内仍然会保持高速增长,这是工程建设快速发展的最为重要的保证。纵观全世界,工程管理专业的热点在中国。

① 目前,我国还处于积极发展的高速时期,即使按照目前这种发展速度,到2050年才能发展到中等发达国家水平。按照我们国民经济和社会发展计划,各行各业仍然有很大的发展空间。以基础设施为主的各类土木工程的发展也是方兴未艾。因此可以预计,未来几十年,仍然是我国工程行业发展的大好时机。

② 我国城市化进程明显加快,2007年已经达到44.9%,现在以每年一个百分点的速度快速推进。城市化的进程必然带动大规模的城市基础设施、学校、商业、住宅、医院等生活配套设施的建设,必然伴随着工程建设的高潮。据《2001—2002中国城市发展报告》称,截止到2015年我国城市化率将提高到75%以上。

即使目前已经被认为是实现城市化的地方,也还存在着基础设施的大量欠账,还需要进行继续建设。我国基础设施,包括公路、铁路、机场等交通设施人均占有数量仍然大大低于发达国家水平。

③ 国家投资力度不减,地方投资能力增强,积极性高涨。我国政府近几十年来采用的以投资拉动经济的政策还会在一段时间内继续,使得工程建设仍然还有很大的需求。

④ 我国幅员辽阔,长三角、珠三角、环渤海湾区域仍然是最为繁荣的建筑市场,同时西部大开发、中部崛起、东北工业区振兴也为工程建设提供了新的机遇。

我国发达地区的资金也在与西部的资源、技术、土地和劳动力相结合,进行各种产业的投资和开发。

最近国务院批准了一些国家级区域发展战略,如江苏沿海经济区、长江三角洲、珠江三角洲、黄河三角洲、天津滨海新区、海峡西岸经济区、北部湾经济区、辽宁沿海"五点一线"经济区海南国际旅游岛、长吉图等。每一个区域发展战略的实施都会需要大量的投资,都会带动这些地区大规模的工程建设。

⑤民间投资潜力巨大,正在释放。我国私有经济正在高速发展,现在国家开放企业投资,在基础建设领域,民间投资开始启动。民间资本不仅会促进乡镇的轻工业、经济发达地区的高新工业投资增加,而且会带动中部地区的资源和能源的开发投资,以及沿海、东北地区的重工业、化工业的快速发展。

同时,外商投资势头不减,在东中西部全面铺开,这都将有力地促进工程建设的发展。

⑥随着我国国力的增强,国家对一些重大的社会活动的投入越来越大,常常需要大量的工程建设,例如我国近几十年来的一些重大活动的工程建设投入(见表7.1)。

表7.1 我国近年来重大社会活动的工程(场馆)建设投入

活动名称	时间/年	地点	工程建设投入/亿元
全国第十届运动会	2005	南京	100
2008年奥运会	2008	北京	130
全国第十一届运动会	2009	济南	105
世博会	2010	上海	180
亚运会(广州)	2010	广州	129.2

上述仅是场馆建设,不包括为了这些活动投入的城市其他基础设施的新建和改造投资,例如为了迎接全国十一届运动会,济南市城市基础投资达1 400多亿元。

我国近50年来特别是20世纪80年代以来建设的许多工程,由于规划水平、建造质量、节能要求、抗震能力等方面的问题,许多工程没有一点进一步使用或保留的价值,要被拆掉,或者需要大规模地资金投入进行改造。近些年许多地方进行了大规模的节能化改造、拆迁和建筑爆破证实了这一点。

7.1.3 我国将来工程的主要领域

1. 房地产

住宅仍然是建筑业的主题产品,2007年房地产开发投资30 600亿元,比上年增长20.9%;2011年,房地产开发投资增幅总体保持较高水平,1～11月,房地产开发完成投资55 483亿元,同比增长29.9%,增幅比2010年同期历史高位低6.6个百分点,继续担当着建筑业主体产品的角色。

尽管我国近几十年房地产发展迅速,但与发达国家相比,无论在量还是在质上差距都很大。美国人均住房面积接近60平方米,欧洲国家和日本的人均面积多在35～40平方米,而我国目前城镇人均住房面积在26平方米左右。据建设部有关研究机构的预测,2020年人均建筑达35平方米,达到户均一套,人均一间,厨房面积不低于6平方米,卫生间面积不低于4平方米,主卧面积不低于12平方米的目标。

据估计,到2020年底,全国房屋建筑面积为686亿平方米,其中城市171亿平方米。目前我国每年新建成的房屋达16亿~20亿平方米,超过各发达国家年建成的房屋建筑面积的总和。这样就有一个十分庞大的住宅市场需求量和住宅工程的建筑量。

2. 基础设施建设

我国城乡基础设施,包括公路、城市道路、供水、供电、供气、供热、污水处理等仍然处于短缺状态,而且总体缺口较大,基础设施的建设高潮仍然持续。

(1) 公路工程

根据统计资料显示,截至2009年底,我国公路总里程达387万千米,其中高速公路6.5万千米,均居世界第二位。2011年我国新增公路通车里程7.14万千米,其中高速公路1.10万千米,截至2011年底,我国高速公路总里程达8.5万千米。

2004年12月17日,国务院审议通过《国家高速公路网规划》。国家高速公路网采用放射线与纵横网格相结合的布局方案,由7条首都放射线(北京—上海、北京—台北、北京—澳门等)、9条南北纵线(如沈阳—海口、长春—深圳、济南—广州等)和18条东西横线(如丹东—锡林浩特、青岛—银川、连云港—霍尔果斯、南京—洛阳等)组成,简称"7918",总规模约8.5万千米,其中主线6.8万千米,地区环线、联络线等其他路线1.7万千米。

按照我国公路交通发展2020年的目标和本世纪中期的战略目标,到2020年,公路基本形成由国道主干线和国家重点公路组成的骨架公路网,建成东、中部地区高速公路网和西部地区八条省际公路通道,45个公路主枢纽和96个国家公路枢纽。

(2) 城市轨道交通工程

随着我国城市地面交通的拥挤、城市建设的要求,发展地铁交通是我国许多城市解决交通问题的主要策略。有一些大城市、特大城市只能向地下空间发展。

2000年之前,内地仅有北京、上海、广州三个城市拥有轨道交通线路。进入21世纪以来,随着国家经济的飞速发展和城市化进程的加快,城市轨道交通也进入了大发展时期。截至2008年底,内地10座城市已建成运营30条城市轨道交通线路,运营里程达813.7千米。

目前城市轨道交通发展最快的京、沪、穗三地,其运营里程都已突破百千米,运营里程最长的上海已达235千米左右,北京达198千米,广州超过117千米。至2020年,京、沪、穗三地的城市轨道交通运营里程都将超过500千米,其中上海将以877千米的总长度处于领先的地位。而这三大城市轨道交通的远景规划都有望突破1 000千米。

2009年,国务院已经批准了22个城市的地铁建设规划,至2015年,这22个城市将建设19条轨道交通路线,总长2 259.84千米,总投资8 820.03亿元。到那时,我国建成和在建轨道交通线路将达到158条,总里程将超过4 189千米,运营里程将达2 400千米。如表7.2和图7.1所示。

表7.2 城市轨道交通运营里程规划

年份	2006年	2007年	2008年	2010年	2015年	2020年	2050年
城市轨道交通运营/千米	440	729	775	1 500	2 400	3 000~3 500	4 500

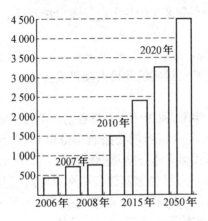

图7.1 城市轨道交通运营里程规划

(3)水务业

水务业是一个投资大、投资回收期长、投资回报率低而稳定的行业,可细分为水的生产和供应、污水处理两个子行业。由于我国城乡用水量的增加、水价和污水处理费调升,其投资回报率有较大的提高,极富投资价值,据国家经济发展部门预测,我国水务市场从中长期来看,年增长率将维持在15%左右。

根据中国城市建设统计年鉴统计,截至2008年年底,我国已经建成10 141座城市污水处理厂,其中东部地区609座,中部地区237座,西部地区165座。目前全国仍有167个城市未建成污水处理厂,其中地级市23个,县级市144个,所以污水处理设施建设任务仍十分艰巨,会需要大量的工程建设投资。此外,目前全国正在建设的城镇污水处理项目达1 360个,总设计能力约2 900万立方米/日。全国已有20个省、自治区、直辖市实现了辖区内每个县(市)建有污水处理厂。

(4)港口工程

港口工程是我国交通运输业的重要组成部分。在2008年世界十大集装箱港口排名中,中国上海(2801万个TEU)、香港(2430万个TEU)、深圳(2142万个TEU)、广州(1100万个TEU)、宁波舟山(1084万个TEU)、青岛(1002万个TEU)分别位居第二、第三、第四、第七、第八和第十位。我国已经成为全球海运需求增长量的主要动力来源,在全球经济逐渐复苏的背景下,中国铁矿业、煤炭、钢材、石油等原材料需求也随之回升,因此中国未来海运需求将逐渐增长,也将使未来港口建设成为投资的热点领域之一。

(5)城市地下管道系统

长期以来,人们一直不重视城市地下系统的建设,所以问题很多,如许多城市地下系统混乱,没有统一规划,各领域各自为政,包括给排水系统、能源(如轨道液化气、电力线路)系统和各种通信线路系统等。许多城市,甚至是大城市,几十年来,由于不断铺设与维修管道,道路一直处于"挖-填-挖"的过程中。

目前我国许多城市排水能力不足,一下雨就会出现道路、城区被水淹没的情况,应该逐步解决这个问题。

3. 铁路和高速铁路建设需求

统计数据显示,2009年是我国铁路史上的投资规模最大、投产最多的一年。全年完成基本建设投资6 000亿元,比上年增加2 650亿元,增长79%,超过"九五"和"十五"铁路建设投资总和,为拉动内需、促进经济增长发挥了重要作用。截至2010年底,中国铁路营业里程已经达到9.1万千米,较2009年增加4 986千米;其中,已经投入运营的高速铁路也已经达到8 358千米,而2010年投资7 000亿元,2011年投资已经达到7 500亿元。

到2012年,中国铁路营业里程将由现在的9.1万千米增加到11万千米以上,其中高速铁路达1.3万千米。与此相适应的,到2012年,我国将建成804座现代化铁路客站。

在经济发达地区,如珠江三角洲地区、长江三角洲地区正在建设区域内的轨道交通系统,在"珠江三角洲地区交通基础设施一体化规划"中明确了在2012年形成以广州为中心,连通区域内所有的地级以上市的城际轨道交通构架;2020年形成"三环八射"的城际轨道交通网络,并以此为骨干形成区域快速公交走廊。重点建设广州—东莞—深圳、广州—珠海、广州—佛山、佛山—肇庆、东莞—惠州、佛山—东莞、广州—佛山—江门—珠海、广州—清远、深圳—惠州等城际轨道交通工程。

4. 工程建设需求情况

今后对于工业建设的需求主要集中在能源(包括核能和火电、水电等)、石油化工、汽车等新型制造方面。特别是在资源性开发、能源生产等建设投资呈大幅度增长趋势,如煤炭开采、电力、热力的生产与供应,石油和天然气开采投资还会增加。

(1) 煤炭业

最近几年煤炭需求增长比较快,目前国内发电能力的增长主要是靠煤电。据统计,2009年煤炭经济运行态势良好,煤炭产销量增长速度较快,价格相对稳定,市场需求基本平衡。前十个月,全国原煤产量完成24.18亿吨,同比增长2.47亿吨,增长11.4%。

由于电力需求增长很快,用电量继续保持快速增长,国家仍会批准一批火电机组投资建设。另外,煤矿结构的变化也会拉动一些新的投资。如一些资源枯竭型地区,老煤矿的生产能力到期,需要退出,必须要有新的生产力补充。近年来国家大力整顿中小煤矿,对中小煤矿进行关停并转,以节约资源和提高效率。这些生产能力要依靠新建有规模的大煤矿补充。

(2) 电力行业

近年来,我国用电负荷屡创新高,部分省市区电力供应又趋紧,保电任务不断加重,甚至再度出现了拉闸限电的现象;我国电力建设呈现冷热不均的特点。一边是电源建设投资过剩,在建规模很大,政府开始清理;另一边是电网投资一直不足,电网公司亏损。

从宏观形势来看,我国电力建设市场在未来 15~20 年前景看好。2010 年发电量已经达到 3.4 万亿千瓦时,相应需要装机 7.5 亿千瓦,其中水电 1.72 亿千瓦,核电 1 500 万千瓦,风电 400 万千瓦,气电 3 500 万千瓦。党中央提出到 2020 年我国 GDP 在 2000 年的基础上翻两番的目标,而目前我国年 GDP 的电力消耗保持在 0.16 千瓦/元左右。按这个数字预计,到 2020 年我国年电力需求将达到 64 000 亿千瓦时,总装机容量将达到 12.87 亿千瓦。电力装机容量的增长速度应该长期维持在 7% 左右。

以核电为例,2007~2020 年我国将新增建设投产 2 300 万千瓦的核电站 13 座,建设资金需求总量约为 4 500 亿元人民币,这些都将带动建筑业的发展。

5. 电力投资相关配套设施

(1) 电站设备

电站设备是电力设备中技术含量最高的子行业,主要产品为电站锅炉、汽轮机、发电机和水轮发电机。目前国家对电力建设投资调控的方向主要是限制耗能高、效率低的中小火电机组,对于水电、核电和大型火电机组影响不大。2008 年 9 月至 2009 年 2 月 25 日,国家发改委核准的大型变电站工程有 30 个。

(2) 输变电设备行业投资增长太快

我国电力建设的传统式发电中,轻输配电,主网架结构薄弱,经常形成"窝电"现象。根据国外发达国家的经验,输配电和发电资产的比例一般为 60:40,而我国是 40:60。

2009 年,国家电网对电网建设的投资总额首次突破 3 000 亿元,达 3 058.6 亿元,同比增长 22.5%。2010 年一年我国就已经完成电网建设投资 2 274 亿元,其主要投向是特高压数变电线路建设、农网改造,以及智能电网试点建设等。

(3) 电力环保设施投资很大

我国的大气环境污染是典型的煤烟型污染,燃煤电厂二氧化硫排放量占我国工业二氧化硫排放量的 40% 左右,对我国大气质量环境造成严重破坏。目前我国政府非常重视对大气污染的综合治理,根据国家发展改革委公布的 2008 年度产业相关信息,2008 年底,我国火电厂烟气脱硫装机容量超过 3.79 亿千瓦,约占煤电装机总容量的 66%,中国已成为全球最大的烟气脱硫市场。随着节能减排要求的进一步提高,这方面投资需求仍巨大。

6. 环境保护工程

(1) 我国环境形势十分严峻,要解决环境的困境必须加强对相关工程的投资

2008 年长江、黄河、珠江、松花江、淮河、海河和辽河七大水系总体水质与上年持平。20 条河流 409 个断面中,Ⅳ~Ⅴ类和劣Ⅴ类水质的断面比例分别为 24.2% 和 20.8%。珠江、长江总体水质良好,松花江为轻度污染,黄河、淮河、辽河为中度污染,海河为重度污染。在监测营养状况的 26 个湖泊(水库)中,呈富营养状态的湖(库)占 46.2%。

我国城市环境基础设施严重落后于城市化速度。近十年来,我国城市生活污水排放量每年以 5% 的速度递增,城市生活垃圾产生量也以每年 5%~8% 的速度增加,但全

国城市生活污水集中处理率不足60%,全国虽有近80%的城市对生活垃圾进行了无害化处理,但许多城市处理能力不足,垃圾处理处置设施运行效率低。

(2)环境保护不仅要求大量的污染专项治理设施投入,城市污水处理、垃圾处理和大江大河的处理设施投入,而且会带来工业结构调整的要求和新的投资要求

现在国家提出资源节约型、环境友好型的建设要求,在2009年底哥本哈根世界会议上,我国政府提出了节能减排的行动目标承诺,决定到2020年单位国内生产总值二氧化碳排放比2005年下降40%~45%。这会促进工业生产技术进步、工艺更新、产品的更新换代和产业升级,由此带来工程投资的需要。

特别是在水泥行业、电石行业、电力行业、钢铁行业、纺织行业、煤炭行业等领域,许多厂要撤并,投资改造,整体搬迁,或加大环保设施建设。以水泥行业为例,在目前面临燃料价格高涨的情况下,节能降耗无疑将成为水泥企业提升业绩的关键手段,这就需要大量的技术更新改造的投入。这些都会带动工程投资的增加。

(3)全国范围来看,各地对于环境工程的投入均有显著增长,近年来,我国环境保护的年投资额一直呈稳定上升趋势(表7.3)

在"十二五"期间,环保投入预计达到3.1万亿元。

表7.3 环境保护的年投资额

时间/年	2004	2005	2006	2007	2008
投资/亿元	1 908.6	2 388.0	2 566.0	3 387.3	4 490.3
占同期GDP比重/%	1.19	1.30	1.22	1.36	1.49

(4)现有建筑节能改造的投入

①建设部于2005年5月31日发布了《关于发展节能省地型住宅和公共建筑的指导意见》,在其中明确提出:到2010,全国城镇新建建筑实现节能50%,既有建筑节能改造逐步开展,大城市完成应改造面积的25%,中等城市完成15%,小城市完成10%;城乡新增建设用地占用耕地的增长幅度要在现在基础上力争减少20%;建筑在建造和使用过程的节水率在现有基础上提高20%以上;新建建筑对不可再生资源的总消耗比现在下降10%。

②中华人民共和国国务院令第530号《民用建筑节能条例》自2008年10月1日起施行,旨在加强民用建筑节能管理,降低民用建筑使用过程中的能源消耗,提高能源利用效率。

③目前,我国有(存量)房屋建筑400亿平方米,其中99%是高耗能建筑。能耗远达不到国家相关节能强制性标准。至今城镇建成的能效高的节能建筑仅占总面积的2.1%。在建筑能耗中,采暖空调通风能耗约占66.6%。

④据专家估计,我国的外墙、屋顶的传热系数是发达国家的3~5倍,窗户的传热系数是发达国家的2~3倍。虽然,我国的供暖期较发达国家短,供暖基准温度较发达国家低,但我国单位建筑面积采暖耗能是目前发达国家的三倍以上。

虽然已经建成的高耗能建筑能够进行节能改造,但房屋工程涉及选址、屋顶、地面、

墙体、管线等,具有相当的不可逆性,改造效果有限,改造成本高,资源浪费巨大。目前建设的高耗能的建筑越多,遗留的能源消耗负担就越严重。这会从以下三个方面影响工程:

增加能源工程投入规模。按照我国现有的建筑能耗水平,2020年,我国建筑能耗将超过2000年能耗的3倍,至少将达到10.9亿吨标准煤。空调高峰负荷相当于10个三峡电站满负荷运力。

加大对已经建成的房屋的节能改造的投入,研究改造技术,提高节能改造的效果。否则,这几百亿平方米高耗能建筑,每年就多消耗若干亿吨煤炭。我国能源供给将难以应付巨大的需求,对能源的进口依赖程度进一步加深,直接威胁我国的能源安全。

7. 新农村建设问题

2005年12月31日,《中共中央国务院关于推进社会主义新农村建设的若干意见》要求,按照科学发展观的要求和城乡统筹的思路,加强农村基础设施建设,加强村庄规划和人居环境治理;加强宅基地规划和管理,大力节约村庄建设用地,向农村免费提供经济、安全、实用、节地、节能的住宅设计图样。

新农村基础设施包括农业生产基础设施、农村生活基础设施以及农村社会事业基础设施等多方面内容。主要包括以下三个方面:

(1)基本生产、生活基础设施,主要是水、路、气、电

具体项目包括农田水利、安全饮水、村村通公路、村内道路硬化、沼气等清洁燃料、电网、村村通广播电视、文化站(或图书馆)等。

(2)村级环境整治

具体项目包括改厨、改厕、改圈、排水沟、沟渠硬化、荷塘清淤、垃圾收集、污水处理等。

据有关部门调查估计,投资需求达到8万亿元以上,相当于近一年的国内生产总值和近三年的全国财政收入。

(3)基础教育和基本医疗设施

具体项目包括村医疗室、乡镇卫生院、幼儿园、中小学教室等。

8. 水利建设需求情况

中央水利投资重点向防洪工程、水资源工程、生态水保工程倾斜,在地域分布上,重点向农村地区、中西部地区倾斜,并且新农村建设也包括水利工程的建设。新农村建设已改建小型水利设施为重点,实施灌区续建配套与节水改造工程。

(1)以小型水利设施为重点,切实加强农田水利设施建设

对现在8.5亿亩农田灌溉面积进行改造,并新增1亿亩的灌溉面积。对现有小型农田水利设施进行改造和节水改造,每年需投资235亿元。中央财政已设立小型农田水利设施补助专项资金,支持小型农田水利基础设施建设。

(2)继续实施大中型灌区续建配套与节水改造工程,加强防汛抗旱和减灾体系建设

国家将对全国400多处大型灌区的渠首、干支渠及其建筑物等骨干工程进行续建、配套和节水改造更新,更新改造老化机电设备,完善排灌体系。规划全国新增工程节水

灌溉面积1.5亿亩,灌溉水有效利用系数提高50%。同时,实施中部地区排涝泵站更新改造工程建设。

(3) 水利工程促进水利设施需求

随着水利设施的投入加大,水利设备建设还会继续增加,如泵站、阀门、动力机器、抽水机和喷灌机等。因此水利行业对先进、实用的水利设备的需求,市场十分广阔。

9. 其他领域的工程

(1) 新型建筑材料是建材工业中的新兴产业

主要包括:新型墙体材料、新型防水密封材料和新型建筑装饰装修材料等。建筑要实现节能不仅是门窗要实现节能,墙体实现节能也是十分关键的。目前我国所采用的墙体材料仍以实心黏土砖占据主导地位,这不仅耗用黏土资源,而且耗能也大。发展低耗能、保温隔热性能好的新型墙体材料必将成为主流趋势,在这种背景下,新型墙体材料生产装置建设将有较大的发展机会。

(2) 新能源、可再生能源发电有巨大的发展空间

未来五年,每年至少需要发展100多万千瓦装机容量的可再生能源发电系统;到2050年,尚有7.2亿千瓦缺口需要可再生能源发电来满足;太阳能、风能、水能、垃圾能、地热能、海洋能等"可再生能源"有成本优势,如风电建设投资已与核电大致相当,未来可能低至500美元/千瓦以下。在光伏发电方面,目前国光电伏电池的效率和售价与国际水平接近。可再生能源发电将是大规模发展的方向,相关的发电、储能及运输均面临更高的要求,相关的应用研究、技术开发与产品开发投资会带动相应的工程投资。这些会带来相关基地和平台建设工程的发展。

(3) 国际工程

随着我国综合实力、国际及整理和装备水平的日益提高,我国对外工程承包业务的领域和规模将不断扩大,我国承包商占国际工程承包市场份额将稳步提高,主要集中在铁路、公路、电站、房屋建筑以及石油化工领域。中国工程承包企业逐步开拓高端业务领域。我国企业承揽的EPC(设计-采购-施工)项目显著增多,合同额较大的项目,尤其是上亿美元的大项目,几乎都是EPC总承包的形式,一些有实力的企业还积极尝试BOT、PPP等带有投资性质的业务模式,探索产业升级的路径。

7.2 工程和工程管理的未来展望

7.2.1 人与自然和谐的工程

我国政府提出建设资源节约型社会和环境友好型社会的号召,要求发展绿色经济和循环经济,促进社会的可持续发展。这些在很大程度上都是对工程提出的要求,都应该落实在工程设计、施工和运行过程中,作为指导工程建设的基本方针。

科学发展观及和谐社会建设需要新的工程管理概念,如要求工程与自然和谐共处,工程要体现以人为本,人与自然、人与社会协调发展。

鉴于我国资源短缺的矛盾,2005年建设部提出并经国务院认可,工程建设标准的修改和完善将着重于提高节能、节地、节材、节水的标准,尤其是节约使用自然资源,特别是不可再生资源。新标准的出台和国家所采取的更加严格的监管方式,将从总体上促进建筑产品节约资源和能源水平的提高。

1. 绿色工程和低碳建筑新的要求

①绿色工程是指通过更高效、更经济的技术和流程,获得环境友好型的工程系统、工程产品(或服务)。

②全世界都越来越清晰地认识到二氧化碳排量猛增,会导致全球气候变暖,对整个人类的生存和发展产生严重威胁。城市里碳排放,60%来源于建筑工程的建设和维护上。

低碳建筑是指在建筑材料与设备制造、施工建造和建筑物使用的整个寿命周期内,减少化石能源的使用,提高能效,降低二氧化碳排放量。低碳建筑已逐渐成为国际建筑界的主流趋势。

这会促进我国建筑节能和低碳设计、材料和施工工艺、建筑节水技术、绿色建材与建筑节材技术、环境保护技术、新型建筑结构技术等方面的发展。

2. 环境治理问题

环境治理问题是工程建设永恒的热点问题,环境工程成为各种领域工程的一部分。国家将对建筑垃圾处置实行减量化、资源化、无害化和谁产生谁承担处置责任,对建筑垃圾处置实行收费制度。这就要求在工程建设和运行过程中控制废物排放,能够有效降低工程的工程的环境成本,使工程不破坏当地自然风景,与自然相协调。

3. 其他方面

①工程的生态化要求,将会有更多的生态工艺和工作的研究、开发与应用。设计中考虑因地制宜,工程建成后尽快恢复土壤、植被、气候等生态状况。

提倡经济、安全、适用、人性化的工程的建设方针。目前在许多政府工程中存在的奢侈、浮华、注重形式的建筑风气将被杜绝,形成朴实的建筑文化。

②在建筑中注重与人文环境的协调,建筑应具有文化的继承性,有"中国特色"。

③建筑方案应该更方便施工,降低施工过程的难度和减少资源消耗。

④工程结构的防灾减灾、结构耐久性与加固、维修和改扩建方面的新技术和新工艺的研究与应用。工程事故及灾害防治将纳入工程的范围,建筑物的防震、防火、防地质灾害、防疫的要求将进一步提高,成为工程及工程管理的一部分。

⑤工程拆除后的生态还原,以及工程遗迹的处理过程、技术和方法的研究。

7.2.2 注重工程的社会责任和历史责任

①社会管理的人性化、法制化,给工程建设和工程管理带来许多新的问题。过去那种政府主导的大拆大建会变得越来越困难,工程过程的制约因素增加,复杂性加大,导致工程建设的时间将会延长,费用会增加。

②工程必须考虑社会各方面的利益,赢得各方面的信任和支持,促进社会的和谐。

③让公众更好地理解工程。我国是个工程建设大国,为了实现全面建设小康社会的宏伟目标,全国各地都在规划、设计和建设许多工程项目。这些工程能否建设好,能否体现出新的工程理念,能否成为创新的工程,将直接影响我国全面建设小康社会宏伟事业的全局。因此,让工程造福公众,让公众理解工程是我们面临的一项重大任务。

7.2.3 工程向高科技、大系统方面发展

①由于工程新技术的开发和人们对工程功能要求的提高,工程系统将包含更多的内涵,包括更多新的技术,由此产生新的专业工程系统,需要更高要求的管理系统。

②由于工程全寿命期一体化和集成化,各个工程相关专业和工程管理高度结合,各个工程企业高度的互相依存。

③新型材料、结构在工程中得到应用。轻质、高强、耐久、多功能化、绿色、低碳材料的研发和应用效果的技术经济评价将成为工程管理的内容之一。

④地下空间的利用促进这方面设计和施工技术的进步。

⑤建筑工业化和住宅产业化的推行,促进相关的标准化部品、构件、部件设计与施工技术。

7.2.4 工程界工作主题逐渐变化

一个工程在其寿命期中必须经过前期决策、建设(设计和施工)、运行维护过程,最后被拆除。而从宏观的角度来看,任何一个国家,在一个较长的历史阶段,工程界工作的主题会逐渐变化,这是工程界发展的自然规律。在自20世纪50年代以来,西欧的城市发展分别经历了城市重建(50年代)、城市振兴(60年代)、城市更新(70年代)、城市再开发(80年代)、城市再生(90年代)等几个阶段。而从工程界的角度来说,通常经历如下几大类主题:

①以工程建设为主。最近几十年我国工程界的主题就是建设,我国还会有一段时间持续的建设高潮。

②随着大规模建设的高潮之后,工程界应逐渐转变为以维护(包括加固、扩建、节能化改造、更新)为主的时代,要解决工程的维护和全寿命期健康问题,使工程能够保持健康运行,有可持续发展的能力。

③随着时间的推移,工程界的任务还会转向工程拆除后旧址的生态复原和废物的综合利用(即再生)为主题的时代。即要解决工程拆除后的生态还原,或工程遗迹的处理的过程、技术和方法问题。

我国的工程界的发展有其自身的规律:

①我国大规模的工程建设的持续时间会比较长,在持续一个阶段后,也会逐渐转向建设和维护并举,最后要以工程维护为主的状况。

②现在我国工程拆除后的遗址处理和土地的生态复原的问题已经显露出来,我国会出现建设高潮、运行维护和工程旧址处理并行的时期,并且我国现在已经显示出这样

的情景。

其原因是：

①我国是一个地少人多的国家，土地资源十分匮乏，必须重复使用。大量的工程报废后要拆除进行下一个工程的实施。

②我国现在处于经济高速发展时期，许多地区经常进行产业转型，如老工业基地改造。许多单位(如开发区)要经常性地改变产品，重新开发新产品，则要对工程进行更新改造，或拆除后新建。

③近几十年来，我国一直处于大规模的建设期，但由于大量的工程立项很轻率，没有精心地规划、设计和施工，这几十年来的许多建筑都是"不可持续"的，都要拆除在建或要进行更新改造。我国工程的寿命期短，会使运行维护阶段和拆除重建阶段提前到来。

7.2.5 工程及工程管理更新

工程创新是现代高科技、新技术等在工程中应用的综合。工程创新不足是发展中国家的通病。

许多年来，我国一直积极地推动建筑工程领域的创新工作。2005年2月23日建设部出台了"关于进一步做好建筑业10项新技术推广应用的通知"(建质[2005]26号)。这次修订将"建筑业10项新技术"扩充为10个大类，内容以房屋建筑为主，突出通用技术，兼顾铁路、水利、交通等其他土木工程，所推广技术既成熟可靠，又代表了现阶段我国建筑业技术发展的最新成就。

①高性能混凝土技术。

②高效钢筋与预应力技术。

③地基基础和地下空间工程技术。

④新型模板及脚手架应用技术。

⑤钢结构技术。

⑥安装工程应用技术。

⑦建筑节能和环保应用技术。

⑧施工过程检测和控制技术。

⑨建筑防水新技术。

⑩建筑企业管理信息化技术。

从总体上说，我国过去工程管理的主要目标是工程的质量(包括功能)、成本、进度等，随着新的工程理念的提出，必须通过新的工程技术和工程管理理论、手段、方法和工具达到。对我国全面建设小康社会，建设资源节约、环境友好型社会而言，工程创新是事关整个社会可持续发展的大事。工程创新不是简单的"科学的应用"，也不应是相关技术的简单堆砌和剪贴拼凑。真正好的工程创新是各种工程技术和工程管理的系统集成，必须符合工程与自然和谐，满足其社会责任和历史责任，以及全寿命期管理的要求。

7.2.6 在工程和工程管理中计算机、现代信息技术和其他高科技的使用

1. 国家确定以信息化带动工业化的战略

信息化是我国加快实现工业化和现代化的必然选择。坚持以信息化带动工业化，以工业化促进信息化，走出一条科技含量高、经济效益好、资源消耗低、环境污染少、人力资源优势得到充分发挥的新型工业化路子，这是 21 世纪前 20 年我国经济建设和改革的主要任务之一。

2. 充分运用现代信息技术、生物技术、电子技术、遥控技术在建设信息化、智能化，以及温度、舒适度、日照控制、楼宇保安、设备遥控等方面创新，工程将进一步智能化

随着计算机技术、信息技术和控制技术的快速发展和广泛应用，智能楼宇综合管理系统逐渐成为智能大厦的技术核心。它将建筑物内各弱电子系统集成在一个计算机网络平台上，从而实现各工程系统间信息、任务和资源共享，给使用者提供全面、安全、高质、舒适的综合服务。楼宇综合管理信息系统具有开放性、可扩展性、互联结性、可靠性和安全性等功能，并具有人机界面友好型，能有效节约能源，降低运行成本，延长设备使用寿命，保障建筑物与人身安全。

3. 重视应用 IT 技术，开发应用先进、实用的工程项目管理与控制软件

目前，工程中软件的应用越来越多，软件种类也日趋增多。在工程中，合同管理软件、造价软件、项目管理软件、模拟施工软件，以及专门的办公软件系统得到普遍和有效应用。

4. 工程全寿命期集成化信息平台的开发与应用

这是工程最系统、最完备的信息体系，包括工程的建设前环境信息，工程前期决策信息，工程的勘察、设计、计划信息，工程的施工过程和竣工信息，工程的运用维护状况、成本、组织、更新改造等信息。这些信息应该是可视化的。

例如对于一个运用中的桥梁，它的全寿命期信息至少应包括它建设的地形和地质信息，周边情况的信息，工程的决策过程所产生的信息，工程水文地质信息，设计文件和计划文件、工程招标投标、施工组织、施工过程信息（如工程过程、问题的处理、录像）、电子化竣工资料、工程运行过程的状况，桥梁健康数据采集和监测信息，维修次数，每次大修的详情，运行和维修费用记录等。

它是集全球定位系统（GPS）、地理信息系统（GIS）、设计 CAD、图形处理技术、虚拟显示技术、数据采集技术等于一体的高科技管理系统。

5. 虚拟建设（Virtual Construction，又称虚拟建造）

虚拟建设于 1996 年被提出，在工程和工程管理中有两大方面应用：

（1）工程中的虚拟现实技术

在计算机和信息技术基础上，利用图形/图像处理、系统软件、交互传感、音响处理、网络通信、系统仿真技术、三维建模理论等对拟建的建筑物或工程实施过程事先进行建设模拟，进行各种虚拟环境条件下的分析，提前为顾客提供一个可以观看、可以视听、可以感觉的虚拟工程和工程的实施过程，以及工程环境，以提前发现可能出现的问题，采

取预防措施,以达到优化设计、节约工期、减少浪费、降低造价的目的。

虚拟现实技术起源于美国,我国"863"高新技术计划将该技术里面的关键技术进行研究,近年来在我国发展迅速,在工程建设领域也得到广泛的应用。

1)在规划设计阶段中的应用

城市规划一直是对全新的可视化技术需求最为迫切的领域之一,虚拟现实技术可以广泛地应用在城市规划的各个方面,并带来切实且可观的利益,展现规划方案虚拟现实系统的沉浸感和互动性不但能够给用户带来强烈、逼真的感官冲击,获得身临其境的体验,还可以通过其数据接口在实时的虚拟环境中随时获取项目的数据资料,方便大型复杂工程项目的规划、设计、投标、报批、管理,有利于设计与管理人员对各种规划设计方案进行辅助设计与方案评审。规避设计风险,虚拟现实所建立的虚拟环境是由基于真实数据建立的数字模型组合而成,严格遵循工程项目设计的标准和要求建立逼真的三维场景,对规划项目进行真实的"再现"。

采用计算机信息通信、计算机图形学、图像处理、人机界面、计算机模型仿真、虚拟现实等多种技术,可以逼真地展现建成后的工程是否与周围环境匹配,以优化规划方案;建立三维虚拟场景,使建筑、结构、设备设计协同进行;通过改变视点和光源设计、修改材质等,方便设计师和顾客沟通,能更直观地评价处于设计阶段的各种方案;借助于虚拟现实浏览器虚拟巡游建筑物各组成部分,从而提高设计效果和设计质量;检验建筑设计的可施工性等。

2)在施工阶段的应用

通过虚拟仿真在施工前对施工全过程,或关键过程,或工序进行模拟,以验证施工方案的可行性或优化施工方案;对重要结构进行计算机模拟试验以分析影响工程的安全因素,达到控制质量和施工安全的目的,使施工计划进度和实际形象进度可观化等。这彻底改变了传统的施工过程不可逆,以及施工组织设计不可观状况,能大大提高工程的实施和管理效率。

国内在对施工过程中结构的仿真和可观化计算方面取得了一些成果,可以方便而逼真地模拟工程施工过程,并可检验各种工程活动方案的可行性。

在上海正大广场过程建设中,我国首次将虚拟现实技术应用于建筑过程。由中建三局和华中科技大学有关专家和技术人员联合开发的正大广场施工模拟仿真系统有三个方面的重要应用:

①在建筑物建成之前,虚拟显现建筑物建成后周围的环境。

②应力和变形分析,包括桅杆起重机和吊装屋架内力分析,以及焊接应力应变分析。

③在钢结构施工之前,在计算机上完成各种构件装配、吊装方案的各种试验和优化工作。

(2)虚拟工程建设组织

"虚拟组织可以视为一些相互独立的业务过程或企业等多个伙伴组成的暂时性联盟,每一个伙伴各自在诸如设计、制造、销售等领域为联盟贡献出自己的核心能力,并相

第7章 工程管理的未来展望

互联合起来实现技能共享和成本分担,以把握快速变化的市场机遇。"

欧美发达国家近年来的研究主要集中在增强建设工程全生命周期中各组织间的沟通和合作问题上,即研究如何利用计算机技术和互联网技术将工程建设和管理的各项工作进行集成,使工程参与者更有效合作。

例如工程承包商为了适应市场变化和业主需求,敏锐地发现市场目标,通过互联网寻找合作伙伴,利用彼此的优势资源结成联盟,共同完成工程,以达到占领市场实现双赢或多赢的目的。虚拟建设组织能够最大限度实现信息共享及数据交换,实现资源、利益共享,费用、风险共担,相互信任,相互合作,自由平等。

工程和工程管理中计算机、现代信息技术和其他高科技的使用给工程管理者提出了更高的要求。

【本章小结】

本章通过对中国社会对工程需求的总体分析以及中国未来工程的主要领域如房地产、城市基础建设、环境保护工程等诸多领域的发展现状以及存在的问题和发展趋势的分析,对我国工程管理专业的未来发展加以探讨。

【本章习题】

1. 我国现阶段工程管理发展存在的问题有哪些?
2. 我国未来工程的主要应用领域有哪些?
3. 我国新农村基础设施建设主要包括哪几个方面?
4. 绿色工程和低碳建筑新的要求是什么?
5. 低碳建筑逐渐成为国际建筑界的主流趋势,什么是低碳建筑?
6. 工程的社会和历史责任主要从哪几个方面考虑?
7. 我国的工程界发展有哪些自身的规律?
8. 我国现阶段建筑业技术发展有哪些新成就?

参考文献

[1] 任宏.工程管理概论[M].北京:中国建筑工业出版社,2007.
[2] 刘亚臣.工程管理概论[M].大连大连理工大学出版社,2008.
[3] 成虎.工程管理概论[M].2版.北京:中国建筑工业出版社,2011.
[4] 成虎.工程项目管理[M].北京:高等教育出版社,2004.
[5] 成虎.工程项目管理[M].2版.北京:中国建筑工业出版社,2001
[6] 任宏.建设工程管理概论[M].武汉:武汉理工大学出版社,2008.
[7] 陈志华.外国建筑史[M].4版.北京:中国建筑工业出版社,2010.
[8] 贾建东,宋东.建筑结构基本原理[M].2版.北京:中国建筑工业出版社,2006.
[9] 钱觉时.建筑材料学[M].武汉:武汉理工大学出版社,2007.
[10] 李静,田哲.绿色建筑全生命周期增量成本与效益研究[J].工程管理学报 2011(5).
[11] 刘桦,卢梅,尚梅.中国建筑业技术创新面临的问题与创新战略[J].工程管理学报,2011(4).
[12] 李伟.管理学[M].哈尔滨:哈尔滨工业大学出版社,2010.
[13] 李伟.管理学[M].2版.哈尔滨:哈尔滨工业大学出版社,2011.
[14] 许焕兴,赵莹华.国际工程承包[M].大连:东北财经大学出版社,2009.
[15] 徐向真,李涵,谭章禄.工程管理总论[M].北京:人民交通出版社,2007.
[16] 符启林.房地产建设工程[M].北京:北京大学出版社,2007.
[17] 汪应洛,王能民.我国工程管理学科现状与发展[J].中国工程科学,2006(3).
[18] 何继善,陈晓红,洪开荣.论工程管理[J].中国工程科学,2006(10).
[19] 刘伊生.工程管理实践教程[M].北京:清华大学出版社,2007.

读者反馈表

尊敬的读者：

　　您好！感谢您多年来对哈尔滨工业大学出版社的支持与厚爱！为了更好地满足您的需要，提供更好的服务，希望您对本书提出宝贵意见，将下表填好后，寄回我社或登录我社网站（http://hitpress.hit.edu.cn）进行填写。谢谢！您可享有的权益：

☆ 免费获得我社的最新图书书目　　　☆ 可参加不定期的促销活动
☆ 解答阅读中遇到的问题　　　　　　☆ 购买此系列图书可优惠

读者信息

姓名_____　□先生　□女士　　年龄_____　学历_____
工作单位_____　职务_____
E-mail _____　邮编_____
通讯地址_____
购书名称_____　购书地点_____

---

1. 您对本书的评价

内容质量	□很好	□较好	□一般	□较差
封面设计	□很好	□一般	□较差	
编　　排	□利于阅读	□一般	□较差	
本书定价	□偏高	□合适	□偏低	

2. 在您获取专业知识和专业信息的主要渠道中，排在前三位的是：
①_____　　②_____　　③_____
A.网络 B.期刊 C.图书 D.报纸 E.电视 F.会议 G.内部交流 H.其他：_____

3. 您认为编写最好的专业图书（国内外）

书名	著作者	出版社	出版日期	定价

4. 您是否愿意与我们合作，参与编写、编译、翻译图书？
_____

5. 您还需要阅读哪些图书？
_____

网址：http://hitpress.hit.edu.cn
技术支持与课件下载：网站课件下载区
服务邮箱 wenbinzh@hit.edu.cn　duyanwell@163.com
邮购电话 0451 – 86281013　　0451 – 86418760
组稿编辑及联系方式　赵文斌（0451 – 86281226）　杜燕（0451 – 86281408）
回寄地址：黑龙江省哈尔滨市南岗区复华四道街 10 号　哈尔滨工业大学出版社
邮编：150006　传真 0451 – 86414049